T0274629

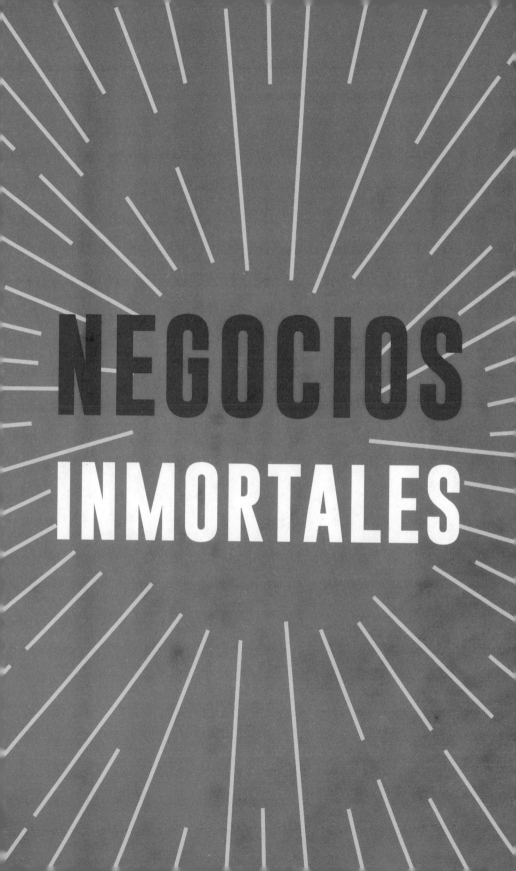

NEGOCIOS
INMORTALES

BUENO, BONITO Y CARITO PRESENTA

NEGOCIOS INMORTALES

CÓMO VENDER DE MANERA RENTABLE EN TIEMPOS DIFÍCILES

DAVID GÓMEZ

B

Negocios inmortales
Cómo vender de manera rentable en tiempos difíciles

Primera edición en Colombia: septiembre, 2020
Primera edición en México: octubre, 2022

D. R. © 2020, David Gómez

D.R. © 2020, de la presente edición en castellano para todo el mundo:
Penguin Random House Grupo Editorial, S. A. S.
Carrera 7 No. 75-51 Piso 7, Bogotá – Colombia
PBX: (57-1) 743-0700

D. R. © 2022, derechos de edición mundiales en lengua castellana:
Penguin Random House Grupo Editorial, S. A. de C. V.
Blvd. Miguel de Cervantes Saavedra núm. 301, 1er piso,
colonia Granada, alcaldía Miguel Hidalgo, C. P. 11520,
Ciudad de México

penguinlibros.com

ISBN: 978-607-380-387-8

Impreso en México – *Printed in Mexico*

Dedicado a cada gladiador que frente a la crisis
se levanta más fuerte que nunca

CONTENIDO

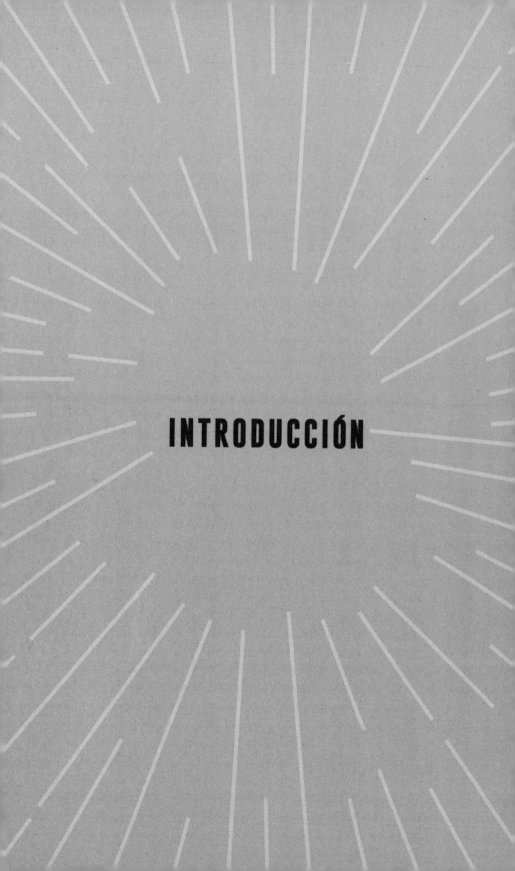

INTRODUCCIÓN

Las crisis nos toman por sorpresa, sin ninguna preparación. Nos obligan a reinventarnos de manera acelerada. Así llegan las lecciones a nuestra vida. Sin anunciarse, sin preguntarnos, sin pedirnos permiso. Simplemente llegan. Lo que tenemos que aprender no es sólo a tratar con las crisis, sino con la incertidumbre, que cada vez será más común en nuestros negocios.

Siempre existirán causas externas sobre las cuales no tenemos ningún control y que llegarán para complicarnos las ventas: pandemias, devaluaciones, paros sindicales, cambios de gobierno, cierres de vías, caída del precio del petróleo, problemas de orden público, migraciones, inestabilidad política, reformas tributarias, inundaciones, sequías, el desplome de las bolsas o las dictaduras, entre otras tantas realidades de este mundo.

Es nuestra realidad, pero no tiene que ser nuestro destino

Durante las crisis, nos enfrentamos a situaciones sin precedentes. Ventas por el suelo, pánico financiero y noticias poco alentadoras a la orden del día. Un panorama sombrío. Un futuro incierto. Y, por eso, una oportunidad única para convertirnos en negocios inmortales, en creadores de nuevas realidades.

Siempre es buen momento para repensar el negocio, por nuestro propio bien y por nuestra propia supervivencia. Las crisis evidencian nuestra fragilidad, pero también nuestra fortaleza y capacidad de recuperación. Las dificultades en los mercados nos hacen conscientes de la necesidad de planear, prevenir, programar el futuro y diseñar la realidad que queremos. Con frecuencia, somos víctimas de vivir como si no hubiera un mañana. Pero sí lo hay y muy promisorio. Este libro no se trata sólo de cómo vender, sino de cómo vender de manera *rentable*, algo que la mayoría de negocios pasa por alto, porque, especialmente en tiempos difíciles, la rentabilidad debe ser la prioridad.

Cuando la demanda se contrae, ¿quiénes se quedan con ella?

Si bien las recesiones y sus causas macroeconómicas son inevitables, es la forma como cada negocio reacciona lo que determina la fortaleza o vulnerabilidad de su posición. Pero más aún, es la estrategia comercial la que en gran medida influirá en quiénes se queden con la mayor parte del pastel.

Que el consumo total en su sector se contraiga no implica que todos los negocios se vayan a ver afectados por igual. Mientras algunos inevitablemente desaparecerán, otros lograrán mantener sus ventas y otros verán marcados decrecimientos. Incluso habrá otros que, pese a todos los pronósticos, crecerán y se fortalecerán. ¿Cuál será el destino de *su* negocio?

Luchadores incansables

En tiempos difíciles, los pequeños negocios son los más afectados, los más vulnerables y aquellos que, por su limitado músculo financiero, están más expuestos a los vaivenes de la economía y a la contracción de la demanda. Están a merced de las situaciones externas que oscurecen el panorama y cierran las oportunidades.

Este libro pretende ser una voz de aliento que, junto con poderosas herramientas, brinde caminos prácticos y efectivos para seguir adelante. Ideas para que cada empresario haga frente a esas olas gigantescas que aparecen en medio de la tormenta y pueda llegar a puerto seguro. Somos luchadores, somos optimistas, somos perseverantes, somos líderes de negocios inmortales.

Depresiones, guerras mundiales, crisis financieras y pandemias

A lo largo de la historia, la economía ha tenido marcados golpes originados por distintas causas, dependiendo del momento. Y, como todo, una cosa lleva a la otra.

La Primera Guerra Mundial (1914-1918) empezó a marcar el camino de la crisis bursátil que se vendría una década después. Al finalizar la guerra, mientras Alemania se sumía en la depresión por las sanciones impuestas por el Tratado de Versalles, la economía europea vivía las consecuencias y los Aliados asumían la deuda con Estados Unidos que, a partir de ese momento, entraba en la época conocida como los "felices veintes" (*roaring twenties*).

Mientras Europa se tambaleaba, Estados Unidos florecía. Esto llevó a una euforia colectiva que incluyó a las políticas gubernamentales y al sistema financiero. Con grandes disminuciones de impuestos para los empresarios, falta de regulación de los bancos y de Wall Street, gradualmente se fueron excediendo los límites.

La Gran Depresión

Cuando en octubre de 1929 el mercado bursátil norteamericano se desploma, Alemania y Gran Bretaña ya estaban en recesión. Se agota el crédito y los bancos comienzan a caer, los inversionistas cesaron sus préstamos a Alemania y presionaron por pagos más rápidos. Algo imposible de lograr, lo cual empeoró dramáticamente la situación.[1]

[1] https://www.history.com/news/world-war-i-cause-great-depression.

Fruto de sus propias medidas proteccionistas para alejarse de la crisis europea, Estados Unidos ahora estaba a merced de su destino. Este período, que duraría diez años, generaría un pico de desempleo de 25%, desplome del consumo y por ende de la producción.

Para 1933, cerca de 15 millones de norteamericanos estaban sin trabajo y la mitad de los bancos había quebrado. Una vez que cayó la bolsa, la gente común no pensó que se fuera a venir una crisis, pues más de 90% de las familias no poseía acciones[2]. Sin embargo, la Gran Depresión demostró una vez más que todo está interrelacionado. Que así usted no tenga nada que ver con el mercado accionario, la falta de liquidez del sistema financiero terminaría tarde o temprano tocando la puerta de su casa.

La Segunda Guerra Mundial

La Segunda Guerra Mundial (1939-1945) dio un duro golpe a la economía global, aunque no a todos por igual. Una vez más, Europa fue la más afectada y Estados Unidos tomó su papel de financiador, las consecuencias fueron diferentes. Antes de su ingreso oficial en la guerra a raíz del ataque a Pearl Harbor en 1941, el papel de Estados Unidos había sido exclusivamente como proveedor de insumos y armamento.

Tras entrar al conflicto, se redoblaron los esfuerzos en términos de producción y la sociedad civil se enfrentó a una realidad que hasta ahora era exclusivamente europea. Con el mundo en guerra, la vida cotidiana se volvió, literalmente, "economía de guerra" y la dinámica de las empresas se transformó de manera dramática, tratando de adaptarse a la nueva realidad.

La necesidad llevó a que se desarrollaran cosas hasta ese momento impensables. Por ejemplo, justo antes de comenzar la guerra en 1938, para preservar los granos de café almacenados y que no se

---

[2] https://www.britannica.com/facts/Great-Depression.

perdieran, Nestlé implementó una tecnología para deshidratarlos y conservarlos por más tiempo, a la cual llamaría Nescafé. Había nacido el café instantáneo.

Por otro lado, el hoy popular refresco Fanta se desarrolló en Alemania durante la guerra, ya que Coca-Cola Deutschland no podía importar el jarabe de Estados Unidos por el embargo impuesto. A raíz de esto, decidieron crear una nueva bebida, hecha exclusivamente con ingredientes locales. Fanta, que viene de la palabra alemana *fantasie* (fantasía), gracias a su éxito masivo, se lanzaría al resto del mundo en 1955.

Duct tape, la cinta adhesiva ancha de color plateado, fue creada por Johnson & Johnson también en la Segunda Guerra Mundial, debido a la necesidad de los soldados de contar con una solución que fuera fuerte, flexible y a prueba de agua para reparar maquinaria y armamento. La necesidad es madre de la creatividad.

Una vez finalizado este conflicto bélico, el período de posguerra se convirtió en una época de prosperidad con importantes desarrollos en distintos sectores. Desde infraestructura y televisión hasta automóviles y refrigeradores, la cotidianidad volvió lentamente a encontrar su curso.

La crisis financiera de 2008

En septiembre de 2008 se declaró en bancarrota el banco de inversión Lehman Brothers. Este sería el comienzo de otra crisis global. Causas que se originan en otra parte del mundo, terminan irrigando la interconectada economía de nuestros países.

En medio del *boom* hipotecario en Estados Unidos, los bancos empezaron a prestar dinero a diestra y siniestra, en muchos casos, a personas que no tenían capacidad de pago. Dada esta facilidad, la gente empezó a comprar desenfrenadamente casas que no podía pagar. Cuando el mercado se saturó y las tasas de interés comenzaron a subir, llegó la interrupción de pagos. Cientos de miles de familias perdieron sus hogares y los precios de las viviendas colapsaron.

Esto generó un pánico bursátil que se extendió rápidamente a otros sectores. La carencia de crédito afectó en mayor o menor medida las economías de todo el planeta. Los años siguientes estarían marcados por una lenta recuperación, acompañada de inyecciones de liquidez de los gobiernos y fuertes políticas de endeudamiento, cuyos efectos se sienten hasta hoy día en algunos países, en especial en Europa, donde naciones como Italia, Grecia y España alcanzaron unos niveles de endeudamiento que han sido sumamente comprometedores.

La pandemia del covid-19

La más reciente crisis, si bien ha tenido una causa ajena a la economía, la ha afectado de manera profunda. Un virus que se originó al otro lado del mundo nos obligó a permanecer en cuarentena y, literalmente, a apagar casi la totalidad del aparato productivo global.

Forzados a volver más virtuales nuestros negocios y a implementar procesos dada la necesidad del distanciamiento social, nos vimos una vez más enfrentados a una causa externa que permeaba nuestra cotidianidad. Gracias en muchos casos a los salvavidas enviados por los gobiernos a los hogares en forma de subsidios y beneficios directos e indirectos, logró en algo mitigar el duro golpe al consumo.

Aprendizajes para nuestros negocios

Esto nos deja varios mensajes: ninguna crisis es para siempre, no todos se ven afectados por igual y las dificultades impulsan la innovación. Por otro lado, que la persona o empresa común y corriente tiene poco o nada que ver con las causas que originan las crisis. Son grandes movimientos tectónicos en la economía global los que terminan afectando los negocios en cada ciudad, en cada calle y en cada comunidad, por más alejada que esté de los epicentros de las crisis.

Por eso, sobre lo único que tenemos incidencia es sobre nuestro propio comportamiento y sobre lo que hagamos o dejemos de hacer en nuestra empresa o en la actividad cotidiana que genera ingresos. No podemos hacer nada para evitar o detener las grandes crisis. Podemos prepararnos y enfrentar la realidad en el negocio con toda la artillería posible.

Los problemas nos obligan a pensar otras maneras de resolver las cosas. Se llama *innovación*.

No es vender a cualquier costo

Las crisis nos demuestran que las compañías menos vulnerables a los golpes económicos son aquellas que tienen una sólida posición de caja o efectivo. Aquellas que tienen claro que las ventas no generan mucho valor si no se hacen de manera rentable.

Estas empresas tienen claro que las ventas son importantes, pero es la utilidad y, en última instancia, el dinero disponible en el banco, la única y a veces dolorosa realidad. Eso es lo que distingue a los negocios vulnerables de los negocios inmortales.

Ventas es vanidad, utilidad es sanidad, caja es realidad

De nada sirve vender si no ganamos dinero y, mucho menos, si ese dinero no se refleja en disponibilidad de efectivo. Las crisis nos demuestran de una manera dramática y dura que al final del día la salud financiera del negocio es la única realidad con la que contamos.

Una empresa puede sobrevivir vendiendo poco de manera rentable, pero difícilmente lo logrará vendiendo mucho con poca o nula rentabilidad. El modelo de basar la rentabilidad en grandes volúmenes y bajos márgenes pone una presión muy alta a la demanda, lo cual hace demasiado vulnerable a la compañía, especialmente por caídas del consumo, disminuciones de precios de la competencia o incrementos repentinos en los costos de producción.

Muchos negocios esperan al final del día ser rentables y hacer dinero, pero pocos lo tienen realmente como medida de éxito. Es como si dependiera más de las fuerzas del universo que de nuestra propia gestión. Si lo que pensamos es "vendamos y ojalá nos quede algo", que la fuerza nos acompañe.

Ventas es vanidad

Es una gran tentación medir el éxito de la compañía por el nivel de ventas. Es la principal variable con la que se evalúa socialmente, probablemente porque es la más visible. Es la que aparece en los listados de las industrias y es lo que enorgullece a los dueños. Sin embargo, de nada sirve tener un alto nivel de ventas si la compañía no gana dinero. Obvio pero escaso.

Si bien la rentabilidad no puede existir si no hay ventas, lo que determina la sanidad y prosperidad de una compañía es la capacidad sostenible de generar utilidad. ¿Ha pensado incluso que podría ganar más vendiendo menos y enfocándose en lo que genera más utilidad para la empresa? Ese es el enfoque que debemos empezar a tener y una lección fundamental de cada crisis. Algo que no aplica sólo durante la crisis, sino siempre. La rentabilidad es más importante que las ventas.

Ninguna decisión es aislada, ningún negocio se mira por sí solo, sino como parte de un contexto. Es entender que cada decisión de ventas afecta otras variables y que vender de manera rentable es jugar las cartas correctas con los productos y los clientes indicados.

Utilidad es sanidad

Cuando pensamos en que las ventas que hacemos deben ser rentables, esto nos lleva a una serie de decisiones comerciales en el día a día de nuestro negocio. Desde con qué clientes trabajar y qué condiciones ofrecer, hasta a través de qué canales comercializar y qué segmentos de mercado atender.

De hecho, algo peligroso es que ciertas compañías justifican estar con un cliente o en un canal de distribución determinado, porque dicen que es "estratégico". Si no es rentable, no tiene nada de estratégico. Perder dinero no debe ser parte de ninguna estrategia. El argumento, con frecuencia, es: "A futuro puedo incrementar precios, vender otros productos de mayor margen y recuperar la inversión inicial. Además, estar con ese cliente sirve de 'vitrina' y me da reputación". En mi experiencia, en el futuro todo tenderá a empeorar. Si un cliente lo presionó para que le bajara el precio y así comprarle, ¿qué pasará el día que un competidor lo baje aún más? Se irá con él. No habrá lealtad. Peor aun, ¿qué pasará el día que pretenda *subir* los precios? Buena suerte con eso, mi amigo.

Como responsable de la gestión de ventas, son sus decisiones alrededor de las condiciones comerciales las que determinarán la rentabilidad de la empresa. Desde el punto de vista comercial, las tres variables que debe controlar para vender de manera rentable son precio de venta, descuentos y concesiones, así como la mezcla de productos.

Precio de venta

La variable que más repercute en la rentabilidad del negocio es el precio. Por encima del esfuerzo que haga por reducir costos y gastos o por aumentar el volumen, es el precio al cual vende lo que generará el mayor impacto (a favor o en contra). Somos excesivamente flexibles y folclóricos en el manejo del precio de venta, desconociendo que cualquier mínima variación incrementa o destruye la rentabilidad.

Bien lo decían Michael V. Marn y Robert L. Rosiello en su artículo de *Harvard Business Review* de 1992 "Managing Price, Gaining Profit"[3] (Manejando el precio, ganando rentabilidad): "La forma más rápida y efectiva para una empresa de maximizar su utilidad es manejar los precios de manera correcta. El precio correcto puede disparar su rentabilidad más rápido que un incremento en volumen; y el precio equivocado disminuirla igual de rápido".

Estos autores compararon el impacto de cuatro palancas que tiene todo negocio para mejorar la rentabilidad: costos fijos, volumen, costos variables y precio. ¿En cuál de ellas debería enfocarse no sólo para mantenerse a flote sino para prosperar? Para ello, ilustraron el poder de 1%. El impacto en utilidad que genera mejorar en 1% cada una de estas variables.

El resultado: una disminución de 1% en costos fijos mejora la utilidad en 2.3%; un incremento en volumen de 1% aumenta la utilidad en 3.3%; una disminución en costos variables de 1% mejora la utilidad en 7.8% y un incremento en los precios de 1% aumenta la utilidad en 11.1%.

Años después en 2004, Jagmohan Raju y Z. John Zhang actualizaron el estudio, el cual comparten en su libro *Smart Pricing*[4] (Precios inteligentes), con los siguientes resultados: una disminución de 1% en costos fijos sube la utilidad en 2.45%, un aumento del volumen en 1% mejora la utilidad en 3.28%, una disminución en costos variables de 1% incrementa la utilidad en 6.52% y un incremento en los precios de 1% mejora la utilidad en 10.29%. La tendencia es la misma.

Luego Deloitte, en su informe de 2018 titulado *Pricing in*

[3] https://hbr.org/1992/09/managing-price-gaining-profit.
[4] *Smart Pricing – How Google, Priceline, and Leading Businesses Use Pricing Innovation for Profitability.* Jagmohan Raju y Z. John Zhang.

Recession[5] (Precios en recesión), hace múltiples análisis y vuelve sobre el mismo punto. En este caso, los resultados fueron: una disminución de 1% en costos fijos mejora la utilidad en 2.6%, un incremento en volumen de 1% aumenta la utilidad en 3.6%, una disminución en costos variables de 1% mejora la utilidad en 6.7% y un aumento en los precios de 1% aumenta la utilidad en 12.3%. Una vez más, el nombre del juego es el precio.

Usted puede no estar de acuerdo. Puede que los números no coincidan exactamente con su negocio ni su sector, pero hay un hecho que es innegable: los precios son la principal palanca de todo negocio para incrementar o disminuir su rentabilidad. Y no siempre somos conscientes de ello, y por eso tratamos la rentabilidad con bastante descuido y ligereza. Esa es la razón por la que este libro tiene como subtítulo: "Cómo vender de manera *rentable* en tiempos difíciles". Debemos ser conscientes de cada decisión comercial que afecte el futuro de nuestro negocio.

Descuentos y concesiones

Se entienden como beneficios otorgados a los clientes y que restan dinero de las ventas que hacemos. Estos son, por ejemplo, además del descuento directo al precio, un mayor plazo de pago, producto adicional, bonificaciones, notas de crédito, inversiones extra en actividades de marketing, entregas más rápidas, despachos por punto de venta o en empaque especial, entre muchos otros aspectos. Aunque cada uno va en una parte diferente del estado de resultados, todos afectan la rentabilidad que genera cada cliente, que es al final lo que nos debe importar.

---

[5] *Pricing in Recession*, en https://www2.deloitte.com/content/dam/Deloitte/za/Documents/strategy/za_pricing_in_recession_012019.pdf.

Mezcla de productos

No todos los productos o servicios que usted vende tienen la misma rentabilidad. En otras palabras, hay unos que dejan más dinero que otros. El problema es que usualmente quien vende no lo sabe. Ni el dueño del negocio ni el vendedor están orientados a estimular la venta de los productos más rentables, sino simplemente buscan el volumen sin saber a qué cosas darles más énfasis. Promover la venta de los productos más rentables mejora la utilidad de manera instantánea.

Caja es realidad

A menos que se vea reflejada en la cuenta bancaria, la rentabilidad es sólo una ilusión en el estado de resultados. Una venta rentable se tiene que transformar en dinero disponible para mantener el negocio operando, cumplir con las obligaciones e invertir en el crecimiento.

Si bien existen múltiples estrategias para mejorar la disponibilidad de efectivo (pagar más tarde, optimizar la deuda, controlar los costos), hay una inherente y fuertemente ligada a la gestión comercial: qué tan rápido le pagan sus clientes.

Cobranza

¿Qué tan rápido el producto o servicio que facturamos ingresa como dinero a la empresa? Eso es lo que nos dará la disponibilidad real de efectivo.

Muchos piensan que la responsabilidad del pago es del área de cobranza. Nada más alejado de la realidad. El riesgo de contraer una deuda está en la venta, no en el cobro. Una mala venta (cliente incorrecto, demasiadas concesiones, mínimos filtros, superación de la capacidad de endeudamiento, ninguna garantía) es una de las principales causas de las carteras vencidas y, por ende, de iliquidez de las empresas.

Días de plazo

Cualquier extensión en términos de pago va en detrimento directo de la caja. Conceder noventa días en lugar de sesenta u ofrecer treinta días en vez de pago de contado hace toda la diferencia en la disponibilidad de efectivo y el oxígeno del negocio.

El problema es que en la mayoría de los casos, por la necesidad de vender, se termina cediendo más de la cuenta, y luego vienen las consecuencias. Una venta no tiene sentido si no es rentable y, peor aún, si no se puede cobrar. Perdimos tiempo, dinero, esfuerzo y neuronas en algo que no merecía el desgaste.

¿Es posible vender de manera rentable en tiempos de crisis?

Podría estarse preguntando, "bueno, todo esto suena muy bonito, pero ¿cómo vender de manera rentable cuando la situación está difícil?, ¿cuando los clientes están restringidos en el gasto y la situación económica no ayuda?".

¿Es posible al menos vender?

Antes de pensar en vender con rentabilidad pensará, ¿cómo puedo al menos vender? Cuando hay exceso de oferta y escasez de demanda, ¿cómo conseguir los ingresos que necesitamos para mantenernos a flote? Si vender ya es darse por bien servido, ¿ahora además hay que vender buscando ser rentables? ¡Pero por supuesto! De lo contrario, como dijimos, la venta no tiene sentido.

Tengo claro que con la daga de la necesidad acechándonos somos mucho más laxos y solemos relajar las condiciones de venta. "Lo que toque hacer, necesitamos esa venta", es una expresión muy común en momentos difíciles. Nuestro objetivo es, justamente, encontrar alternativas para vender sin tener que doblegarnos, arrodillarnos, entregarnos y resignarnos a "lo que toque hacer". Nuestra cruzada es por una venta digna (especialmente, durante las crisis). Hay muchos caminos para vender e, increíblemente, ganar algo de dinero.

¿Cómo vender de manera rentable?

Bajar los precios para incrementar las ventas es una práctica común que si bien no siempre funciona, es un camino fácil para buscar resultados de corto plazo.

Al contrario, vender de manera *rentable* en tiempos difíciles, es un desafío mayor que requiere otra aproximación. En eso se enfoca cada sección de este libro, en estrategias comerciales para reactivar el negocio sin que tenga que venderle el alma al diablo por física necesidad.

Cada parte de este libro tiene un mensaje que soporta la venta rentable, así:

Comportamiento de los clientes en recesión

Este aspecto explica que si bien cuando la economía entra en recesión el bolsillo de los clientes se ve afectado y se vuelve más sensibles al precio, esto no sucede con todos los segmentos de mercado por igual. Una conclusión *a priori* podría hacer presumir que los consumidores sólo buscarán bajos precios. Es más que eso. Están buscando la mejor relación costo-beneficio. Hay clientes para diferentes escalas de precio y tipos de producto. No se nivele por lo bajo.

Adapte su oferta a la nueva realidad

Para cumplir con las expectativas de generación de valor a precios accesibles, los negocios deben brindar alternativas y ajustar su oferta al mercado. Por un lado, en el *qué* vender (portafolio de productos y servicios), para ofrecer opciones con distintos beneficios a precios diferenciados. Si sólo bajara el precio al producto habitual, estaría simplemente reduciendo su rentabilidad. Ajustar la oferta también implica redefinir a *quién* venderle, entendido como nuevos segmentos de mercado que puedan estar menos afectados o clientes actuales con productos adicionales. Finalmente, debe tener muy en cuenta el *cómo* vender, aspecto que se refiere al manejo de precios, descuentos, bonificaciones, plazos de pago y canales de distribución para optimizar la rentabilidad y operación del negocio. Esta adaptación implica identificar cómo su negocio encaja de la mejor manera con las oportunidades presentes en el mercado y dónde tiene mayores posibilidades de éxito.

Venda sin empeñar la empresa

No es vender a cualquier costo. Por la supervivencia y sostenibilidad del negocio, debe hacerlo cuidando la rentabilidad. En esta sección, veremos varias estrategias para vender minimizando el impacto sobre la utilidad, como son la diferenciación (sustentar por qué cuesta lo que cuesta), condicionar los beneficios (si entrega algo, reciba algo), entender la posición del comprador (técnicas de presión y cómo responder a ellas) e incluso cómo manejar un potencial incremento de precios (para llegar a un acuerdo). El principal mensaje de esta sección es defender su posición como vendedor para proteger la rentabilidad de la empresa.

Crezca con sus clientes actuales

Siempre será más rentable venderle a un cliente actual que a uno nuevo. Sin embargo, nuestras acciones comerciales están generalmente orientadas a atraer a aquellos que no nos conocen y aún no confían en nosotros. En esta sección, veremos cómo hacer crecer el negocio apalancándose en aquellos que ya le compran o le han comprado en el pasado. Para que sea sostenible, la idea es atender a los clientes más rentables y redefinir la forma como atiende al resto. Hablaremos de cómo identificar oportunidades con sus clientes, cómo ayudarles a vender más (para quienes utilizan intermediarios) e incluso cómo recuperar clientes inactivos. Esta estrategia refuerza la venta rentable, porque usualmente un cliente que ya lo conoce y lo ha probado, si hizo bien la tarea, estará dispuesto a comprarle de nuevo. El costo de venta es mucho menor que si intentara convencer a un cliente nuevo.

Atraiga clientes sin parecer desesperado

Adicional a los clientes actuales, otra estrategia, obviamente, es atraer nuevos. El mensaje de esta sección es que si va a buscar nuevos clientes, no se descontrole ni salga a regalar la empresa en cada negociación. Con un costo de adquisición mucho más alto por cubrir, la venta a un nuevo cliente debe ser rentable para que justifique el esfuerzo. Por eso enfocarse en atraer a los clientes correctos (no todos son clientes potenciales), en seguir un estructurado proceso de ventas (para acortar el ciclo e incrementar los cierres), cultivar prospectos (para cosechar clientes) y permanecer siempre en el radar (sea que compren o no) es una forma efectiva de atraer nuevos clientes y ser rentable.

Fortalezca la experiencia del cliente

Ésta es otra estrategia dirigida a lograr una venta rentable, ya que la experiencia incrementa la percepción de valor por el precio pagado. Si, como veíamos, en épocas de recesión los clientes buscan los mayores beneficios por su dinero, crear experiencias memorables incrementa la percepción de beneficios recibidos (tangibles e intangibles), justificando el precio. Desde el punto de vista del negocio, la idea será crear experiencias y sorprender a los clientes con la menor inversión posible (incluso hasta simbólica), para preservar la utilidad. A eso nos referimos con aumentar la percepción de valor: utilizar experiencias que signifiquen mucho para los clientes, pero que nos cueste poco entregarlas.

Actitud: con los pies en la tierra en tiempos difíciles

¿Qué tiene que ver la actitud con la venta rentable? Que si usted cree en lo que vende, el cliente creerá en lo que compra. Transmite confianza y seguridad respecto a su propuesta de valor. Mantener la mentalidad correcta y optimista y pensando en que la venta es la consecuencia de servir, lo prepara para negociar mejor, valorar su trabajo, apreciar lo que vende y buscar lo mejor para su cliente.

Incluso si las ventas no son lo suyo

Cuando hablamos de vender, hay infinidad de personas que no se dan por aludidas. Lo he escuchado durante décadas: "Las ventas son para los vendedores. Yo no soy vendedor". Y se complementa con: soy abogado, profesor de preescolar, ingeniero civil, cardiólogo, diseñadora, poeta, atleta, bailarín, mago, plomero, químico, matemático, filósofo, fisioterapeuta, biólogo, entrenador de futbol, estilista, odontólogo, cirujano plástico, *coach*, *community manager*, escritor o guía espiritual, entre cientos más.

Entiendo. El punto es que todos, directa o indirectamente, estamos vendiendo. Y creo que todo este paradigma parte de la concepción que tenemos de lo que significa vender. Muchos lo asocian con esa persona extrovertida que está siempre al acecho de una oportunidad para cerrar un negocio, que habla hasta por los codos y busca su propio beneficio. No es así.

Vender es entender la realidad del otro para identificar la mejor manera de ayudarle. No siempre podrá hacerlo porque puede que lo que venda no sea lo que la persona necesita. Pero, aun así, tendrá la claridad para decirle y orientarla en lo que más le conviene, de acuerdo con su experiencia. Ese es el rol de "vender".

Vender es ayudar y, desde ese ángulo, todos vendemos en nuestra profesión. Ni siquiera influye el estilo de personalidad de quien vende. Es curioso, porque hay un mito alrededor de que se debe ser extrovertido para poder vender y que los introvertidos tienen menor chance, porque los extrovertidos se supone que "venden hasta un hueco". La realidad dice lo contrario.

Daniel H. Pink, en su libro *To Sell is Human* (Vender es humano), comparte un interesante estudio realizado por Adam Grant en la Universidad de Pensilvania. Aplicó una prueba de personalidad en la que cada miembro de un grupo de asesores comerciales podía calificarse a sí mismo como extrovertido o introvertido de acuerdo con la forma como se percibieran en una escala de 1 a 7. En esta escala, 7 representaba "Soy el alma de la fiesta" (extrovertido) y 1 representaba "Soy callado cuando estoy con extraños" (introvertido).

Después de monitorear por tres meses las ventas de cada participante, los resultados sorprendieron. Los introvertidos obtuvieron un ingreso ligeramente menor (120 dólares por hora *versus* los 125 dólares por hora de los extrovertidos), pero fueron los intermedios, los que se ubicaron en los puntajes del centro, los que lograron los mejores resultados. No se calificaron como 1 o 2 (introvertidos) ni tampoco como 6 o 7 (extrovertidos). De hecho, el nivel más alto de todos lo lograron quienes se calificaron como 4, justo en el centro, con un ingreso de 208 dólares por hora.

"Estos hallazgos cuestionan la creencia histórica de que los mejores vendedores son extrovertidos", afirma Grant. De hecho, según los resultados, ser demasiado extrovertido puede ser contraproducente y afectar los resultados, al generar cierto rechazo en los clientes.

No hay que ser extrovertido para ser buen vendedor, sólo hay que querer ayudar, porque de eso se trata, de tocar la vida de aquellos con los que interactuamos y dejarla un poco mejor. Así que lo primero que debemos entender es que vender no tiene nada de malo y que, de hecho, es una gestión loable. Segundo, que la efectividad en la venta no depende de sus habilidades histriónicas, sino de hacer la tarea y de la forma como usted se sienta más cómodo interactuando con los clientes.

Vender es ayudar

Lo que sea que venda debe generar un beneficio para el cliente, hacerle la vida más fácil o evitarle riesgos futuros. Los clientes no quieren ser vistos como billetes andantes o como un "mercado objetivo" al que le están "apuntando". Los clientes premian con su lealtad a aquellos que saben que la venta es la consecuencia de servir y que ayudan a las personas a lograr lo que desean.

Ayude cada día a más personas y más personas le ayudarán a usted. La gestión comercial es un mutualismo. Especialmente en momentos difíciles, los vendedores ayudan a sus clientes a recuperarse más rápido, a sentirse mejor, a estar protegidos y ver un futuro más optimista. Un buen asesor reconoce el comportamiento y las necesidades de los clientes durante las crisis para brindarles las mejores opciones disponibles.

COMPORTAMIENTO DE LOS CLIENTES EN RECESIÓN

Como consumidores, cuando la situación se pone difícil, nuestros comportamientos de compra tienden a modificarse de acuerdo con la realidad. Siendo consecuentes con las necesidades y deseos que cada uno de nosotros debe resolver, buscamos la mejor relación costo-beneficio. Las decisiones de compra están basadas en cierta medida en la certidumbre (o incertidumbre) que tengamos sobre nuestro futuro cercano.

Las crisis económicas a lo largo de los años han tenido diferentes alcances: globales, regionales o locales, dependiendo de sus orígenes y de la relación y conexiones existentes entre unos países y otros, así como unos sectores económicos y otros.

Al analizar las crisis económicas en la historia, desde las dos guerras mundiales y la gran depresión, hasta las crisis petroleras, financieras, la burbuja de las puntocom y las pandemias, hay un factor común: ninguna fue igual a la otra. Ninguna tuvo la misma causa. Sin embargo, no quiere decir que no generen comportamientos similares en los hábitos de consumo posteriores de los cuales podamos aprender.

Causas diferentes, consecuencias similares: desempleo, contracción de la demanda, incertidumbre, restricción del gasto, escasez, salvavidas económicos de los gobiernos y otros impactos, dependiendo de la severidad de cada una. Pensar que esta crisis es diferente nos puede llevar a ignorar las lecciones que nos enseña el pasado respecto al comportamiento de los consumidores durante la crisis, en la recesión y en la posterior etapa de recuperación.

Si bien hay condiciones y causas específicas que caracterizan cada período de contracción económica, hay una serie de patrones que se repite en mayor o menor medida y nos permite prepararnos para posibles escenarios y tomar decisiones en nuestros negocios acordes con esas potenciales realidades.

Por otro lado, el comportamiento de los consumidores no siempre es como uno creería que debe ser: acorde con la situación económica. Pensaríamos que en momentos de crisis, cuando el dinero escasea, estamos enfocados exclusivamente en comprar cosas de primera necesidad. Durante la pandemia, cuando en Colombia se decretó que habría días sin IVA en algunos productos (que no eran de primera necesidad, como elementos deportivos, juguetes, electrodomésticos, computadoras y equipos de comunicación), la gente se volcó masivamente a los almacenes a comprar productos por la "promoción" de ese día. "Primera necesidad" es algo diferente para cada uno.

Redefinición de "primera necesidad"

Una primera característica es que los clientes se vuelven muy cuidadosos y bastante selectivos respecto de los productos y servicios en los que deciden invertir su dinero. Frente a este panorama, muchos negocios podrían pensar que, al no vender cosas de primera necesidad, el panorama luce sombrío.

Sin embargo, la pregunta debe ser: ¿para quién lo que usted vende es de primera necesidad? Cada cual, según su propio prisma, ve la realidad diferente y decide qué necesidades quiere satisfacer. Las necesidades humanas no son sólo fisiológicas. Necesitamos sentirnos bien con nosotros mismos, fortalecer nuestra autoestima, tener una indulgencia, disfrutar actividades que nos hacen felices y nos dan un respiro dentro de la difícil situación.

Cada uno define qué considera importante

No tome esa decisión por los clientes. Su negocio genera mucho valor. Ayuda a los demás en alguna dimensión de sus necesidades. Cuando las cosas se ponen difíciles, usted es el primero que tiene que convencerse de eso.

Aunque, por supuesto, productos como alimentos, medicamentos, servicios públicos, educación y transporte son los que se consideran menos vulnerables en épocas de crisis, "primera necesidad" en cada sector y para cada persona tiene un significado distinto. Por ejemplo, para una empresa contar con un *software* para mantenerse en contacto con sus empleados es un asunto de primera necesidad, mientras que para otras personas es acceder a una clase de yoga, por terapia psicológica.

De hecho, posterior a la superación gradual de la pandemia las personas empiezan a viajar, inicialmente en su país y posteriormente al exterior, como algo que se ha denominado "turismo de venganza". Una forma de contrarrestar el largo período de encierro. ¿Son estos viajes algo de primera necesidad? Para muchas personas sí, especialmente, por salud mental y como mecanismo de compensación.

Tendencias durante la recesión

Como lo menciona un estudio de Euromonitor[6], en momentos de recesión hay cinco tendencias en los hábitos de consumo que redefinen qué es primera necesidad:

Conveniencia
Una compra de conveniencia es aquella que implica poco esfuerzo para el consumidor. Bien sea por su cercanía física, la facilidad de

---

[6] https://go.euromonitor.com/rs/805-KOK-719/images/WP_Emerging-Markets-Crisis_SP1.1-0416.pdf.

pago o la simplicidad en las opciones para escoger. Es por esta razón que, a raíz de la más reciente crisis, se ha visto una reacomodación de los canales de distribución, donde ahora la tienda de barrio y el pequeño comercio local cobran relevancia frente a otros que requieren mayor desplazamiento y donde la transacción promedio es mayor, comparado con el "fiado" de la tienda y la compra de pequeñas unidades que implican menores desembolsos.

Similar es el caso de las ventas a través de comercio electrónico, las cuales han visto un importante crecimiento en los últimos años y una mayor demanda durante los períodos de aislamiento, lo que representa un nuevo canal para muchas compañías que hasta antes de la crisis no le veían como algo representativo.

Indulgencia

Podríamos decir que son esas pequeñas gratificaciones que nos dan un "respiro" de la realidad. Son bienes o servicios no esenciales, pero que generan placer. Dependiendo de cada persona, una indulgencia puede ir desde una caja de chocolates o un videojuego hasta un nuevo teléfono inteligente.

Transparencia

Implica la posibilidad de comparar las distintas alternativas para tomar la mejor decisión con la información que cada marca brinda. La transparencia conlleva una meticulosa consideración de los detalles en ingredientes, formas de uso, aplicaciones, alcance, garantías y demás aspectos que minimicen el riesgo de una mala compra.

Estatus

Este activador de compra está impulsado por la búsqueda de sentimientos como orgullo, satisfacción y seguridad. Implica la compra de bienes o servicios que nos hacen sentir que no hemos perdido nuestra posición económica y que no ha decrecido nuestro nivel de vida. La venta de algunas marcas o productos puede prevalecer para seguir reflejando esta imagen a los demás y a nosotros mismos.

Nostalgia

Se basa en el principio de que el valor de los productos tiene un alto componente emocional. Esta razón de compra se da como un ancla a recuerdos de la niñez, momentos felices en el pasado y manifestaciones sociales cuando los tiempos eran mejores.

Éste fue justamente el caso de Market Escala, un negocio en Panamá que se dedica a comercializar carros de colección en miniatura con precios alrededor de los 35 dólares. Durante la pandemia se les agotaron las existencias, por lo cual tuvieron que incrementar los pedidos, ya que cada carro con su historia y magia alrededor de lo que representa es una inversión en nostalgia y una pequeña indulgencia para los coleccionistas, según me comentó el dueño del negocio.

Las compras en tiempos de recesión tienen un gran componente emocional. Las personas no sólo comprarán lo que consideren que necesiten, sino lo que desean, especialmente si lo encuentran a buen precio.

Mayor sensibilidad al precio

Cuidar el dinero disponible se vuelve una prioridad, por lo que cualquier decisión será evaluada minuciosamente con el objetivo de obtener el mayor beneficio al menor precio posible. Es decir, el consumidor buscará aquellas marcas que perciba que entregan el mayor valor por el dinero pagado.

El desplome de la demanda puede llevar a peligrosas guerras de precio. Bajar los precios es una reacción habitual en recesión, fruto de un exceso de oferta para una muy limitada demanda. No obstante, disminuir los precios no es necesariamente la solución a los problemas de venta de las organizaciones. Asumir que sus clientes compran fundamentalmente por el precio es una trampa peligrosa.

¿El precio es lo único que importa?

Esto no implica necesariamente que sólo se vendan los productos más baratos. La gente busca la mejor relación costo-beneficio. Si invierte más dinero, esperará que los beneficios asociados sean equivalentes e incluso mayores al valor pagado. Bajar los precios es usualmente un intento desesperado de generar ventas y mantenerse a flote. Aunque puede estimular la demanda de manera temporal, si no se hace de manera estratégica, condicionada y selectiva, puede destrozar la rentabilidad. Los clientes compran por la percepción de valor, no exclusivamente por el precio.

¿Cómo posicionar sus precios?

Especialmente durante una recesión, los consumidores necesitan estar seguros de que están obteniendo el mayor valor por su dinero. Para quienes venden bienes de alto desembolso o representan importantes inversiones para el cliente, una forma de demostrar el valor es hablar de los beneficios del producto a lo largo del tiempo. Es decir, comunicar que el desembolso actual representa una serie de ahorros, mejores desempeños, menores mantenimientos y, en general, un mayor retorno de la inversión. El principio es que productos de un precio más alto pueden terminar siendo un mejor negocio a futuro, si se comunican y sustentan de la manera correcta.

Explicar en detalle cada uno de los componentes de la propuesta o los beneficios que recibe el cliente con la compra es una forma de incrementar la percepción y reconocer el mayor valor que genera. Esto lo pondrá en una mejor posición, especialmente, cuando lo comparen con alternativas más económicas.

Considera más alternativas: menor lealtad

Los consumidores durante una crisis evaluarán más alternativas de lo habitual. El proceso de investigación, evaluación y selección de productos se hace más exhaustivo, cuestionando a fondo cada beneficio por el dinero pagado. Es así como podemos ser reemplazados por múltiples opciones, muchas de ellas que ni siquiera teníamos presentes.

¿Por quiénes nos reemplazan los clientes?

En recesión, los clientes y consumidores nos reemplazan por opciones que consideran más eficientes y que se adaptan mejor a sus necesidades, incluso cuando esto pueda representar una menor expectativa en el desempeño mismo del producto. Es decir, opciones más básicas y menos robustas en características y beneficios.

Incluso los competidores no son los que habitualmente consideramos, sino que pueden venir de sectores, empresas o latitudes que ni siquiera se nos pasan por la cabeza. Especialmente, si consideramos que posterior a una crisis muchas compañías están pensando hacia qué otros mercados se orientan (llegarán al suyo) y qué nuevos productos desarrollan (para competirle a usted), sin contar los miles de emprendimientos que surgen a raíz del alto desempleo. Todo esto implica nuevos competidores potenciales que llegarán sin anunciarse.

Veamos un ejemplo en el sector salud. Históricamente, el abastecimiento de insumos para hospitales y clínicas ha sido un proceso manejado directamente por la institución, lo que implica un enorme desafío, pues se trata de manejar gran cantidad de requerimientos con miles de especificaciones, no para cientos, sino miles de proveedores. Y, por si fuera poco, es un proceso que exige varias cotizaciones para cada compra y, en muchos casos, se hace de manera poco sistematizada. Un completo dolor de cabeza para la gestión de compras.

Desde la óptica de los proveedores, implica ofrecer su portafolio a cada cliente, exponer sus argumentos, negociar y mantener la relación en diferentes niveles de usuarios dentro de la institución. Laboratorios, fabricantes de insumos desechables, proveedores de servicios, equipos y toda suerte de categorías están acostumbrados a un contacto directo y a una estrecha relación con sus interlocutores.

Una compañía de tecnología vio en esta compleja dinámica de compras hospitalarias una oportunidad para facilitarles la vida a las instituciones de salud. Bionexo es una empresa de origen brasilero presente además en México, Colombia, España y Argentina, que conecta oferta con demanda. A través de su portal, cualquier hospital o clínica inscrito puede hacer el requerimiento de sus productos o servicios, recibiendo de regreso múltiples ofertas de todo tipo de proveedores de cualquier país. ¿Qué implicó para los proveedores? Multiplicación de la competencia y mayor presión de precios por parte de sus clientes, dado que ahora tienen a un clic muchas más alternativas para comprar. Si bien también esto les abre nuevas posibilidades a los oferentes, los beneficios aparentemente no son tan evidentes para ambos lados.

Sin que los proveedores lo consideraran directamente un "competidor", Bionexo creó una dinámica diferente en el mercado que afectó la relación comercial entre las partes. Los proveedores de clínicas y hospitales se encontraron con un intermediario que cambió la forma de operar y llegarles a sus clientes. Por eso hay que estar atentos a todo el que pueda llegar a alterar o redefinir las condiciones actuales de su mercado. No espere que llegue alguien más a resolver los problemas que usted ya sabe que existen en su sector. Identifíquelos y resuélvalos antes de que alguno de los cientos de miles de emprendedores que florecen en las crisis llegue a hacerlo mejor que usted.

Tipos de competencia

Para empezar a abrir los ojos, tenga presente que, técnicamente hablando, competencia es toda alternativa hacia donde sus clientes se llevan el dinero en vez de dárselo a usted. Y esto aplica para todo tipo de organizaciones, desde una entidad sin ánimo de lucro que requiere donaciones hasta una compañía que vende un producto o servicio. Esté muy atento a todos los tipos de competencia.

Competencia directa

Es la competencia con la cual nos comparamos de manera permanente. Ofrecen el mismo servicio o producto que usted. Es su referente de precios y de acciones en el mercado. Constituye un sustituto directo de lo que usted vende. Es la compañía que cotiza simultáneamente con usted en una licitación o aquella con la cual lo compara su cliente. Aunque pueden estar ubicadas en otras regiones o países, usualmente son competencia de carácter local.

Pongamos un ejemplo: un negocio de pasteles. Sus competidores directos son todas las empresas que ofrecen pasteles, así no sean de los mismos sabores o de las mismas características específicas de su producto. En un nivel básico, las pastelerías compiten entre ellas por los pasteles que se adquieren, bien sea para regalar o simplemente para consumir como una porción de algo dulce.

Competencia en su mismo portafolio

La competencia también puede ser otro producto o servicio de su misma línea de negocio. Al tener varios productos en su portafolio, en ocasiones los precios y las diferencias entre unos y otros no son tan evidentes. Esta relación costo-beneficio a favor de un producto puede estar matando a otro. En el argot popular de las ventas se dice que un producto está "canibalizando" a otro de su misma empresa cuando ofrece beneficios similares, pero a un precio menor.

Especialmente si va a redefinir lo que vende, es importante que tenga claro el lugar que cada producto ocupa en su portafolio para evitar traslapes e ineficiencias comerciales. Esto hará parte de la reconfiguración del portafolio para enfrentar mercados en recesión.

Por eso, es importante considerar en el rediseño de la propuesta de valor la creación de opciones claramente diferenciadas donde unas no resuelvan las cosas exactamente de la misma manera que otras. De lo contrario, las alternativas con un precio mayor y similares beneficios dejarán de ser atractivas.

Competencia en el intermediario

Si utiliza distribuidores para comercializar su producto, la competencia pueden ser otras marcas dentro de esos distribuidores contra las cuales compite por la atención y esfuerzo del empeño de ventas y de los mismos clientes. Compite contra los incentivos y actividades que otras compañías hacen con otros productos para los vendedores que usted comparte con ellos.

Adicionalmente, los clientes finales que atiende el distribuidor también contarán con más alternativas. Frente a esto, lo importante no es sólo mantener al equipo comercial capacitado en argumentos de diferenciación y comprometido con la marca, sino que las opciones adicionales tengan cada una un posicionamiento distinto, para evitar el reemplazo.

Productos y servicios sustitutos

Satisfacen la misma necesidad de manera diferente. Redefinen la categoría como algo más grande. Continuando con el caso de los pasteles, la competencia indirecta son todos aquellos productos que pueden sustituir un pedazo de pastel como algo dulce para disfrutar. Entonces los sustitutos serán los diferentes tipos de pasteles o comidas de dulce como alfajores, chocolates, *brownies* o galletas, y todas las empresas que ofrezcan ese tipo de productos. La necesidad que están satisfaciendo es ofrecer algo dulce, que se consume como una indulgencia o un gusto y que es habitualmente una compra por impulso.

Igual sucedería en el caso de los refrescos. Un refresco compite directamente con otros refrescos. Sin embargo, a nivel indirecto compite con todos aquellos productos que calman la sed y sirven de acompañamiento para las comidas, donde entrarían alternativas como el agua embotellada, los jugos, las aguas saborizadas y demás derivados. Y, más aún, si la ocasión de consumo del refresco es para acompañar alguna comida ligera, estaría compitiendo también con yogures, avenas, leches y algunas bebidas calientes.

El principio es que puede que no sea un competidor de la misma industria o sector, pero cumple con la misma finalidad. Por ejemplo, un plan de buceo en vacaciones compite con un *tour* guiado por la ciudad, o una botella de vino compite con unas flores si se compra como regalo.

Competencia por el gasto

En un sentido aun más amplio y especialmente en recesión, cuando el gasto está más restringido, puede estar compitiendo con todos aquellos productos o servicios que luchan por el dinero disponible del consumidor. Buscar una participación en ese gasto es lo que se llamaría el *share of wallet* (participación en la billetera del consumidor), que es el porcentaje de su dinero disponible para gastar que destina a una categoría, producto o marca en particular.

¿Por qué debe saber por quién lo pueden reemplazar?

No estar atento a los diferentes tipos de competencia puede llevar a la compañía a no ver los rápidos cambios en los mercados durante la crisis. Puede ir perdiendo paulatinamente clientes a manos de otras compañías en otros sectores y nunca vio venir la situación, pues estaba más atento a sus competidores directos que a sus sustitutos.

Hay que definir muy bien cuál es el negocio en el que se encuentra la empresa para asimismo identificar cuáles son realmente sus competidores potenciales. Entonces, la pregunta de fondo que debe hacerse es: ¿de qué otras maneras mis clientes pueden resolver lo que yo les soluciono? Frente a sus necesidades actuales, ¿qué cosas necesitan o desean resolver que un tercero pueda hacerlo mejor que yo? En ese momento, estará empezando a pensar más integralmente y a proteger su negocio frente a competidores que aún no conoce, que con seguridad aparecerán durante la recesión.

Dependiendo de cuál sea la cara de la competencia que está enfrentando, asimismo deberá utilizar un argumento específico que busque disipar esa objeción o justificar por qué el cliente debería tomar la decisión a su favor. Así como cada cliente requiere un diferencial distinto (no todos aprecian lo mismo), también cada tipo de competidor se convierte en una objeción distinta que requiere un argumento específico, dirigido y concreto para contrarrestarla.

Modificación de hábitos de consumo

La mayor sensibilidad en el gasto es básicamente generada por una liquidez muy limitada durante la recesión y una incertidumbre que no permite prever claramente cuándo y cómo va a mejorar la situación en el futuro cercano.

Postergación de compras no urgentes

El posponer compras que no se consideran urgentes es una forma de cuidar el flujo de efectivo y dedicarlo a necesidades más urgentes y esenciales. Sin embargo, esto no significa que la consideración de compra se elimine por completo.

Muy probablemente, en el futuro volverá a ser una opción, por lo que las marcas de este tipo de productos y servicios no deben perder la visibilidad frente a sus prospectos, pues, llegado el momento, serán aquellas con mayor presencia y recordación las que primarán. Si las marcas que el cliente había considerado comprar antes de la recesión no mantienen su propuesta de valor, no permanecen visibles y no siguen luciendo como la mejor alternativa, es probable que las cambien por otras que perciben como un mejor negocio.

Más simplificación que complejidad

Durante las recesiones, los consumidores buscan opciones menos robustas en términos de características y beneficios. En otras palabras, están dispuestos a sacrificar aspectos o desempeño de los productos a cambio de un menor precio.

Buscan productos que ofrezcan el cumplimiento de la promesa básica esperada de la categoría, así eso no implique las condiciones habituales o aquellos aspectos que, si bien son interesantes y hasta deseables, no son fundamentales para el objetivo primario del producto.

Mayor adopción tecnológica

La resistencia de los clientes a utilizar herramientas tecnológicas siempre ha sido un obstáculo para el desarrollo de muchos negocios. Lograr que la gente se conectara, descargara una aplicación o probara alguna plataforma era un viacrucis. El aislamiento aceleró este proceso. Personas de todas las edades, niveles socioeconómicos y latitudes se las han ingeniado para aprender y avanzar.

Esto acelera el ciclo de venta, pues, por un lado, los clientes tienen menor resistencia a la tecnología y, por otro, porque hace que valoren más las plataformas y funcionalidades *online* de sus proveedores como beneficio adicional.

Es el caso de Jadara Electronics en Jordania, una compañía que se dedica al diseño y comercialización de simuladores, los cuales son utilizados por estudiantes de escuelas vocacionales para aprender, por ejemplo, cómo funciona un motor automotriz.

A raíz de la crisis, desarrollaron juegos de simulación virtual 3D, donde los estudiantes pueden aprender el proceso de manera *online*. Esto, además, funciona incluso como un producto de prueba para aquellas instituciones que piensan en el futuro adquirir el simulador físico. La adopción de la tecnología ha hecho posible que el mercado lo acepte y lo considere como una alternativa viable.

Sensibilidad ambiental

Muchos clientes se están concientizando de la importancia de los procesos limpios de producción, de las energías amigables con la naturaleza, de los empaques reciclables y de las materias primas renovables. Reconocen cada vez más que no es producir a cualquier costo, sino de manera responsable.

Si alguno de estos aspectos hace parte de su propuesta de valor, es el momento de contarlo, amplificarlo y reconocerlo. Los clientes tienen que saberlo. Durante la reactivación, habrá más gente escuchando y usted habrá ganado una valiosa posición.

Responsabilidad social

Algo tan importante como la responsabilidad social ha sido con frecuencia subestimado por muchos consumidores como un aspecto diferenciador. Sin embargo, cada vez más los clientes son conscientes del impacto de las marcas en las comunidades con las que interactúan, de su responsabilidad con el entorno, del trato de sus empleados y de la equidad en las negociaciones con sus proveedores. Ahora todo es más visible y la gente está observando.

Si a usted le importa y es parte de la forma como maneja su negocio, a sus clientes cada vez les importará más. La responsabilidad social se irá fortaleciendo gradualmente como fuente de diferenciación.

Acostumbrarse al teletrabajo

Hemos aprendido a manejar las reuniones y los procesos de manera remota. Esto nos hace más eficientes y ahorra tiempo. Nos dimos cuenta de que no todo tenía que ser presencial.

Esto abre una oportunidad para muchos profesionales independientes en distintas disciplinas, ya que sus clientes estarán más dispuestos a trabajar de manera virtual. Muchos se sentirán cada vez más cómodos trabajando con diseñadores o consultores que no están en su misma ciudad o país.

Conciencia de prevención y futuro

Las crisis económicas nos hacen más conscientes del ahorro, la prevención, la inversión y el futuro, básicamente por la sensación de incertidumbre. Esto hace que los clientes aprecien la calidad de las cosas. Especialmente, para aquellos que venden bienes o servicios donde los diferenciales se evidencian en 3, 5 o 10 años (calidad de los insumos, menos mantenimiento, durabilidad, escalabilidad sin costos extra), esta conciencia les dará valor a sus argumentos, diferente a una visión exclusivamente cortoplacista de algunos de sus competidores.

Simplificación de procesos

Trámites, papeleos, sellos y todo tipo de documentación están siendo más cuestionados que nunca. Muchos sectores han tenido que reinventar la forma de operar para poder vender. La banca ha sido un buen ejemplo de aceleración de tecnologías y simplificación de procesos. El otorgamiento de créditos *online* con el manejo de toda la documentación de forma virtual es un gran avance. Otros negocios están eliminando trámites o exigencias que no agregaban valor. Simplificar los procesos invita a que la gente compre y se fidelice. Los clientes prefieren comprarle a aquellos que les hacen la vida más fácil.

Clientes más incisivos

Quiere decir que cada decisión de compra es fruto de un extenso y detallado proceso de comparación de opciones, características y beneficios, con el fin de minimizar el riesgo o el remordimiento por una mala y costosa decisión.

Los clientes están más atentos que nunca a la letra pequeña, a validar que lo que cada marca dice sea cierto, a cuestionar y a comparar alternativas entre sí. Se interesan más por entender el por qué deberían preferir una marca en lugar de otra. Las promesas de marketing no son suficientes para convencer a clientes escépticos.

Si usted era de los que se quejaban de que los clientes no eran conscientes de sus bondades *versus* los demás competidores, sus plegarias han sido escuchadas. Comunique y evidencie sus diferenciales. La gente presta más atención a esos detalles ahora más que nunca.

Las crisis no afectan a todos por igual

Así como las crisis no afectan a cada consumidor por igual, asimismo el impacto en un negocio no es el mismo que en otro. Según qué tanto cierto grupo de clientes represente de su mercado, el golpe en sus ventas será mayor o menor.

En el artículo de *Harvard Business Review* titulado "How to Market in a Downturn"[7] (Cómo vender en recesión), John

---

[7] https://hbr.org/2009/04/how-to-market-in-a-downturn-2.

Quelch y Katherine E. Jocz establecen que el impacto de una recesión se puede entender mejor desde cuatro perspectivas, de acuerdo con la situación previa y la forma de ver la vida de cada persona.

Psicología del consumidor en recesión

Cada persona aborda la recesión de una manera diferente. Se podría hacer la analogía de que cada cual se comporta "según cómo le vaya en la fiesta". Los autores identificaron distintos comportamientos y grupos de consumidores en recesión:

Frenazo en seco

Es el segmento que se siente más vulnerable y el más golpeado económicamente. Reduce sus gastos eliminando, posponiendo, disminuyendo o sustituyendo compras. Aunque los consumidores de bajos ingresos usualmente son parte de este grupo, también los consumidores de altos ingresos pueden estar en este segmento si se enfrentan a una dificultad económica coyuntural.

Golpeado pero optimista

Son consumidores que tienden a ser positivos en el largo plazo, pero menos optimistas respecto a las posibilidades de recuperación en el corto plazo y la posibilidad de mantener su estándar de vida. Economizan en todas las áreas, aunque de manera menos agresiva que los del grupo anterior. A medida que la situación se pone más difícil, pueden migrar al segmento de frenazo en seco.

Cómodamente acomodado

Se sienten seguros con su habilidad para salir sanos y salvos de la crisis. Su nivel de consumo es muy similar al de las épocas previas a la recesión, aunque ahora son más selectivos. Son personas que tienen sus finanzas en orden o cuentan con un ingreso de cierta manera estable y predecible.

Viviendo el presente

Este segmento de personas se comporta como de costumbre y responde a la recesión básicamente postergando las grandes compras. Usualmente son jóvenes y viven en las ciudades. Prefieren rentar que comprar, así como las experiencias por encima de las cosas materiales (salvo tecnología). Difícilmente cambian su comportamiento de consumo, a menos que pierdan su empleo.

Reacción de los consumidores según la percepción de riesgo

Por otro lado, el análisis desarrollado por P. Amalia y P. Ionut, de la Universidad de Pitesti, demostró que la posición de cada persona frente a una crisis económica depende fundamentalmente de dos factores: la percepción de riesgo y la actitud frente a este[8]. No todos perciben la situación con la misma gravedad ni reaccionan de la misma manera.

La percepción de riesgo se refiere a la interpretación del consumidor de qué tan expuesto está ante la crisis, mientras que la actitud es la forma como reacciona a ella, dependiendo de su personalidad y el impacto psicológico que tenga sobre su realidad.

De acuerdo con esto, plantean que los consumidores pueden segmentarse en cuatro grupos, que de alguna manera guardan similitudes con los expuestos en el estudio anterior.

1. Presas del pánico

Están en el cuadrante de alta percepción de riesgo y alta actitud de riesgo. Se encuentran en situaciones de gran estrés. Tienen una alta aversión al riesgo y lo tratarán de evitar a toda costa. Tienden a reaccionar de manera desproporcionada. Cortan dramáticamen-

---

[8] http://steconomiceuoradea.ro/anale/volume/2009/v4-management-and-marketing/157.pdf.

te sus gastos, reducen el consumo y se mueven inmediatamente a opciones más baratas. No son leales a ninguna marca, sólo al mejor precio.

2. Prudentes

Tienen una baja percepción del riesgo y una alta actitud de riesgo. Aun teniendo aversión al riesgo, no se consideran en una situación estresante porque no están tan expuestos. Son prudentes y planean cuidadosamente sus gastos, posponen compras grandes, están bien informados y en algunos casos cambian de marcas.

3. Preocupados

Son aquellos con una alta percepción de riesgo y una baja actitud de riesgo. Aun reconociendo que están bastante expuestos no son aversos al riesgo, por lo que deciden asumirlo. Su comportamiento está determinado básicamente por la percepción de riesgo. Planean sus gastos, pero no necesariamente cambian de marca. A menos que la percepción de riesgo se incremente, hacen grandes inversiones siempre y cuando sean bajo atractivas condiciones económicas. Están dispuestos a probar nuevos productos.

4. Racionales

El consumidor racional es aquel con baja percepción de riesgo y baja actitud de riesgo. Es decir, no tienen aversión al riesgo y no se consideran expuestos. Evitan toda información relacionada con los efectos de la crisis y, por lo general, mantienen su comportamiento habitual. No reducen sus gastos, continúan comprando sus marcas favoritas y también prueban nuevos productos.

Ajuste sus estrategias al mercado

Considerando que no todos los clientes, sectores y productos se ven afectados por igual, es importante adaptar su oferta a la nueva realidad.

Durante las crisis, por estar ensimismados mirando al interior de nuestros negocios, planeando cómo bajamos costos y controlamos gastos, podemos estar perdiendo valiosas oportunidades. Segmentos de mercado desatendidos por competidores que están en modo avión (esperan a que las cosas pasen) o solicitudes de los clientes por productos más adaptados a su realidad pueden ser fuente de crecimiento.

Entender los comportamientos de los consumidores en tiempos difíciles le permite prepararse y avanzar aceleradamente hacia su nueva estrategia de negocio, mientras muchos apenas están cayendo en cuenta de la situación. Éste es un claro comportamiento de los negocios inmortales. Adáptese a la nueva realidad y encuentre la oportunidad en medio de la zozobra.

ADAPTE SU OFERTA
A LA NUEVA REALIDAD

Ajustar su oferta es acomodar lo que vende a lo que el mercado está más dispuesto a comprar. Adaptar la oferta implica revisar productos, servicios, condiciones comerciales, canales, segmentos de clientes y mercados, entre otras variables. No importa cuántos ajustes haga, a fin de cuentas, todos deben cumplir con una única premisa que quiero que siempre tenga presente: debe ser rentable.

No es cortar costos de manera indiscriminada

Cuando nos enfocamos exclusivamente en bajar los gastos al mínimo y controlar el escaso efectivo, corremos un riesgo aún más peligroso: cortar cosas fundamentales de la propuesta de valor. Sin ser consciente, puede estar deteriorando el servicio al cliente, adelgazando en exceso su fuerza comercial, retrasando despachos, incumpliendo pedidos o, lo peor de todo, afectando la calidad de su producto o servicio.

Es un ejercicio de mirar de afuera hacia adentro. Enfóquese en el mercado (clientes y competidores) y vaya ajustando su compañía al vaivén de la situación. Cuando deja de tomarle el pulso al mercado está perdiendo el contacto con la realidad y, por ende, la detección de oportunidades para adaptarse. Incluso si su empresa está bajo una fuerte presión interna y enfocada en el recorte de gastos, tener clara la realidad de clientes y consumidores le permitirá prepararse mejor y hacer más atractivos sus diferenciales.

Proteja sus diferenciales a capa y espada

Aun en tiempos turbulentos, la experiencia de su cliente debe seguir siendo consistente con la promesa de marca. Tenga mucho cuidado de no sacrificar su imagen y la reputación, que tanto le ha costado construir, simplemente por abaratar el producto. Esto no significa que no pueda tener opciones menos robustas, pero siempre manteniendo el estándar que lo caracteriza.

Las crisis pasan, las marcas permanecen. Al igual que bajar los precios, cortar de manera indiscriminada los costos puede ser un error que pagaremos muy caro. Cuando se corta "músculo" en vez de "grasa" para ahorrar algo de dinero, puede estar afectando el futuro mismo del negocio.

Tres aspectos importantes que debe revisar de su estrategia comercial para adaptarse a la nueva realidad: *qué* vender, a *quién* venderlo y *cómo* vender.

¿Qué vender?: propuesta de valor

¿Puede hacer su oferta de productos o servicios más atractiva? Bajo las restringidas condiciones económicas, ¿qué puede ofrecer que sea irresistible para los clientes? Con base en sus propias capacidades y entendiendo lo que la gente está comprando, ¿puede dar un giro y reformular su oferta de valor?

Algunas alternativas para rediseñar el *qué* vender y construir una propuesta de valor acorde al mercado son:

- Simplifique su propuesta
- Diseñe nuevos productos
- Reconfigure el servicio
- Virtualice lo que vende
- Refuerce la experiencia del cliente
- Traslade a los clientes parte del proceso

Simplifique su propuesta

Una opción para simplificar su propuesta de valor es ofrecer nuevas alternativas que eliminen aspectos que no sean esenciales pero que permitan hacerlo económicamente más accesible.

Esto no se refiere solamente a características propias del producto, sino a elementos colaterales o complementarios que robustecen la oferta a los clientes, como tiempos de entrega, garantías, servicio posventa, capacitaciones, empaques especiales, personalizaciones, transformaciones o algún otro aspecto que los clientes puedan estar dispuestos a prescindir o minimizar, sin afectar el desempeño fundamental de su producto o servicio.

Haga una lista detallada de todos y cada uno de los aspectos que hacen parte de su costo. Entienda por qué cuesta lo que cuesta y trate de identificar aquellos elementos que podrían reducirse, ajustarse, modificarse o incluso eliminarse para disminuir el costo y, por ende, el precio de venta al cliente, como una alternativa adicional a su producto regular.

Evalúe toda la cadena de abastecimiento, desde la forma como sus proveedores le entregan el producto o el servicio hasta las unidades de empaque y la frecuencia de despacho a sus clientes. ¿Puede cambiar o mezclar las horas de entrenamiento presencial con virtual?, ¿puede disminuir funcionalidades?, ¿limitar el alcance?, ¿simplificar beneficios?

Esto no significa necesariamente que vaya a eliminar su producto habitual con todas las características y bondades, simplemente estamos buscando alternativas para crear un nivel inferior de productos o servicios que le permita a más clientes acceder a ellos.

Si piensa eliminar el producto regular y cambiarlo por la nueva opción menos robusta, una alternativa es ofrecer los beneficios y funcionalidades que retiró como extras u opcionales que los clientes puedan agregar al producto básico. Es fragmentar el producto o servicio para disminuir el costo del principal y dejar los "aditamentos" por aparte de manera opcional. Así, vuelve el producto "básico" más accesible y los elementos que retiró quedan como complementos.

Diseñe nuevos productos

Este es el momento de que aflore toda la creatividad y surjan ideas de otros productos para vender. Hay que reinventarse y ver el mundo distinto. Soltar lo que tenemos y lo que nuestro negocio ha sido por años, para hacerse la pregunta: ¿qué tal si…? Hay que pensar sin prejuicios y explorar nuevos caminos, porque así será el futuro.

Pensar en la realidad de la gente

Finsocial es una entidad financiera de crédito no bancario que ha respondido a las necesidades de los clientes durante la crisis, diseñando una opción de crédito adaptada a la realidad del mercado. Pensando en responder rápidamente, diseñó el producto *Finso-Amigo*, un crédito de solicitud 100% digital por medio del cual la persona recibe un ingreso fijo mensual por nueve meses y comienza a pagar a partir del mes diez. Con una cuota fija durante 36 meses con tasas de interés subsidiadas por el Gobierno y respaldadas por el Fondo de Garantías, logró ajustar su propuesta de valor a lo que las personas están requiriendo.

Con un desembolso en las 24 horas siguientes a su aprobación, este producto se convirtió en una opción de liquidez en momentos de incertidumbre para sus principales beneficiarios: profesores y pensionados. Adicionalmente, por la colocación de cada crédito, la compañía donó un mercado a través de su fundación y el programa "El héroe eres tú", con el apoyo y la contribución adicional de cada uno de los más de 600 empleados de la organización.

Ajustar nuestro modelo de negocio significa estar atentos, escuchar y tener la disposición de preguntarnos ¿qué más podemos hacer? La mejor forma de reaccionar frente a los momentos difíciles es cuestionar todo y evaluar las alternativas para adaptarnos a la nueva situación. Como lo diría el gran Charles Darwin, no es la más fuerte de las especies la que sobrevive, es aquella que es más adaptable al cambio; quien esté mejor preparado para hacer el quiebre de cintura y cambio de dirección cuando sea necesario.

La empresa de invitaciones y recordatorios de boda y quince años, Arroz de Colores, me contó así lo que hizo para adaptarse a la realidad:

> Los clientes no sabían si planificar un evento para los próximos meses, no querían arriesgarse a pagar una fiesta y que luego se les impida realizar la celebración. ¡A reinventarse! Ampliamos los productos. Con las mismas máquinas y materiales, comenzamos a ofrecer productos de decoración como relojes o cuadros. También apuntamos a *souvenirs* para nacimientos (los bebés nacerán igual), comuniones y bautismos, que son eventos que seguirán realizándose. Incluso, tomamos de Italia la idea de un nuevo producto: un panel de acrílico separador, "barrera anticoronavirus", para mostrador de comercios y centros médicos, para que los empleados se sientan más seguros al atender a la gente. Otra cosa que implementamos fue hacer invitaciones sin la fecha de la fiesta, dejando ese espacio en blanco para que lo completaran cuando reprogramaran su evento.

En el mundo de los seguros también hubo interesantes transformaciones. Por ejemplo, SURA desarrolló un producto llamado "Plan Seguro por Uso de Autos"[9], el cual le cobra al final del mes dependiendo de qué tantos kilómetros haya conducido (previa inscripción en la *app* para geolocalización) y de su buena conducta como conductor. Debido al poco uso de los vehículos, muchos

---

[9] https://www.segurossura.com.co/paginas/movilidad/autos/plan-seguro-por-uso.aspx.

clientes consideraban que no deberían pagar lo habitual si no estaban usando su automóvil, por lo que esto fue música para sus oídos.

"Queremos adaptarnos a las nuevas dinámicas de los conductores que entienden la manera como se movilizan, con el fin de acompañarlos con una opción que se ajuste a su momento de vida y cotidianidad", fue el argumento con el que lo presentaron.

Y la explicación es la siguiente:

Este plan funciona con la *app* Seguros SURA, que cuenta con una configuración especial. Al descargarla y activar los servicios de geolocalización, se da la transmisión de información necesaria de cada trayecto que realicen tú o los conductores registrados de tu vehículo. De esta manera, SURA los acompaña con una oferta que reconoce sus dinámicas particulares de movilidad para ajustar el pago del seguro de acuerdo con los kilómetros recorridos y los hábitos de conducción durante un mes (tiempo de vigencia del seguro).

¿Qué más le puede resolver a sus clientes?

GIGLatam.com pasó de ofrecer servicios de comprador misterioso en restaurantes, a monitorear el servicio de los domiciliarios. Más Brownie, además de la venta de *brownie*, empezó a fortalecer la venta de pan casero.

Anne Veneth, diseñadora de vestidos de novia, empezó a brindar talleres de patronaje y confección a colegas y público en general, al tiempo que trabajaba en su nueva colección. Por otro lado, una empresa de *catering* lanzó una nueva línea para hornear y servir.

Llega un momento en todo negocio, sin importar qué tan bueno haya sido su producto o servicio, en que disminuye su atractivo o no es posible prestarlo de la manera tradicional. En esos casos, la alternativa consiste en ofrecer un nuevo producto o evolucionar el actual para mantener su relevancia frente al mercado.

Una recesión es la excusa perfecta para hacerlo. Forzados a ajustar nuestra propuesta de valor, es momento de repensar lo que vendemos. Diseñar un nuevo producto significa complementar el producto de siempre con uno nuevo, ofrecer un nuevo servicio o adelgazar su propuesta actual para adaptarse a la demanda de los clientes.

Las ideas pueden provenir de sus mismos clientes. Esté atento a qué cosas están demandando más y qué comentarios tienen sobre lo que ofrece para hacer ajustes o incorporar nuevas opciones a su portafolio. Segmente a sus clientes con base en sus necesidades y así podrá determinar qué es lo mejor que puede ofrecerle a cada uno. Piense en cómo poner su intuición al servicio de sus clientes.

Zeven Producciones, una empresa dedicada a la organización y producción de eventos como grados, bingos empresariales, karaokes y conciertos, entre otros, decidió abrir una nueva línea de negocio: libros personalizados. Tomando la experiencia con sus clientes en múltiples eventos, decidió complementar su portafolio.

Como una manera de acompañar las celebraciones, creó Zeven Books, libros personalizados para aniversarios, como recordatorio para anuarios de grado, fechas comerciales, celebraciones de cumpleaños y cualquier otra ocasión que se pueda acompañar de un recuerdo impreso.

Por su lado, Pandora Café Bar, en Bello, creó los desayunos felices, agregándole un concepto divertido a sus productos, con un toque creativo para cada ocasión.

Saque ideas del refrigerador

Seguramente tiene algunas ideas que venía pensando pero que nunca había desarrollado porque no había tenido la necesidad. Nuevas líneas de negocio que podían no lucir urgentes o relevantes en el total del negocio en su momento ahora lo son. Cuando la economía se va recuperando, muchos consumidores están dispuestos a probar nuevos productos. No debería esperar hasta ese momento para empezar el proceso, podría ser demasiado tarde y competidores mas ágiles pueden anticiparse.

Después de cada recesión, las conductas de compra vuelven a la "normalidad" después de unos años, dependiendo de qué tanto cada tipo de cliente y cada sector haya sido golpeado por la crisis. Cuando rediseñe su propuesta de valor, no la piense sólo para los próximos seis o doce meses, piénsela como una estrategia sostenible que le genere ingresos en los años venideros. Desarrollar un nuevo producto o línea de negocio es mucho trabajo como para que pierda validez en el corto plazo.

Puede diseñar productos de temporada o con corta vida útil, siempre y cuando considere que le pueden generar ventas extra y mantenerse a flote, pero nunca pierda de vista su estrategia de mediano y largo plazo. Lo que haga hoy debería contribuir a esa realidad futura y no ser sólo un salvavidas actual. Persiga idealmente ambos objetivos.

Reconfigure el servicio

Otra forma para definir *qué* vender es reconfigurar el servicio que presta. Para hacer su propuesta de valor más accesible a los clientes, preste el mismo servicio, pero con diferente alcance. Piense para qué más sirve lo que sabe hacer y cómo puede adaptarlo a las limitaciones económicas del mercado.

La industria de bodas durante la crisis ha sido un buen ejemplo de cómo reconfigurar el servicio y adaptarlo a las limitaciones no sólo de dinero, sino logísticas por desplazamiento y distanciamiento social de los clientes.

Catalina Villegas, por ejemplo, lanzó su unidad de bodas en casa, donde, dada la imposibilidad de sus clientes de realizarlas con gran cantidad de invitados, ofrece la organización de bodas íntimas para grupos reducidos, pero con experiencias mucho más especiales y exclusivas. Ideas como paseos en helicóptero, visitar lugares paradisíacos o exóticos pueden ser opciones de mayor valor por persona, pero para menos asistentes, lo que termina siendo algo viable para aquellos que no quieren dejar pasar por alto esta gran celebración en su vida.

¿Para qué más sirve lo que sabe hacer?

Piense en una necesidad latente de los clientes en estos momentos y trate de identificar cómo su negocio y experiencia podría encajar. Pueden ser opciones en alianza con otras empresas para ofrecer una solución aún más integral o incluso en segmentos de mercado que anteriormente no había siquiera considerado.

El Torre de Cali Plaza Hotel, mientras estuvo cerrado, redefinió por completo su modelo de negocio para enfrentar de manera temporal la situación y proteger a su equipo de trabajo.

¿Cómo? Aprovechando el conocimiento del personal en cada área del hotel para atender clientes externos. La utilidad generada por cada servicio (después de descontar insumos y materiales) era para cada empleado que lo prestaba. De esta manera, lograron compensar el impacto de la reducción salarial, mantener los empleos y la moral de los colaboradores.

Los servicios y conocimientos internos que empezaron a ofrecer a clientes externos son:

- Servicio de mantenimiento: electricidad, hidrosanitario, gasodomésticos y acabados con garantía de tres meses (ofrecido por el área de mantenimiento y soporte).
- Lavandería a domicilio (usando su propia infraestructura).
- Limpieza de departamentos y oficinas, garantizando los protocolos de bioseguridad y con personal idóneo (brindado por el equipo de servicios generales).
- Dado que uno de sus principales productos era la celebración de aniversarios en sus instalaciones, durante la cuarentena los llevan a los hogares como Plan Velada Romántica, con los mismos insumos que siempre habían ofrecido (apoyado por su división de eventos y cocina).

- Desayunos sorpresa con productos garantizados y seleccionados por el chef a domicilio (experiencia culinaria).
- Organización de reuniones, fiestas y *catering* (liderada por el área de eventos). Las reuniones se realizan de manera virtual, ofreciendo llevar lo que se le vaya a dar a cada participante, ya sea desayuno, refrigerio, almuerzo o cena a cada lugar (casa u oficina).
- Desde su café-bar ofrecen a domicilio cocteles y diferentes platos para acompañar (área de alimentos y bebidas).

Vea las imágenes de la campaña del Torre de Cali Plaza Hotel en *NegociosInmortales.com/bonus*.

Otro caso fue el de LC Tours, una agencia de viajes con más de ocho años de experiencia, que al momento del aislamiento ya funcionaba como una agencia 100 % *online* y contaba con grandes conocimientos y desarrollos en el área de marketing digital, los cuales usaba para promover su propia agencia.

Con este conocimiento y viendo la necesidad de muchos pequeños negocios de fortalecer su presencia en internet, desarrolló Mediators, una plataforma de servicios de marketing *online* que conecta oferta con demanda. A los prestadores del servicio ofrece diversos cursos y capacitaciones que profesionales independientes deben realizar y al final certificarse para demostrar sus conocimientos en diferentes áreas. Incluye manejo de herramientas como CRM, identidad corporativa, parrilla de contenido, Google My Business, marketing de contenidos, plataformas de *ecommerce*, diseño web y pauta *online*, entre otros.

Una vez que estos profesionales (llamados *mediators*) están capacitados, prestan sus servicios a los clientes finales, pequeñas empresas, profesionales independientes y compañías sin mucha experiencia ni tiempo para realizar estas labores. Estas empresas pagan una mensualidad por acceder a los múltiples servicios de los *mediators*, que incluyen publicaciones en redes sociales, diseño, creación de contenido, administración de respuestas, posicionamiento del perfil en Google, pauta publicitaria y capacitación, entre otros beneficios.

La experiencia de la agencia de viajes se trasladó a otro segmento con otro producto. Se trata de poner nuestro conocimiento, experiencia y habilidades al servicio de los demás. Esto puede abrir todo un horizonte de nuevos productos que, como decíamos, puede mantenerse como otra unidad de negocio cuando la situación se recupere.

Como se dice en tiempos de crisis: "Si no puedes hacer lo que haces, haz lo que puedas". Si no es posible desarrollar nuestro trabajo de la manera habitual, hay que empezar a pensar en cómo más podemos enfocar esos grandes talentos para suplir una demanda existente y unos clientes que estén dispuestos a invertir en otro tipo de experiencias.

"Lo que uno sabe sirve para muchas cosas", debería ser el principio sobre el cual se basa el quiebre de cintura que los negocios tienen que hacer para convertirse en negocios inmortales que se adaptan a las crisis.

Wedding planner diseña eventos virtuales

Ese fue justamente el análisis que llevó a Margarita Pizarro, experimentada *wedding planner*, a poner todo su conocimiento, creatividad, organización, planeación y disciplina al servicio de otro mercado. Con las bodas suspendidas reenfocó sus servicios hacia fiestas infantiles, *baby showers*, aniversarios y cumpleaños, entre otras celebraciones. La diferencia es que la magia la trasladó al mundo *online*.

Vio una oportunidad para transformar las celebraciones virtuales que se hacen para juntar a las familias alrededor de cumpleaños, bautizos, compromisos, primeras comuniones, emprendimientos y demás solemnidades. Todos lo hemos visto: estudiantes graduándose frente a una cámara, odontólogos revisando la muela por el celular, declaraciones de matrimonio a distancia, cumpleaños familiares virtuales y hasta reuniones de exalumnos, todo en medio de una dinámica diferente.

Celebraciones virtuales profesionales

Los más de ocho años de Margarita como *event planner* le dieron la experiencia necesaria para cuidar hasta el mínimo detalle en todos los eventos para los que la contrataban. ¿Cómo llevar ese conocimiento a otro segmento? Mejorando la experiencia de las celebraciones virtuales de las familias.

Pensando en esta nueva oportunidad, creó la marca Event.On como una alternativa para brindar a las familias una organización profesional y libre de angustias, al tiempo que incorpora experiencias y detalles que la hacen algo distinto y memorable tanto para la persona homenajeada como para los invitados.

Así es como organiza cumpleaños infantiles, aniversarios de matrimonio, *baby showers*, cenas románticas y reuniones nostálgicas, entre otras. Cada evento es fruto de una cuidadosa planeación y coordinación de sorpresas, invitados, *shows* y temáticas que tienen un gran objetivo: hacer sentir muy especial al homenajeado en compañía de las personas más significativas de su vida.

¿Cómo funciona la celebración virtual?

"Sabemos que existe Zoom gratis y que hay empresas que envían kits decorativos para celebrar. En Event.On ofrecemos muchos detalles que resultan en una experiencia donde el principal objetivo es que tanto el homenajeado como sus invitados vivan un momento único e inolvidable. Acompañamos de comienzo a fin para que no se preocupen por nada", me comentó Margarita.

El proceso empieza por coordinar con la persona de contacto el tipo de evento, la cantidad aproximada de invitados, la temática y, en términos generales, cómo se puede construir la magia para hacerlo un momento especial. Con la lista de invitados, sus direcciones físicas, correos electrónicos y números de celular, empieza a coordinarse el evento. Se diseña la invitación virtual, se evalúan distintos proveedores según el tipo de celebración, se definen los kits para enviarlos físicamente a los asistentes, el minuto a minuto del evento y la decoración acorde. Incluso, se asesora a la persona en la decoración de su hogar, revisando conjuntamente los espacios y brindando sugerencias de dónde y cómo organizar las cosas.

Una vez que están listos todos los preparativos y se ha llegado el día acordado, empieza la reunión. Montado sobre un plan ilimitado de Zoom, la sala se abre media hora antes para que quienes luchan con la tecnología o la conexión, tengan tiempo suficiente. Margarita asume el papel de maestra de ceremonias, guiando a los asistentes en cada parte del proceso y preparándolos para la siguiente actividad.

Dependiendo de la celebración, el desarrollo varía. Si es una fiesta infantil, incluye el *show*, dependiendo de la edad de los asistentes, la decoración temática personalizada, el kit dulce para los invitados con pequeños detalles y demás sorpresas. Si es un *baby shower*, además de la decoración y los regalos, incluye el desarrollo de juegos entre los asistentes, como sopa de letras o hacer dibujos con los ojos cerrados donde cada uno pinta cómo se imagina a el o la bebé próxima a nacer. Luego envían las fotos a la pareja. Y así sucesivamente con cada tipo de celebración. Una completa reconfiguración del servicio.

El mayor desafío
Que la gente entienda que lo virtual no es gratis. Es parte del proceso de educación de clientes y prospectos. Ayudarles a entender el valor y que el trabajo que se realiza de manera virtual requiere el mismo o incluso mucho más esfuerzo de coordinación, ajuste y acompañamiento para que la experiencia sea perfecta.

Hay una gran inversión en tiempo, manejo de proveedores, labor administrativa, compra de materiales para obsequios, decoración y demás aspectos que conforman la experiencia. Por supuesto, no todos serán clientes potenciales. Por supuesto, hay quienes no estarán dispuestos a invertir en algo que consideran que ellos también podrían hacer. Está perfecto. Enfóquese en quienes aprecian el valor de su trabajo y sorpréndalos.

Virtualice lo que vende

Ésta es probablemente la forma más evidente de "adelgazar" o simplificar su producto o servicio. Si bien la virtualización no representa la misma experiencia, puede flexibilizar y optimizar la entrega del servicio o el complemento del producto, lo que facilita, en últimas, la decisión de compra.

Durante la cuarentena, Fabiola Detalles & Diseños, cuyo negocio principal era la decoración para fiestas, empezó a ofrecer diseños *online* para que el cliente pudiera imprimir, ensamblar y decorar en casa. Como muchos negocios de su estilo, la escuela de baile EDA (Elite Dance Academy) ofreció sus clases virtuales en todos los estilos, desde el *sexy style* hasta salsa, para que los clientes pudieran disfrutar todos los ritmos en casa.

Vea las imágenes en *NegociosInmortales.com/bonus*.

Maratón individual: "Corre contigo"
En Bolivia, la empresa Multisport, que organiza maratones, dio un giro a su modelo de negocio y desarrolló *Virtual Run*. Al no poder organizar eventos masivos con corredores, pero entendiendo la necesidad de su mercado de participar y entrenar, diseñó maratones donde cada participante corre de manera individual.

Así me lo contó su director, Ricardo Moreno:

> Si bien hay personas a las que les gusta participar con sus amigos los domingos, hay otro grupo que únicamente quiere correr. La idea del *Virtual Run* es que cada uno pueda competir de manera individual

sin importar el día o la hora. Una vez que cada uno termine su recorrido, sube los resultados *online* y en máximo una hora le llega su medalla o trofeo. A diferencia de una maratón normal, aquí los tiempos se toman individualmente por persona en el momento que quiera hacer la prueba.

Escuela de basquetbol JJ Stars

Este caso nos demuestra otro desafío en épocas de crisis: mantener la base de clientes para que continúen comprometidos y vinculados con su negocio. Cuando de restringir gastos se trata, aquellos que no se consideran de primera necesidad son los primeros que las familias tienden a cortar. Su servicio debe ser tan atractivo y sus clientes tan fieles para que permanezcan a su lado, que incluso lo acompañen cuando no puede prestar el servicio habitual. Este club de basquetbol lo tuvo muy claro y mantuvo el contacto con sus clientes para mantener sus ingresos.

Giovanni Mendoza empezó su academia en el 2016, con el fin de compartir su gran pasión por el basquetbol con niños y adolescentes. JJ Stars realizaba habitualmente sus entrenamientos tres veces a la semana en dos parques públicos que conforman sus sedes en la localidad de Kennedy, en Bogotá.

Empezó el club con dos niños y ahora cuenta con 150, divididos en tres categorías: Baby Stars (4-8 años), Mini Stars (9-12 años) y Junior Stars (13-16 años). Se esmera por servir y brindar las herramientas necesarias para que sus alumnos aprendan las técnicas y desarrollen su máximo potencial. Está al lado de su comunidad y su disciplina es el motor para seguir adelante. "En este sector hay mucha informalidad. La gente piensa que sólo es sacar el balón, ser buen jugador, y listo. Montada la escuela para 'desvararse'", dice. Su escuela, por el contrario, cuida cada detalle y busca crear experiencias que sorprendan a sus clientes.

¿Cómo seguir generando valor?

El gran reto para Giovanni y su equipo de trabajo durante la cuarentena fue no sólo cultivar los vínculos con sus alumnos y estar presente, sino mantener los ingresos generados por las mensualidades de las familias. Muchos podrían pensar que las clases de basquetbol que ya no se podían hacer al aire libre eran un gasto del cual fácilmente se podía prescindir. "¿Para qué vamos a pagar si no se puede ir a entrenar?", dirían algunos. No fue el caso para los JJ Stars. De sus estudiantes, 80% siguió pagando su mensualidad, porque la escuela continuó generando valor a través de varias iniciativas.

Entrenamientos en línea: los entrenamientos con cada uno de los grupos de la academia no se detuvieron. Cada profesor dirigió personalmente a su equipo y guio los ejercicios y prácticas por realizar. El programa se llamó *Indoor Coach*.

Intercambios estudiantiles virtuales: otra idea fue poner a "viajar" a sus alumnos, aunque fuera virtualmente. Contactó al equipo argentino de minibásquet, el Club Florentino Ameghino, para coordinar un encuentro vía Zoom entre ambas escuelas. Fue una divertida sesión de entrenamiento, donde la mitad fue dirigida por el coordinador de Ameghino y la otra mitad por el *coach* de los JJ Stars en Colombia. A raíz de esto, recibió varias solicitudes de otros clubes internacionales para realizar la misma actividad.

Programa de "millas" virtuales: también implementaron una tarjeta virtual de viajero frecuente, con la que cada alumno acumulaba millas que podía redimir al final del aislamiento total. Las millas se acumulaban a medida que los estudiantes participaban en los entrenamientos, como un estímulo para incentivar la asistencia y continuidad. A través de un patrocinador, obtuvieron obsequios como balones y accesorios para entregarlos a los participantes más consistentes.

Cinema: se reunían virtualmente todas las familias del club a ver una película de basquetbol cada domingo a las 4:00 de la tarde. La comentaban y se compartían fotografías desde sus casas para recrear una experiencia de integración, aunque fuera a la distancia. Esto mantuvo a la comunidad unida y a la academia como el eje de interacción.

Se abren nuevos horizontes

Los JJ Stars encontraron grandes oportunidades. Sus iniciativas generaron mucha visibilidad para la academia y recibieron solicitudes de personas que querían tomar los entrenamientos virtuales y, en un futuro, presenciales, por lo que no descartaron la opción de ofrecer clases *online* bajo el modelo de membresía.

Fruto de la continua interacción que lograron con los alumnos y sus padres, crearon un directorio empresarial de servicios para que las familias de la comunidad se ayudaran entre ellas, de acuerdo con la especialidad de cada uno. Adicionalmente y gracias a los contactos internacionales que tuvieron, evalúan la posibilidad de hacer excursiones a otros países. Viajes temáticos presenciales que girarían alrededor de la pasión por el basquetbol.

Las reglas de juego cambiaron para Giovanni y su equipo, pero supieron no solamente sortear las circunstancias, sino encontrar nuevos caminos que antes eran impensables.

Refuerce la experiencia del cliente

Otra forma de rediseñar *qué* vender en momentos difíciles consiste en incrementar la percepción de valor a través de la experiencia. Es darle a lo que vende un significado mucho más grande que el producto mismo.

Por ejemplo, La Librería de Ana, una tienda dentro de un centro comercial en la ciudad de Bogotá, desarrolló las "cajas lectoras", un detalle especial que expande la experiencia de leer a otros aspectos y sentimientos asociados. Cada caja incluye, además del libro de su predilección, una cobija "de avión", café, trufas y entrega en su casa. No venden un libro, sino la experiencia completa de lectura, con todos los íconos que esto representa para pasar un buen momento. Como me lo contó su propietario, Mario Villegas: "La idea es que la persona reciba no un libro, sino horas de placentera lectura". Eso es reforzar la experiencia.

Paletas como juego de emprendimiento para niños

Algo positivo de las crisis es que afloran la creatividad y el ingenio de muchos emprendedores. Sorprender y lograr la preferencia de los clientes es un desafío cada vez mayor, donde toda iniciativa suma. Pequeñas cosas presentadas de manera distinta llaman la atención y crean historias significativas para nuestros clientes.

Paletas con ojos

En el 2014, Karla y Karen montaron su primer punto de venta Eyespop en Guatemala, y ahora cuentan con doce ubicaciones en centros comerciales. "Cuando empezamos, queríamos transmitir nuestra manera de ver la vida, nuestra felicidad en paleta; por eso pusimos los ojitos. Son los ojitos los que transmiten el verdadero sentimiento de la marca, los que esperamos hagan sonreír", comentan.

Durante la situación de confinamiento, los pedidos a domicilio cobraron mayor relevancia. Sin embargo, con tantos negocios compitiendo por los domicilios de los clientes, ¿cómo hacer la diferencia?, ¿cómo incrementar la percepción de valor?, ¿cómo hacer algo creativo para agregarle a sus productos?

Juego de emprendimiento en casa

La respuesta fue armar un kit que, además de las paletas, incluyera actividades para que los niños realizaran en casa. Ideas creativas para ponerle magia a los productos. Así me lo comentó Karla:

Mi hermana es mamá y en ese momento el kínder no había mandado actividades. Ella se tardaba una hora en pensar qué hacer, media hora en prepararlo y las niñas lo resolvían en 15 minutos. Entonces lanzamos el kit que trae tres actividades: 1) en la parte de atrás de las hojas hay dibujos para colorear, 2) agregamos coberturas para decorar los helados, y 3) para niños más grandes, los materiales para jugar a la tienda con los que practican sumas y restas (ponen precios a los *toppings*, en las hojas anotan la orden con los precios para después sumar y cobrar).

Vendemos mucho más que un producto

Por supuesto que el producto es fundamental, pero hay mucho más. Nos volcamos a lo que vendemos, desconociendo en muchos casos que hay enormes oportunidades en los "periféricos". Los diferenciales están en las historias, en la magia, en los empaques, en los procesos, en el detrás de cámaras. Todo amplifica la experiencia, y mientras mayor experiencia, mayor la percepción de valor.

¿Qué experiencias puede agregar a su propio producto o servicio?, ¿qué pequeños pero significativos detalles puede incorporar?, ¿cómo más puede incrementar la percepción de valor de su negocio? Vendemos mucho más que productos, vendemos experiencias.

Conozca las imágenes en *NegociosInmortales.com/bonus*.

Andrés Carne de Res, experiencia digital en casa

El aislamiento ha sido un enorme desafío para todos los negocios. Lentamente, hemos aprendido a operar bajo circunstancias de incertidumbre y a cambiar la forma de interactuar con nuestros clientes.

Muchas empresas, ante la imposibilidad de vender, aprovecharon el tiempo para afianzar la relación con sus consumidores, como fue el caso de algunos restaurantes. Si bien los domicilios generaron algún ingreso (cuando se permitieron), es claro que no fueron tan representativos como para compensar las ventas habituales. Sin embargo, seguir presente ha cumplido otros objetivos: fortalecer el posicionamiento de marca y cultivar relaciones para generar ventas posteriores.

¿Se puede "virtualizar" la experiencia?

Éste es uno de los mayores retos para quienes se apalancaban en la experiencia del cliente como aspecto diferenciador. Si lo que lo alejaba del resto era el ambiente, la atención, el servicio, la decoración, la magia y lo que sucedía en vivo con sus clientes, ¿cómo sobresalir cuando todos compiten por igual en la atención a los hogares?

La pregunta que muchos empresarios se han hecho es: ¿cómo "exportar" virtualmente la experiencia que el negocio proveía de manera presencial? En medio de una competencia feroz, ¿cómo ser más atractivos y lograr la preferencia?, ¿cómo aflorar emociones en los hogares para fortalecer la conexión con la marca?

Andrés Carne de Res, el reconocido restaurante, bar, bailadero, miradero, conversadero y estadero, decidió recrear la experiencia de sus restaurantes en los hogares de los clientes a través de lo que llamaron "Andrés en Casa: una experiencia digital", evento que realizaron varias veces durante la cuarentena.

Por la compra de un kit que incluía carne, cocteles, decoración y complementos, los clientes participaban además en el evento virtual de 6:00 p.m. a 10:00 p.m. por Zoom. La actividad incluía música, dirección de un chef para preparar la comida, artistas invitados, cantantes e interacción continua con los animadores. Una experiencia bastante entretenida que demuestra que con voluntad y mucha creatividad se puede "exportar" bastante bien la experiencia a nuestros clientes.

Refuerce la experiencia virtual de su negocio

Piense en alternativas creativas y de bajo costo para amplificar lo que los clientes experimentan cuando le compran. No haga un simple despacho a domicilio, ¡cree magia! Complemente su producto con un mensaje significativo, envíe un correo, mantenga a los clientes informados con divertidas instrucciones, cree una *playlist* en Spotify para que escuchen mientras sus clientes disfrutan su producto o servicio.

Disfrute las imágenes y el video de la experiencia virtual de Andrés Carne de Res en *NegociosInmortales.com/bonus.*

Tanto el ejemplo de las paletas con juego de emprendimiento como la recreación de una fiesta en casa, todo puede amplificarse.

Traslade a los clientes parte del proceso

Otra forma de hacerse más accesible y así proteger la rentabilidad es trasladarle a los clientes parte del proceso, de manera que algo que antes era un costo para usted, ahora es del cliente.

Implica, por ejemplo, que el cliente se entrene autónomamente de manera virtual en vez de usted darle la capacitación presencial. Ahorre costos y adelgace su producto para que la gente pueda acceder a él sin disminuir necesariamente la calidad de lo que está entregando. Empodérelos. Permítales aprender parte de su magia para que ellos mismos se la puedan "autoadministrar".

Durante la cuarentena, la peluquería Marco Centro de Belleza vendió los tratamientos y champús para sus clientas a domicilio. Acompañó cada venta con instrucciones específicas de cómo usar el producto de acuerdo con la necesidad de cada persona. También explicaba de manera virtual cómo cubrirse las canas cuando no podían ir al salón.

El gimnasio PWR Club organizó el alquiler de implementos (pesas y colchonetas) para sus clientes de manera que pudieran hacer sus rutinas en casa. Enviaban mensajes diarios por WhatsApp con instrucciones y videos en vivo por Instagram.

En pizzerías y restaurantes italianos, Italian Pizza, Il Forno, D'Amici y Julia ofrecieron sus kits para preparar las pizzas en casa alrededor de una experiencia familiar. Por su lado, Sushi Break y Sr. Wok ofrecían sus kits de ingredientes para preparar. En postres, Pecatto Postres creó su kit de cuarentena también para preparar en el hogar.

En otro segmento, Botanik Lab, una empresa amante de las plantas, empezó a ofrecer kits para elaboración de terrarios, con todos los materiales incluidos y una sesión *online* individual y personalizada para utilizar las herramientas y diseñar el terrario.

Vea las imágenes en *NegociosInmortales.com/bonus*.

Si bien estamos buscando simplificar y hacer menos robusto lo que vendemos, también debemos tener muy claro que hay un límite, una línea que no debemos cruzar so pena de debilitar nuestra propuesta de valor.

Hay cosas que no son negociables

Hay cosas que, por más que presionen los clientes, no puede eliminar, porque tiene que mantener sus argumentos y sus diferenciales. No todo es negociable.

Imagine que tiene un mariachi y su cliente le dice: "Para que me salga más barato, ¿por qué no eliminamos la trompeta?". Perdón pero no, un mariachi sin trompeta no es mariachi. A eso me refiero, hay cosas que simplemente no puede eliminar, porque pone en riesgo la esencia de su diferenciación.

Pero si bien no es negociable lo esencial de su propuesta de valor, porque se quedará sin argumentos frente a la competencia, sí es "negociable" o "revisable" el segmento en el cual se enfoca o al cual pretende, a partir de ahora, atender.

¿A quién venderle?: segmentos de mercado

Repensar a *quién* venderle es otra forma no sólo de buscar nuevas ventas, sino de cuidar la rentabilidad. Tipos de clientes, segmentos y mercados que no había considerado se convierten ahora en una opción viable. Como mencionábamos anteriormente, no debemos dar por hecho que la gente no está comprando; recuerde que las crisis no golpean a todos por igual.

En tiempos difíciles, no es del todo correcto decir que *nadie* está comprando. Probablemente, no está comprando la misma gente que solía comprarle, pero definitivamente hay *alguien* comprando. El punto es que no debe seguirlos buscando en el mismo lugar ni con los mismos argumentos. A eso nos referimos cuando decimos que debe revisar los segmentos de mercado a los cuales debe dirigir sus esfuerzos.

Estas dos opciones para reenfocar los segmentos de mercado a los cuales se dirige:

- Clientes actuales.
- Nuevos segmentos de mercado.

Sus clientes actuales

No es sólo el producto que vende lo que determina su rentabilidad, sino también el tipo de cliente a quien se lo vende. En tiempos de recesión, debe optimizar sus recursos como negocio y ser muy cuidadoso de hacia dónde dirige sus esfuerzos.

Enfocarse en sus clientes o segmentos de mercado más rentables, incluso si esto implica tener que dejar ir algunos clientes que no generan valor, puede mejorar sustancialmente la utilidad y sostenibilidad de la empresa.

¿Puede venderles más a sus clientes actuales?

Aunque este aspecto lo cubriremos en más detalle en el capítulo "Cómo incrementar ventas con clientes actuales", por lo pronto quiero que identifique alternativas para optimizar su relación comercial con estos clientes y apalancarse en la confianza que ha construido y el valor que les genera para lograr ventas adicionales.

Para esto hay algunos frentes clásicos por explorar en la identificación de oportunidades con clientes actuales: mejoras o *up-selling*, venta cruzada o *cross-selling*, aumento en la frecuencia de compra y diversificación.

Mejoras o *up-selling*

Vaya periódicamente escalando la compra de los clientes. Por decir algo, si actualmente adquieren el paquete plata, llévelos paulatinamente al paquete oro o platino. Incentive la adquisición de un producto mejor o de mayor valor. Ofrezca un beneficio para que pasen de la versión 1.0 de su producto a la 2.0.

Venta cruzada o *cross-selling*

Es común que algunos o gran parte de sus clientes no conozcan su portafolio completo. Déselos a conocer, envíeles un catálogo digital actualizado. Arme combos y paquetes con condiciones especiales. Una vez que compra el producto A, recuérdele que puede comprar el producto B. Pueden ser otros productos, accesorios o complementos. Tenga presente: lo que no se muestra no se vende.

Aumento en la frecuencia de compra

Recuerde las fechas de reposición, renovación o mantenimiento. Descuentos por volumen, programas de fidelización o premios por hacer cierto número de compras en el trimestre, semestre o año. Busque nuevas ocasiones de consumo. Piense en los clásicos ejemplos de cómo los cereales a través de empaques en presentación *snacks* y en barras ampliaron el consumo del desayuno a otros momentos del día; o cómo el cloro pasó de utilizarse sólo para la ropa a usarse ahora para la limpieza y desinfección de baños y cocinas.

Diversificación

Cada vez que introduzca al mercado un nuevo servicio o producto, incluya una estrategia clara para ofrecérselo a sus clientes actuales y estimular la compra a través de un beneficio adicional. Permítales que sean los primeros en conocerlo y comprarlo. Además de enfocarse en promoverlo al mercado general, haga un anuncio especial para sus clientes. Como lo hablamos en la sección anterior de *qué* vender, cuando nos referimos a nuevos productos, evalúe qué tanto aplican para las necesidades de sus clientes actuales y empiece por ellos.

Ethikos Global: adaptación de productos a clientes actuales

A Ingrid Gamboa siempre le ha preocupado la alta vulnerabilidad, el fraude y las malas prácticas a las que están expuestas las empresas. Tiene claro que pasan muchas cosas en los pasillos y por debajo del agua, que poco a poco desangran y destruyen las compañías. Por eso, su organización, Ethikos Global, se convirtió en la primera empresa especializada en Latinoamérica en reducir y prevenir las faltas a la ética, fraude y corrupción dentro de las organizaciones.

Después de realizar un diagnóstico inicial de la situación, acompañan a la organización en el desarrollo de su código de ética, su implementación, el manejo de la cultura corporativa, la capacitación a empleados y proveedores, así como la implementación de mecanismos de denuncia. Para esto último, ofrecen Etictel, una plataforma web para recibir reportes de alguna anomalía en el manejo de las políticas de transparencia y ética.

La plataforma se personaliza según las necesidades del cliente con el fin de recibir los casos y denuncias. Etictel pone a disposición de los denunciantes una serie de canales que facilitan el proceso de reporte y asegura la confidencialidad de su identidad. Al ingresarse una denuncia al sistema, la empresa recibe de forma automática y en tiempo real la notificación del reporte, permitiendo la trazabilidad, documentación y seguimiento de cada caso.

De ética corporativa a riesgos de bioseguridad

Analizando la situación durante la pandemia, Ethikos Global vio la oportunidad de extender su conocimiento y experiencia en el manejo de denuncias y temas sensibles al manejo del covid-19 en las empresas. Desarrolló Covid Alert, una plataforma que, similar a las funciones de Etictel para ética corporativa, se enfocó en riesgos de bioseguridad. Un nuevo beneficio para sus clientes actuales.

Covid Alert brinda la posibilidad a cada empleado, proveedor e incluso cliente, de consultar, felicitar, avisar o reportar algún acontecimiento. Así lo comunicaron:

Covid Alert
#YoMeComprometo
Mis acciones individuales hacen la diferencia.

Covid-19 ha cambiado la forma en la que debemos convivir y actuar para protegernos los unos a los otros. Por ello, ponemos a tu disposición esta plataforma donde podrás consultar cualquier duda sobre covid-19, reconocer a quien lo merece y reportar las acciones de quienes nos pongan en riesgo. Adicionalmente, podrás dar aviso sobre un posible contagio o dudoso estado de salud.

Consulte: Yo consulto sin miedo y pregunto si no sé. La única forma de prevenir el covid-19 es saber cómo hacerlo.

Yo felicito: Yo felicito a los que hacen las cosas bien, que se comprometen a ser parte activa de la solución contra el covid-19.

Yo aviso: Yo aviso a la empresa si me siento mal o pienso que puedo estar contagiado de covid-19.

Yo reporto: Yo reporto a los que con sus acciones nos ponen en riesgo y pueden ser agentes de propagación del covid-19.

Y otro servicio para nuevos clientes…
Derivado de esta necesidad, también lanzaron el servicio de Covid Risk Management, cuyo objetivo fue apoyar a las organizaciones en el cumplimiento de la normatividad vigente en su país. Los orienta respecto a las medidas que debían tomar en sus lugares de trabajo y con sus colaboradores. Esto no solamente protege a las personas, sino que le permite a la empresa mostrarse frente al mercado como una compañía segura y responsable.

El principio es guiar a los negocios de todos los tamaños en la detección de riesgos de incumplimiento relacionados con salud, higiene y salud ocupacional, locomoción y aspectos laborales. Y frente a la coyuntura, así lo explicaron:

> Covid Risk Management es un sistema de autodiagnóstico, fácil de usar y asertivo en las recomendaciones que recibe para cerrar las brechas de riesgos que tiene su empresa ante la reapertura de operaciones en tiempos de covid-19. Adicionalmente, podrá acceder a nuestra área exclusiva de documentos descargables que le permitirán fortalecer su programa de cumplimiento y asegurar la continuidad de su negocio.

Este nuevo producto le permitió a la compañía ampliar su grupo objetivo, pasando inicialmente de grandes empresas con su programa de ética corporativa, a pequeñas y medianas que debían cumplir con la ley para la reapertura de sus negocios, a través del Covid Risk Management.

Para Ethikos Global, el punto de partida fue el covid-19, pero luego serán otras normatividades que las empresas deberán cumplir en términos de salud ocupacional. La crisis llevó a la organización a diseñar un producto de mayor alcance, permitiéndole diversificarse.

Nuevos segmentos de mercado

Si sus clientes habituales no están comprando lo que solía venderles o están comprando mucha menor cantidad, además de rediseñar su portafolio, es momento de buscar otros clientes para compensar la caída en ventas.

Depender de unos pocos clientes es bastante peligroso y más complicado aún en épocas de recesión. Cada cliente se ve afectado de manera diferente y usted debe tener distintos tipos de clientes para sobrevivir. Esto implica atraer clientes y, eventualmente, redefinir su audiencia objetivo. Una forma de diversificar es enfocarse en industrias diferentes. Cada sector se siente perjudicado de una manera distinta. Clientes en los sectores de entretenimiento, turismo o comercio minorista pueden estar más afectados que los de los servicios de salud, alimentos o tecnología.

Identifique nuevos clientes

Por ejemplo, Edinco, una empresa de ingeniería y construcción que antes de la pandemia se dedicaba al diseño, suministro, fabricación y montaje de estructuras metálicas para grandes obras, a raíz de la crisis reenfocó su segmento de mercado. Los mismos productos los adaptaron al sector comercio, ofreciendo cerraduras y rejas de protección para locales comerciales que sí podían funcionar durante el aislamiento.

Aunque a una dimensión diferente, esto les permitió generar algunos ingresos para compensar el detenimiento de sus clientes habituales, al tiempo que se daban a conocer a un nuevo mercado. Su experiencia en grandes obras era adicionalmente una poderosa carta de presentación para clientes con menores exigencias técnicas.

El principio nuevamente es pensar en lo que la gente está comprando y ver cómo sus capacidades pueden permitirle suplir esa demanda. Se trata de buscar cómo esos nuevos productos, que ha desarrollado basado en lo que mejor sabe hacer, pueden encajar con un segmento de mercado que está buscando una solución más apropiada para sus necesidades.

Otro caso fue el de Dulces de mi Tierra. Esta empresa, que produce y comercializa dulces típicos como mermeladas, bocadillos y arequipe *light*, encontró en la fabricación y envasado de marcas propias para los almacenes de cadena una oportunidad para expandir su mercado. Un nuevo segmento para darle salida a la producción en momentos coyunturales.

Así también lo hizo Química Ecológica Colombiana. Como me lo mencionó su director comercial, Carlos Quintero:

> Intensificamos nuestra difusión en la web y redes sociales sobre la fabricación de nuestros productos ecológicos y asesoría técnica para el sector de las artes gráficas. Como estrategia de reinvención y diversificación, desarrollamos y comercializamos nuestra línea de limpiadores y desinfectantes QEC, la cual cumple con la normatividad vigente de la OMS, la EPA y la Resolución n.° 666 del Ministerio de Salud de Colombia. Esta línea la ofrecemos tanto a nuestros clientes actuales del sector de las artes gráficas e industrial, como a nuevos segmentos del mercado. De esta manera, ampliamos nuestro portafolio de productos y nuestra cobertura.

Consideraciones para entrar a nuevos mercados

Si ingresar en nuevos mercados es algo viable para su negocio, hágalo organizada, cuidadosa y meticulosamente. Desde un enfoque práctico, hay varios aspectos que tener en cuenta para determinar siquiera si vale la pena dedicarle el tiempo, recursos y esfuerzos necesarios.

Son cinco cosas que debe evaluar para determinar sus probabilidades de éxito: competencia presente en el nuevo mercado, clientes disponibles, precios a los que venden los jugadores actuales, fortaleza de marca y los recursos con los que cuenta para hacerlo bien. En cada caso, responda las siguientes preguntas:

Competencia

Para identificar, conocer y calibrar el perfil de cada uno de los potenciales competidores que tendría en ese nuevo mercado, evalúe:

- ¿Quiénes son sus competidores y sustitutos?
- ¿Cómo están posicionados?
- ¿En qué segmentos de mercado se enfocan?
- ¿Qué podría hacer mejor que sea relevante para el mercado?
- ¿Cuál sería su diferencial o ventaja competitiva?
- ¿Qué podría usted resolver mejor que sus competidores?

Clientes

Además de la competencia, es clave saber si *realmente* hay gente interesada en lo que usted llegará a ofrecerles. Averigüe:

- ¿Hay suficiente gente interesada en su producto o servicio?
- ¿Estarían dispuestos a pagar por su solución?
- ¿Qué tan satisfechos están con sus proveedores actuales?
- ¿Cómo se van a enterar de que usted existe?
- De acuerdo con la cultura del país o región, ¿considerarían o les interesaría su solución?

Precios

La estructura de precios de ese mercado le dará luces sobre dónde podría llegar a ubicar su producto o servicio. ¿Será el más costoso, el más barato o uno intermedio? Esto le ayudará a tomar el pulso para saber, antes de lanzarse, si puede hacerlo de manera rentable:

- Precios de la competencia.
- Estructura de la cadena: precio final, márgenes e intermediarios.
- Estructura de canales: número de intermediarios y márgenes esperados.
- Disponibilidad de los canales de distribución para trabajar nuevas marcas.
- Estructura de costos (impuestos, materias primas, entre otros).

Marca

Aquí nos referimos al nombre de su empresa, negocio, su reputación profesional o la marca de su producto o servicio. ¿Será un extraño para sus nuevos clientes o ya tienen alguna referencia suya que le allane el camino?

- ¿Cómo están posicionados los competidores?
- ¿Puede apalancar su marca actual en el nuevo mercado?
- ¿Necesitará crear una marca diferente?
- ¿Cómo sabrán de su marca los prospectos?

Recursos

Hablamos de disponibilidad en varios frentes. Directamente relacionada con su negocio, es el dinero disponible para invertir (entrar en un nuevo mercado cuesta), y los demás hacen referencia a lo que necesita para operar en ese nuevo segmento:

- Disponibilidad de caja para apalancar la expansión.
- Disponibilidad de materias primas e insumos locales.
- Disponibilidad de recurso humano: perfil y cultura de servicio.
- Disponibilidad de infraestructura tecnológica.

Recomendaciones cuando redefina *a quién* venderle

Es atractivo ver los nuevos mercados como una opción para recuperar ventas. No obstante, recuerde que requiere esfuerzo, dinero y un trabajo juicioso para que arroje sus frutos, probablemente en el mediano y largo plazo.

No lo tome a la ligera

Tómese el tiempo de investigar bien el mercado, los competidores, los canales de distribución y todo lo concerniente a la futura operación del negocio. Ésta es una decisión no sólo para enfrentar la coyuntura que puede estar viviendo, sino una estrategia estructural de su negocio.

Mente abierta

Ésté dispuesto a aceptar la realidad del mercado al cual llega. Puede que en su segmento actual sea líder y le vaya bien, pero recuerde que probablemente será un desconocido en el nuevo mercado. Despójese del ego y entienda el mercado. Si el nuevo mercado es internacional, tenga presente que la crisis genera mayor demanda por los productos locales, por lo que ser un recién llegado de otro país no será necesariamente la primera opción, a menos que resuelva algo mejor de lo que ya existe.

Empiece pequeño

No intente abarcar un segmento, sector, industria o una región completa de un solo envión. Empiece pequeño, pruebe, mida y váyase expandiendo paulatinamente. Piense en pruebas piloto y en validar en campo. Pruebe su estrategia a pequeña escala.

Apóyese en terceros

¿Cuál es la mejor forma de ingresar a un nuevo mercado?, ¿solo o acompañado? Depende. Si tiene la capacidad de distribución, cobertura y conocimiento del mercado directo, esa puede ser una opción. De lo contrario y en la gran mayoría de los casos, lo mejor es entrar de la mano de un tercero que no sólo conoce el *modus operandi*, sino que disminuye el riesgo financiero.

No descuide su mercado actual

Es muy fácil desenfocarse durante las crisis por la necesidad del momento. Lo novedoso puede ser más atractivo que lo que estamos haciendo actualmente (lo vemos como una luz al final del túnel). Tenga mucho cuidado de no descuidar su operación, clientes, marcas o productos actuales, pues son precisamente los mercados que conoce, aunque ahora pueden estar en dificultades, los que volverán a ser una opción a futuro.

Un paso a la vez

Por tentadores que sean los nuevos mercados como camino para enfrentar la crisis, tómelo con calma. Un error por falta de planeación puede salir muy costoso no sólo en dinero, sino en tiempo, recursos y disposición de su equipo. No queremos que lo que lucía como una "salida" para las dificultades termine siendo una pesadilla que arrastre sus limitados recursos y afecte la rentabilidad general de su negocio.

El mercado al que piensa ingresar ha podido vivir sin usted; bien, regular o mal, pero lo ha resuelto de alguna manera. Por eso es clave que haga este proceso un paso a la vez y considerando todas las variables.

Explorar nuevos mercados es fascinante. Lo importante es que lo haga de manera rentable y tenga muy claro cómo va a participar. Como lo hemos mencionado, sus precios, condiciones comerciales y canales deben estar alineados con su estrategia de negocio, sólo así podrá pertenecer al grupo élite de los "inmortales".

¿Cómo vender?: precios, condiciones comerciales y canales

Cuando hablamos de adaptar su propuesta a la nueva realidad de mercado, el tercer componente después de definir *qué* vender y a *quién*, es el *cómo* vender.

Dentro del *cómo* hay tres aspectos fundamentales por evaluar en su estrategia de ventas:

- Precios (bueno, mejor y *premium*).
- Condiciones comerciales (descuentos, plazos de pago y compensación).
- Canales de comercialización (desintermediación *vs.* venta directa).

Precios

Ésta es una de las variables más complicadas y sobre la cual pondremos más énfasis en las próximas secciones del libro. Una pequeña variación en el precio puede hacer la diferencia entre ganar o perder dinero, dependiendo de qué tanto margen de maniobra tenga.

La realidad es que, comercialmente hablando, somos bastante alegres (por no decir despreocupados), cuando de dar descuentos o alterar el precio se trata. No somos conscientes del peligroso efecto que esto tiene en la supervivencia de nuestro negocio.

Una forma de "hacerse accesible" para los clientes sin afectar la rentabilidad es brindar niveles o alternativas de compra a diferentes precios. Por ejemplo, en vez de ofrecer una única opción, puede ofrecer tres, a distintos precios.

Opciones para todos los gustos: bueno, mejor y *premium*

Diversifique sus opciones para ser accesible "a todos los bolsillos". Es decir, si antes lo que vendía costaba 100 pesos, ofrezca una alternativa más económica de 70 pesos con menos funcionalidades o beneficios, e incluso una *premium* de 130 pesos "con todos los juguetes". De esta manera, se puede mover a través de distintas opciones según el tipo de cliente, quien, por más golpeado que esté económicamente, podrá disfrutar de su marca en la versión que pueda pagar.

En tiempos difíciles, la posibilidad de acceder a distintos precios se vuelve más sensible. Flexibilidad de precios no significa descuentos, significa *alternativas*. Implica tener opciones dependiendo de lo que el cliente quiere y puede pagar.

Condiciones comerciales

El segundo aspecto de *cómo* vender, condiciones comerciales, se refiere a las variables que acompañan y gravitan alrededor del precio: descuentos, plazos de pago y modelos de compensación de la fuerza de ventas.

Descuentos

Como hemos reiterado, en las crisis hay que tener mucho cuidado con el manejo de los descuentos. Podemos caer fácilmente en una oleada de ofertas sin control que nos pueden poner en serias dificultades, sin contar el desencadenamiento de una guerra de precios en su sector.

El punto no es que no pueda o no deba dar descuentos, sino que si los va a otorgar, debe hacerlo de manera responsable y siempre condicionándolos a algo. No es bajar el precio porque sí, sino vincular el beneficio del menor precio a una contraprestación del cliente que puede ser un mayor volumen, una recomendación, un caso de éxito, un compromiso de compra mayor, una renovación automática o la firma de un contrato de proveeduría por tres años en vez de uno.

Si da un descuento sin una razón aparente, envía un mensaje muy regular al demostrar tácitamente que estaba cobrando más de la cuenta y que la necesidad lo agobia. Está demostrando que sí podía bajar el precio y que no habría ninguna razón aparente por la cual no pueda mantenerlo en el futuro, algo aun más peligroso.

Plazos de pago

En épocas de recesión, el problema de fondo es la liquidez limitada. Es decir, las compras son posibles siempre y cuando impliquen bajos desembolsos, así sea por un período mayor. Es el principio de pagar en seis cuotas el mismo servicio que antes se cobraba en tres o incluso en un único pago. Es extenderle la posibilidad a los clientes de que vayan recogiendo dinero a medida que evoluciona su situación económica y disminuya la incertidumbre sobre sus posibilidades de ingreso a futuro.

Dependiendo de su estrategia comercial y de su liquidez, puede no cobrar la financiación o incluirla en el precio y la cuota mensual que pagarán. Cuando los clientes no cuentan con dinero disponible, prefieren hacer pagos más pequeños por más tiempo, de manera que queden con algo disponible para cubrir otros gastos más inmediatos. Así, pueden distribuir y cumplir con sus responsabilidades, incluso si esto representa un pequeño cobro extra por financiación.

Una alternativa muy interesante para aliviar el flujo de efectivo de sus clientes sin que su negocio tome riesgos es el conocido "sistema de apartado". En este modelo, la empresa ofrece a los clientes la posibilidad de apartar su producto o servicio con una cuota inicial. Luego cada determinado tiempo (semana, quincena o mes) van abonando un valor adicional. Sólo cuando el cliente acaba de pagar el valor total recibe el bien. Es algo así como un ahorro programado en el que el cliente puede ir pagando a plazos (aun sin recibir el producto) para obtenerlo al final.

Por ejemplo, la tienda de trajes de baño Inanna Swimwear, para facilitarle el pago a sus clientas, ofreció esta modalidad, en la que, además del pago de contado, podía dividir el valor total de la prenda en tres, seis o doce cuotas y hacer el pago mensual. Con el primer abono, se aparta la prenda y una vez terminados los pagos se le envía sin costo adicional. Si el cliente falla en los pagos, la prenda vuelve a inventario y queda nuevamente disponible para la venta. El negocio incrementó las ventas porque muchas personas se gastaban el dinero o, estando éste tan limitado, lo dedicaban a otras cosas. La filosofía detrás de esta estrategia es que las clientas puedan empezar a programar sus siguientes vacaciones, y el traje de baño se convirtiera en la representación de esa ilusión.

Otro caso fue el de Kucharon, una compañía que ofrece una plataforma digital para que los restaurantes puedan ofrecer la venta de sus productos *online*, montar sus menús, crear fidelización y gestionar reservaciones, entre otras cosas.

Su modelo de negocio se basa en una comisión que paga el establecimiento por las transacciones que realice. Para afrontar la crisis, sus directivas propusieron un paulatino escalamiento de los porcentajes. Como me lo mencionó Óscar Pérez: "Pactamos con el restaurante 10 % y nos lo pagan a medida que vayan incrementando las ventas. Un mes 2%, el otro 4 % y así sucesivamente hasta llegar a 10 %. Tenemos un cargo básico hasta cierto monto y de ahí en adelante un porcentaje".

Modelos de compensación

Otro aspecto de las condiciones comerciales para enfocar la compañía hacia la rentabilidad es vincular la compensación por la venta a lo que la empresa más requiere promover. El esfuerzo de todo aquel que recibe comisión por vender se dirigirá hacia donde se genere la mayor retribución. Por lo tanto, si cuenta con un equipo de ventas, representantes, terceros, intermediarios o cualquiera cuyo ingreso dependa de una comisión por venta de su producto o servicio, direccione los esfuerzos según la rentabilidad.

Para esto, algunas medidas a considerar:

- Establezca las cuotas de venta en dinero. No en kilos, metros cuadrados, número de clientes, licencias, toneladas, unidades, galones o similares. Si quiere tener dinero para pagar las cuentas, mida y monitoree dinero.
- Compense a su equipo comercial por mejoras en la rentabilidad. Muchos negocios mantienen en secreto la utilidad que genera cada producto, servicio o cliente, por considerar que es "información que no todos deben conocer". ¿Cómo puede alinear a la organización si cada uno tiene sólo una parte de la historia?
- Diferencie las comisiones. Pague mejores comisiones por las líneas de producto más rentables y menos por aquellas de menor margen. Es decir, promueva la venta de lo que más deja dinero.

Canales de distribución

Son los vehículos, plataformas o intermediarios a través de los cuales se realiza la venta y "viaja" su producto o servicio para llegar a su cliente final. Desde modelos de comercio electrónico hasta distribuidores, mayoristas o minoristas que se encargan de llevar su marca al mercado, todos juegan un papel importante que tiene que evidenciarse.

En épocas difíciles, cuando los negocios están revisando la mejor forma para llegar a sus mercados, es que surgen nuevas alternativas. Para la empresa de derivados lácteos Camporeal, la crisis los llevó a evaluar otros canales. Su gerente de marketing, Ana Milena Tovar, me comentó: "No llegábamos directo al consumidor final. Comenzamos con ventas directas en conjuntos cerrados y abrimos tiendas virtuales apalancados en varias aplicaciones digitales". Es así como integraron diversos canales digitales para llegar al mercado, tales como Rappi, Merqueo, Uin, Cornershop, Picap, Jumbo, Carulla, Éxito y Farmatodo.

Desintermediación *versus* venta directa

En las crisis, muchas personas y compañías eliminan intermediarios como una forma de abaratar sus productos y servicios (se ahorran el margen). Más allá de lo que cuestan, el riesgo es que los representados no estén percibiendo valor en la intermediación. Y, cuando no se percibe valor, cualquier comisión es cara.

Si usted es proveedor, evalúe el valor que sus canales de distribución están aportando y determine su conveniencia o hasta dónde podría tener un modelo híbrido, mezclando un modelo de venta directa a ciertos segmentos con un modelo de intermediarios para ciertas zonas u otros tipos de cliente.

Si usted es intermediario como los agentes de seguros, presta servicios inmobiliarios, es agencia de *speakers*, *wedding planner*, agencia de viajes o similares, sus clientes deben percibir el valor que les genera para evitar que se lo salten o hagan las cosas de manera directa.

¿Cómo demostrar el valor de su intermediación?

Si usted o su negocio ofrece algún tipo de intermediación, estas son algunas recomendaciones para que su cliente reconozca el valor que genera:

Comunicación

El proceso de acompañamiento puede tomar días, semanas o meses. Piense, por ejemplo, en la búsqueda de una oficina, en el acompañamiento para un evento como un matrimonio o la renovación de un seguro. Si durante el proceso el cliente no tiene noticias suyas, cree que no está haciendo nada. Y usualmente hay mucho trabajo detrás. Está visitando inmuebles, contactando prospectos, evaluando pólizas o hablando con proveedores para el evento, según el caso. Cuéntelo, llame, envíe un reporte o un correo electrónico semanal de actualización con un título del tipo: "Así avanzamos esta semana".

Sea proactivo

Si le están pagando, tiene que demostrarlo. No espere a que le pidan cosas. Tome la iniciativa, sea recursivo y plantee opciones. Ideas de tendencias e información que le demuestre al cliente por qué es mejor haberse apoyado en un intermediario, en vez de haber enfrentado el proceso solo o con alguien menos calificado (y, usualmente, más económico).

Evidencie su experiencia

Una de las razones por las que se supone que usted es el intermediario indicado es por su experiencia en el ramo y la gran gestión que puede realizar en pro de lo que sea que represente. Se supone que usted es el profesional y para eso le pagan. Demuéstrelo.

Evidenciar la experiencia significa, por ejemplo, para el agente inmobiliario, explicar cuál es el precio en cierta zona de la ciudad, cuál ha sido la evolución y nivel de saturación del mercado, entre otros aspectos. Para un asesor de seguros, en cambio, la experiencia corresponde al conocimiento profundo de los pros y los contras de cada una de las aseguradoras que representa y el alcance de las pólizas de acuerdo con las necesidades del cliente (no sólo comparar en un Excel el costo de las primas, eso lo hace cualquiera). Si organiza eventos, debe advertirle al cliente de ciertos riesgos que puede no tener presentes, pero de acuerdo a su experiencia sabe que pueden suceder. Para eso es que paga la gente.

Refuerce la posventa
Muchos vendedores son magos para aparecer cuando cierran el negocio, pero después, desaparecen para siempre. Y esa es la mayor oportunidad comercial que tiene; no solamente para vender más, sino para construir una relación más cercana. Nos referimos a garantías, servicios de mantenimiento o incluso renovaciones. Continúe generando valor, pues de esa manera estará presente para una recompra y especialmente para la generación de recomendaciones.

Genere valor
La desintermediación en tiempos difíciles sólo es un riesgo si deja de generar valor, si se relaja y deja de ser proactivo en la búsqueda de clientes y crecimiento del negocio. Demuestre a las empresas que representa a sus clientes, que están con el intermediario correcto y que genera un enorme valor.

Si Mahoma no va a la montaña, la montaña va a Mahoma
Mientras muchos negocios esperan en sus locales a que lleguen los clientes, otros salen a buscarlos. Todo Arreglos es un ejemplo de diferenciación y de cómo reinventarse en momentos de

crisis. Aferrarse al modelo de negocio tradicional y quedarse sentado esperando a que las cosas "vuelvan a la normalidad", ayuda poco.

Julio Flórez lleva con la sastrería de su familia más de 26 años, la cual está ubicada en el barrio La Floresta, de Bogotá. Poco a poco, empezó a ver cómo llegaban menos clientes. La excesiva competencia y el desinterés de la gente por arreglar sus prendas fueron menguando el negocio.

Resolver las frustraciones

Frente a esto, en vez de resignarse o echarle la culpa a la situación, Julio decidió hacer algo para cambiar su destino: escuchar a los clientes. Tratando de entender qué pensaba la gente respecto al arreglo de prendas, identificó varias frustraciones, las cuales dieron inicio a su nuevo y muy exitoso modelo de negocio: arreglo de ropa a domicilio.

Una vez que entendió los dolores y cuál sería el tipo de servicio ideal, hizo algo que nadie antes se había atrevido a hacer: llevar la sastrería al cliente. Con base en estas necesidades del mercado, empezó a vender su servicio así:

Dile no más a:

El negocio está cerrado. Se acabaron las molestias de ir a la sastrería del barrio y que siempre encuentres cerrado.

Incumplimiento. Se acabó el incumplimiento en las entregas de tus prendas y vestidos, porque el trabajo es inmediato.

Dañaron mi prenda. ¡Nunca más! Somos sastres y modistas altamente calificados para hacer el trabajo rápido y bien hecho frente a tus ojos.

Tiempo de espera. Sabemos que no quieres esperar tanto, por eso sólo necesitamos entre quince a veinte minutos para entregarte tu prenda o vestido como lo quieras.

Conectó perfecto con los dolores de los clientes y se convirtió en la alternativa para quienes no quieren perder tiempo yendo a un sitio y tener que esperar días por sus arreglos.

Reinventarse dispara el negocio

Nos da pánico soltar lo seguro, desconociendo que más adelante nos espera un futuro mucho más promisorio. Cuando fluimos con las necesidades de los clientes y entendemos que servir a los demás siempre será buen negocio, estamos pensando objetivamente.

Llevar el arreglo de prendas a domicilio permitió a Todo Arreglos disparar el negocio a unos niveles que nunca imaginaron. Ahora es un negocio mucho más próspero y rentable por varias razones:

Más prendas por cliente: cuando usted va a la sastrería, lleva una o máximo dos prendas. Cuando la sastrería va a su casa, ¡usted saca el guardarropa completo! Cada servicio a domicilio factura mucho más por cliente que quien llega al local.

Precios más altos: no puede costar lo mismo un arreglo en el local, que cuando la sastrería lo está haciendo en la tranquilidad de su hogar u oficina. Para muchos clientes, la comodidad vale y están dispuestos a pagar por ella.

Alcance "infinito": antes la limitación era la capacidad operativa de la sastrería con las personas presentes en el punto de venta. Ahora Julio y su equipo pueden tener, literalmente, un equipo "ilimitado" de personas recorriendo en motocicletas toda la ciudad (ya son más de ocho).

Dispara el voz a voz: por la novedad del servicio, todo el que lo recibe quiere contarles a sus amigos y familiares que "¡hay una sastrería que va a tu casa!". Incluso, para eventos como bodas, primeras comuniones, graduaciones y similares, ha sido el ángel de la guarda para más de uno. (Como invitado a un evento, ¿le ha pasado que minutos antes se pone el esmoquin que no usaba hace varios años y, ¡oh, oh!, no cierra? Bueno, Todo Arreglos llega al rescate).

Cambiar es una enorme oportunidad. Nos permite ver realidades a las cuales estábamos cerrados. Nos hace explorar el mundo como realmente es y no como quisiéramos que fuera.

Es ir por el cliente en vez de esperarlo

Fiesta Drinkz es una tienda de vinos, cervezas y licores en Guatemala cuyo principal modelo de negocio era la venta de cocteles a través de un bar móvil y carritos de *shots* durante los eventos. A raíz de la crisis, empezó a vender *online* sus *cocktail* kits y helados con licor, entregando los pedidos en la puerta de la casa de sus clientes.

Con esta estrategia, empezó a exponerse a muchas más personas en otras zonas de la ciudad y a ganar visibilidad. Esto les enseñó que tenían más mercado por abarcar del que creían. Incluso, comenzaron a vender combos de licor con bebidas, *snacks,* recipientes y un juego de lotería incluido. Cada dificultad es una enorme oportunidad para redefinir *cómo* vender su portafolio.

También fue el caso de Don Humbe Café en Colombia. Como productores de café especial y con su tienda propia cerrada, se volcaron 100 % a la venta *online*. Ahora hacen envíos a todo el país y llevan la experiencia a la casa no sólo de un buen café, sino de una guía a modo de instructivo y de una nota a mano con un caluroso saludo personalizado. Como ellos mismos me lo comentaron: "Toda esta estrategia nos ha permitido acercarnos mucho más a los clientes, de una manera más directa y personal. Ya no hay reversa, por aquí nos vamos".

Siempre tendremos cosas que no controlamos a nuestro alrededor. De nosotros depende cómo las manejemos: o nos amargamos la vida por lo que no podemos cambiar y nos sumimos en la victimización, o nos levantamos sin importar lo difícil de la situación para crear nuevas realidades.

Trabaje en equipo con sus proveedores

Apóyese en sus proveedores y aliados de negocio. Todos formamos parte de una gran cadena, durante las crisis enfrentamos desafíos similares y definimos cómo salir adelante y mantener nuestros ingresos.

Cada uno cuenta con diferentes plataformas, capacidades, infraestructuras, conocimientos y herramientas que puede poner al servicio de sus aliados. Hable con sus proveedores para determinar planes de acción y medidas de reacción a la crisis. Pueden ayudarle con el rediseño de sus productos, con la adaptación de plataformas e incluso con acciones concretas para acercarse al mercado.

Es sumar fuerzas para responder mejor a los desafíos de una economía en dificultades. Cada uno puede aportar ideas para nuevos productos, desarrollos, formas de optimizar costos y hasta unidades de empaque. Sus proveedores también están buscando adaptarse, apóyese en ellos.

Los proveedores son fuente de poderosas ventajas competitivas. Desde apoyo logístico hasta desarrollo tecnológico, un proveedor puede catapultar a sus clientes y llevarlos a nuevas esferas. Los proveedores son aliados fundamentales para el desarrollo del negocio, véalos como tal.

Qué, quién y cómo

Como vimos, para adaptar su oferta comercial a la nueva realidad, debe entonces revisar tres frentes: *qué* vender, a *quién* venderle y *cómo* vender. A modo de síntesis, estas son las consideraciones en cada caso:

Qué vender:

- Simplifique su propuesta
- Diseñe nuevos productos
- Reconfigure el servicio
- Virtualice lo que vende
- Refuerce la experiencia del cliente
- Traslade a los clientes parte del proceso

A *quién* venderle:

- Clientes actuales
- Nuevos segmentos de mercado

Cómo venderlo:

- Precios (bueno, mejor y *premium*)
- Condiciones comerciales (descuentos, plazos de pago y compensación)
- Canales de comercialización (desintermediación *vs.* venta directa)

Los negocios inmortales saben que tienen que adaptarse, migrar y transformar lo que venden, redefinir sus segmentos de mercado y la forma como presentan su propuesta.

Por eso, no sólo para sobrevivir, sino para hacerlo de manera rentable, hay que tomar decisiones en dos frentes: clientes y productos.

Decisiones difíciles: clientes y productos que no agregan valor

Para adaptar su oferta a la nueva realidad, debe tomar decisiones difíciles respecto a clientes y productos. En otras palabras, decir adiós a algunos clientes que pueden estar consumiendo valiosos recursos con mínima o nula retribución para su negocio, y, por otro lado, productos, algunos servicios o líneas de negocio que, por más que lo intenta, no han dado sus frutos. Con dolor y sin sentimentalismos, es momento de quedarse con lo que genera más valor para seguir adelante. Salvo aquellos negocios que impliquen mínimos costos, ocupación de capacidad instalada ociosa y que son rentables sin incurrir en onerosos procesos, debe enfocarse en los que generan más valor.

¿Cómo depurar clientes de la manera correcta?

Cuando hablamos de depurar clientes, nos referimos a identificar los más rentables, optimizar los que no lo son y, de no ser posible, renunciar a ellos. Enfoque los esfuerzos en aquellos que reconocen el valor que genera, que lo aprecian y ven los resultados.

Un cliente, para que sea bueno, independiente de cómo lo mire, tiene que ser rentable. Especialmente en momentos difíciles, esta es la primera variable que debe considerar para decidir si se queda con un cliente o cambia la forma de atenderlo o relacionarse con él.

Evalúe la rentabilidad por cliente. Por lo menos, para los principales. Haga el ejercicio de determinar qué tan buen negocio es cada uno. Tome las ventas, résteles los costos directos y luego los gastos relacionados (directos de atender al cliente). En términos generales, estamos hablando de calcular una especie de utilidad *directa* de cada cliente, no sólo incluyendo costos, sino gastos que se puedan adjudicar a su operación, atención y mantenimiento. Sería algo así:

Ventas netas (a ese cliente)
(–) Costos directos (de ese cliente)
(–) Gastos directos (que genera ese cliente)
= Utilidad directa del cliente

Lo que estaríamos dejando por fuera en este análisis son los gastos generales del negocio que deben ser prorrateados, ya que su asignación es hasta cierto punto subjetiva y pondría a perder o ganar dinero con un cliente, sólo por absorción de gastos.

Si atiende clientes de manera masiva, puede clasificarlos por segmentos y realizar el análisis de rentabilidad para cada grupo. Otro enfoque, si aplica para su tipo de negocio, es evaluar la rentabilidad por canal de distribución. Podrá determinar cuáles deben ser los márgenes por manejar y hacer los ajustes correspondientes en cada caso.

En *NegociosInmortales.com/bonus* encontrará recomendaciones adicionales para calcular la rentabilidad por cliente.

Antes de renunciar a un cliente, ¿puede hacerlo rentable?

En muchos casos, un cliente no es rentable por aspectos que su negocio puede controlar, ajustar o modificar. Tomar la decisión de renunciar a un cliente porque aparentemente no deja dinero no sería un análisis completo si únicamente analiza las variables actuales. Hay dos caminos básicos para intentar convertir clientes que son "mal negocio" en clientes rentables: incrementar precios o reconfigurar lo que le vende.

Incremente precios

En términos simples, implica tener una franca conversación con ese cliente para explicarle por qué bajo las condiciones actuales no es posible seguir atendiéndolo. Si le ha prestado un buen servicio y el cliente lo reconoce, es muy probable que acceda, aunque con algunos condicionamientos o de manera gradual. Lo importante es que el panorama luzca prometedor para su negocio. Deje muy claras las condiciones sobre las cuales se debería desarrollar la relación comercial de ahí en adelante.

Otra forma de "incrementar precios" es disminuir descuentos o beneficios directamente ligados a la venta. Condiciónelos, por ejemplo, al cumplimiento de metas más altas o a mayores volúmenes de compra. De esta manera, los estará manteniendo como herramienta comercial, pero estará aumentando la facturación.

Reconfigure lo que le vende

Otra forma de mejorar la rentabilidad con un cliente es replantear su propuesta de valor como un todo. En otras palabras, si no puede incrementar lo que cobra, debe reconfigurar lo que el cliente obtiene.

Diseñe alternativas menos robustas, reconfigure la mezcla de productos o servicios que le vende, el alcance, la cobertura geográfica, la complejidad de los despachos, el tipo y frecuencia de capacitaciones, las actualizaciones, las funcionalidades y todo aquello que para usted represente un costo o un gasto que pueda disminuir sin afectar el precio de venta. Por supuesto, esta será otra negociación, aunque de otro estilo, más del tipo: "Si no incrementamos el precio, la otra alternativa que tenemos es simplificar (suena mejor que 'reducir' o 'eliminar') lo que recibe actualmente".

Clientes a los que debe renunciar

En épocas de recesión, no podemos darnos el lujo de mantener clientes que no son rentables, porque los buenos no son tantos como para poder subsidiarlos. Algo bueno de las crisis es que nos obligan a tomar decisiones que hemos debido haber tomado antes, pero los buenos resultados escondían las ineficiencias. Un cliente que debe despedir es aquel que, además de no ser rentable, consume enormes recursos y energía de su equipo (que debería dedicar a crecer los buenos).

El cliente no siempre tiene la razón

La frase "el cliente siempre tiene la razón" es atribuida a Harry Gordon Selfridge, fundador de la tienda por departamentos Selfridge en Londres en 1909, utilizada comúnmente para convencer a los clientes del buen servicio y a los empleados de prestarlo. Sin embargo, por la salud financiera del negocio y la salud mental de los empleados, es momento de cuestionar esta creencia. Ya lleva más de cien años y ha cumplido su misión.

Incluso la variación "el cliente no siempre tiene la razón, pero siempre será el cliente" también es imprecisa. Si un cliente no es bueno para el negocio, simplemente no es o *no debería* ser un cliente. La afirmación más bien debería ser: "El cliente *correcto* siempre tiene la razón". El cliente correcto es esa maravillosa media naranja que aprecia sus beneficios y para el cual su negocio está diseñado. Frente a este tipo de clientes, haga todos los esfuerzos por exceder sus expectativas; con los demás, simplemente agradézcales y déjelos ir.

Los clientes incorrectos drenan la energía

Hay clientes que simplemente extraen la energía y agotan los recursos finitos de su organización. La gente, el tiempo, la capacidad operativa y el dinero. Si destina la mayor parte de ellos a los clientes que causan problemas, se quedará con muy poco disponible para atender adecuadamente a los demás y, especialmente, para ser rentable.

Use sus limitados recursos para atender las quejas y reclamos de clientes que están dispuestos a dialogar en términos razonables con usted y su equipo. Cuando se enfoca en mejorar la experiencia de los clientes correctos, crea lealtad hacia la marca. Contrario a la creencia popular, un mal cliente no es inocuo, es nocivo para la salud. En medio de la necesidad durante una crisis, puede estar bastante tentado a aceptar cualquier tipo de negocio. Tenga cuidado, esté alerta.

Las expectativas de los clientes no siempre son racionales

Hay clientes que son imposibles de satisfacer, pues tienen expectativas irreales o salidas de toda proporción. Por eso es especialmente peligroso cuando se piensa, durante las crisis, que los bajos precios son una forma de diferenciación, pues estos clientes cazadores de ofertas aún esperan recibir tratamiento especial, pese al bajo precio que están pagando. Es común que los clientes que más barato compran son los que más inconvenientes traen al negocio. Además de comprar barato, exigen de una manera desproporcionada. El principio es que si un cliente quiere una experiencia impecable y una propuesta de valor alucinante, debe prepararse para pagar por ella.

Algunos clientes golpean la moral de los empleados

Sólo porque una persona compra su producto o servicio, no le da el derecho de maltratar a sus empleados. Por supuesto, también hay empleados desinteresados en su trabajo, pero aquí hablamos de aquellos que se esmeran por crear buenas experiencias para los clientes. En algunas ocasiones, usted debe decidir de qué lado está, si del lado del cliente o del lado de su empleado. Y frente a este tipo de clientes, que exigen una compensación porque se le agotó el salmón en el restaurante, sin duda debe estar del lado de su empleado.

Acceder a las demandas de clientes irracionales, no sólo envía el mensaje de que ser abrasivo funciona (que está terriblemente mal), sino que destroza la moral del equipo de trabajo. La trillada frase de "nuestra gente es lo más importante" debe ser una realidad y no un lindo adorno en el tablero interno de la empresa. Valore a sus empleados y sus empleados valorarán a los clientes.

Uno de los mejores ejemplos de este apoyo e inyección de moral al equipo es el del presidente de Southwest, aerolínea que se caracteriza por su gran sentido del humor. Como se menciona en el libro *Nuts!*, Herb Kelleher, su CEO, haciendo alusión a la pregunta de si el cliente siempre tiene la razón, contesta:

> No, no siempre. Es una de las mayores traiciones que un jefe puede cometer con sus empleados. El cliente en ocasiones está equivocado.

No transportamos ese tipo de clientes. Les escribimos diciendo "Vuele con alguien más. No abuse de nuestra gente".

Hay otro interesante caso de Southwest en el mismo libro:

Jim Ruppel, director de Atención al Cliente y Sherry Phelps, directora de Empleo Corporativo, cuentan la historia de una mujer que frecuentemente volaba por Southwest, pero estaba decepcionada con cada aspecto de la operación de la compañía. De hecho, se hizo conocida como "La señora lapicero" porque después de cada vuelo escribía una queja. No le gustaba el hecho de que la compañía no asignara lugares; no le gustaba que no hubiera primera clase; no le gustaba que no hubiera comida en el vuelo; no le gustaba el procedimiento de abordaje de Southwest; no le gustaban los uniformes deportivos de los asistentes de vuelo y la atmósfera casual. ¡Y odiaba los cacahuates! Su última carta, recitando una letanía de quejas, momentáneamente desconcertó a la gente de atención al cliente. Phelps explica: Southwest se enorgullece de contestar cada carta que llega a la compañía y algunos empleados trataron de responder pacientemente, explicando por qué hacemos las cosas de esa manera. Esto rápidamente escaló hasta el escritorio de Herb, con la nota: "Esta es tuya". En sesenta segundos, Kelleher le escribió diciendo: "Estimada señora Crabapple, la extrañaremos. Con cariño, Herb".

Algunos clientes afectan el negocio, la experiencia de los buenos clientes y generan un gran desgaste en el equipo. No me malinterprete, por supuesto que los clientes merecen todo nuestro esfuerzo, respeto y la mayor dedicación; siempre será nuestra meta deleitarlos, ganarnos su corazón y su lealtad. Todo esto debe ser la norma, pero para los clientes *correctos*. A los demás, hay que amablemente decirles "no".

Decirlo de la manera correcta

Como todo en la vida, más importante que lo que se dice, es *cómo* se dice. Renunciar a un cliente o declinar ante una solicitud debe hacerse de la manera correcta, con amabilidad y de manera positiva. Respuestas cortantes y sin tacto son una mala experiencia para el cliente. Para evitar este malestar innecesario, debe aproximarse con cuidado.

Hágalo de manera positiva

Cada vez que le dice no a un cliente, está enviando un mensaje. Incluso si algo no puede hacerse, siempre hay una manera positiva de comunicarlo. Supongamos que un cliente quiere un servicio específico y usted no puede permitirlo porque es algo que sólo aplica para los Clientes VIP. Hay dos maneras de decirlo:

a) "Desafortunadamente no se puede, usted debe ser un Cliente VIP para acceder a este servicio. En este momento, no cuenta con la calificación. Lo siento".

b) "Por supuesto. Una vez que se convierta en Cliente VIP puede acceder a ese servicio en especial. ¿Le gustaría conocer más sobre cómo convertirse en Cliente VIP?"

Con la segunda alternativa, no está cortando la conversación, está mostrando disposición e incluso puede terminar en una venta adicional.

Ofrezca alternativas

Cuando no pueda proporcionar lo que el cliente quiere, plantee la alternativa más viable. Apreciará su esfuerzo. Esto puede incluir recomendar otro proveedor, sugerir un producto o servicio similar o alguna otra salida. La idea es no dejar al cliente en una calle cerrada y sin opciones.

Supongamos que tiene una tienda minorista y un cliente le pide una marca que no comercializa. Podría responderle:

a) "Lo siento, no vendemos esa marca".

b) "Aunque no vendemos esa marca, tenemos una similar en la cual podría estar interesado".

Al brindar una alternativa, tiene la oportunidad de lograr una venta, que de otra manera se habría perdido. Su equipo comercial debe conocer muy bien el producto, sus características y beneficios para poder ofrecer una opción viable para el cliente.

Muestre disposición de ayudar

No siempre podrá responder positivamente a las solicitudes de los clientes. Sin embargo, si tiene que decir que no, hágalo de la manera correcta. Supongamos que un cliente desea devolver un producto después de expirada la garantía.

Pese a que por política de la compañía usted no puede acceder, tiene tres formas de manejarlo:

a) "Debido a las políticas de la empresa, no podemos aceptar la devolución. Ya se venció el tiempo de garantía. Lo siento, no puedo hacer nada".

b) "Entiendo su situación. Ya hablé con nuestro supervisor y debido a la política de garantías no me permiten aceptarlo. De verdad lo siento".

c) "Aunque debido a la política de garantías de la empresa no podemos hacer el cambio, le ofrecemos la posibilidad de reponer el producto con 20% de descuento por ser cliente nuestro".

No es sólo decir que no. Es la impresión, la actitud y la disposición la que cuenta. Muéstrele a su cliente que ha intentado hacer algo al respecto y que de verdad le importa.

La primera decisión difícil es, entonces, definir con qué clientes debería trabajar, a cuáles venderles y a cuáles no. El siguiente paso es hacer el mismo ejercicio pero para productos o líneas de negocio.

¿Cómo depurar productos?

Como decíamos al comienzo del libro, adaptar su oferta al mercado significa ajustar su portafolio a lo que la gente está comprando y a lo que tiene más sentido mantener. En otras palabras, hay que desistir de algunos productos o servicios que distraen a su equipo y no generan valor.

Evalúe la rentabilidad por producto o línea de negocio. Empiece por los que más pesan en su facturación y determine qué tan rentable es cada uno. Cuando se trata de prestación de servicios, considere especialmente el tiempo invertido en cada proyecto, asesoría, investigación, configuración, programación, planeación y similares. En empresas de servicio, el tiempo es lo más costoso y no siempre valorado.

Optimice su portafolio

En lenguaje coloquial y callejero significa: quedarse con la carnita y librarse del huesito. Sólo vender la pulpita, cero grasa. Yo sé, suena criminal, pero así debe ser. Por más amor que le tengamos a un producto o lo promisorio que lo queramos ver, es momento de decir adiós y rendir honores como se los merece. Éste no es momento para invertir sus valiosos recursos en algo que "de pronto funciona". Dejemos eso para cuando se recupere plenamente la economía y tenga dinero de sobra para hacer pruebas. Por ahora, para convertirse en un negocio inmortal, enfóquese en lo que genera valor.

Cuando nos enfrentamos a una dramática contracción de la demanda, debemos evaluar la posibilidad de reducir la complejidad del portafolio, eliminar referencias que nadie compra, sabores exóticos de mínima demanda y "diferenciales" por los cuales los clientes no están dispuestos a pagar o aquellos productos que se parecen mucho a otros dentro de su mismo portafolio.

Como decía el general Douglas MacArthur: "Los viejos soldados nunca mueren, simplemente se desvanecen". Así es como debemos pensar cuando vamos a retirar un producto del mercado. Porque es difícil. Tanto esfuerzo, dedicación, dinero, tiempo, sangre, sudor y lágrimas de todo un equipo para nada. Investigación, desarrollo, pruebas de mercado, trabajo con canales de distribución, incansable gestión comercial, publicidad, etc. ¿Para qué?

Para aprender. Para encontrar otro camino que simplemente no era. El esfuerzo nunca fue en vano. Hubo grandes aprendizajes. Como dice el dicho: "Es más grande el que se levanta que el que nunca ha caído". Nada es una pérdida, son aprendizajes. Hay que tomar la decisión y avanzar. Porque todo en la vida tiene un impacto. Todo lo que hacemos o dejamos de hacer afecta algo más en nuestro ecosistema. Y esto aplica, por supuesto, también para el portafolio de lo que vendemos. Ningún producto o servicio es neutral. O genera valor o consume recursos que podrían dedicarse a otras iniciativas.

Por eso, con el corazón en la mano, hay que saber cuándo decir adiós y darle una digna sepultura a una iniciativa que no funcionó. Mientras más posterguemos la agonía, más difícil será, más recursos requerirá y más impacto habrá generado en el mercado.

Señales de que es momento de decir adiós

Siempre hay señales que dejan entrever que se acerca el fin de un producto. Puede ser necesario dejar de ofrecer un producto recién lanzado o uno que lleve años en el mercado. Las razones de retiro no dependen necesariamente de qué tan nuevo o viejo sea el producto, sino de los resultados y del papel que dicho producto represente para la compañía.

Las razones son variadas, por lo que hay que estar atentos para tomar la decisión antes de que sea demasiado tarde y la crisis siga avanzando. ¿Cuándo retirar un producto?

Cuando no alcanza las ventas esperadas

Aunque no es la única razón, sin lugar a dudas, es la más común y la de mayor peso. Si no hay ventas, no hay nada. Por más importante que se considere un producto, si no hay contribución económica, difícilmente se justificará mantenerlo. Si después de varios intentos de resucitarlo, de cuantiosas inversiones en capacitación, publicidad, promoción y otros múltiples esfuerzos, nada que despega, es momento de decir adiós.

Cuando no es rentable

Un producto puede venderse bien pero dar pérdidas. Por las grandes inversiones que requiere para su distribución y venta, o, como resulta más común, por incrementos insostenibles en costos. Cuando los costos del producto suben de manera significativa y la compañía no logra incrementar los precios proporcionalmente para cubrirlos, tendrá que tomar una decisión: evaluar si puede sobrevivir con menores márgenes o si reemplaza el producto o servicio por uno con menores especificaciones (y, por ende, menores costos).

Optimización de portafolio

"Optimizar el portafolio" es otra manera de decir "no hay cama para tanta gente". No hay forma de administrar tantas variables de acuerdo con el modelo de negocio. Aquí es cuando toca simplificar el número de referencias que se manejan para poder optimizar la gestión en el mercado, bien sea por costos de inventario o por manejo de canales. No hay espacio suficiente para exhibición, el número de líneas que un distribuidor o minorista está dispuesto o tiene la capacidad de manejar es mucho menor.

Cuando estratégicamente no encaja

Éstos son productos que no hacen parte del futuro del negocio. Por ejemplo, puede ser que una compañía decida dejar de vender a un usuario final por sus altos costos y se concentre en la venta a clientes industriales o *business-to-business* (B2B). Esto cambia unidades de empaque, desempeños de producto, entre otras cosas. Por ende, conllevará el retiro de productos o servicios que anteriormente se ofrecían al cliente final, pero que ya no encajan con el cambio de estrategia. Simplemente, hay empresas que están mejor diseñadas para atender otro tipo de mercados: ésta, de hecho, puede ser una de las consecuencias de la redefinición de *qué* vender a *quién*, que veíamos anteriormente.

Obsolescencia programada

El término "obsolescencia programada" tiene diferentes interpretaciones. Por un lado, aplica a aquellos productos que de antemano se diseñan para que queden obsoletos en cierto tiempo, usualmente por mejoras tecnológicas. Por otro lado, también puede depender de cambios en tendencias, que se sabe que no van a durar toda la vida. En este caso, el retiro de un producto o servicio da paso a nuevas opciones. Se crean productos sabiendo que son de temporada y que su vida útil es limitada. La excepción a esta regla es cuando un producto "pega" en el mercado y se sigue vendiendo a través del tiempo, con lo que se convertirá seguramente en parte de los "clásicos" que hay que mantener porque continúan generando rentabilidad.

"Canibalización" por otro producto de la empresa

Como hablábamos en la sección de competencia, en ocasiones un nuevo producto o servicio mata otro que ya vendíamos porque simplemente el anterior deja de ser atractivo o porque el nuevo está más adaptado a las actuales necesidades del mercado. El término "canibalización" se usa comúnmente para indicar que un producto "se come" comercialmente la venta de otro. La principal razón es porque el nuevo ofrece mejores beneficios o resuelve mejor lo que hacía el anterior, por lo que no hay necesidad de mantenerlo.

¿Cómo retirar un producto dignamente?

Para minimizar el impacto en el mercado, en su empresa, en sus empleados y en los canales, tenga en cuenta estas consideraciones:

Analice el impacto financiero

Es decir, haga los números. No queremos que esté matando un producto que, aunque se vende poco, genera una rentabilidad para la empresa. Con frecuencia, nos obnubilamos por las ventas y no vemos la rentabilidad. Recuerde: ventas es vanidad, utilidad es sanidad y caja es realidad. Antes de tomar cualquier decisión emocional o por agotamiento, analice el impacto financiero.

Escuche todas las áreas

Jamás tome una decisión de este tipo sin escuchar a su equipo. Coordine con todas las áreas: ventas, servicio al cliente, producción, inventarios, importaciones, finanzas, etc. Tenga en cuenta sus puntos de vista antes de tomar la decisión. Y, una vez tomada, permita suficiente tiempo para el manejo de inventarios remanentes y de despliegue de la estrategia con todos los clientes. Retirar un producto tiene múltiples implicaciones en gran cantidad de procesos de la empresa que, al no considerarse, pueden generar grandes traumatismos. Mantenga a todo el mundo informado. Que a nadie lo tome por sorpresa.

Defina un argumento para el mercado

Con frecuencia, la decisión de retirar un producto se toma por razones propias de la empresa (ventas o rentabilidad) pero estos argumentos no siempre son tan claros y evidentes para el mercado. Puede que usted no esté ganando dinero pero sus clientes sí, lo cual creará una sorpresa e incluso reticencia de algunos de ellos al retiro. Piense en los argumentos para clientes finales y distribuidores, ¿hay alguna alternativa que les pueda plantear como sustituto? Minimice el impacto en los clientes. No sorprenda de un día para otro, brinde soporte y opciones. Si provee una materia prima, un cambio puede ser complicado para su cliente, por lo tanto, dele tiempo para que especifique, estandarice y haga pruebas con otro proveedor.

Prepárese para cierta resistencia

Sean clientes finales, intermediarios o empleados, como todo en la vida, habrá personas que estarán en desacuerdo con la decisión. Estas opiniones vendrán desde adentro de la empresa (usualmente, gente del área comercial que vendía bien ese producto), como externamente, de clientes que consideran que los productos deberían vivir para siempre (así usted pierda dinero), pues para ellos era buen negocio o les tenían un gran aprecio desde hace muchos años. Como ya sabe que esto va a pasar, tenga un plan de contingencia. ¿Algún producto que reemplace esa "dolorosa pérdida"? Tenga razones evidentes y directas de por qué tocaba, sí o sí, retirar el producto. Brinde argumentos, pero si lo tiene claro, jamás dude de la decisión.

Retire toda la difusión

Suena obvio, pero pasa todo el tiempo. Seguimos escuchando publicidad de promociones que ya no están vigentes. En enero todavía se ven anuncios de promociones navideñas. Puede ser contradictorio. Una vez que algo ya no está disponible, *inmediatamente* tiene que salir del aire. Cuando tome la decisión de retirar un producto del mercado, retírelo de la pagina web, deje de distribuir material promocional, de incluirlo en el catálogo de productos de sus distribuidores, de su publicidad, del letrero del negocio, de las camisetas de su equipo en el punto de venta, de las exhibiciones; de todo lo que hable de lo que ya no puede estar hablando.

Considere temas legales

Hay alcances legales que debe tener en cuenta. Por ejemplo, si no quiere que un competidor más adelante registre la marca que sacó del mercado y la use para promoverla como propia, manténgala protegida. De acuerdo con lo que aplique para su propia industria, revise compromisos con terceros, contratos de distribución, garantías, manejo de repuestos, mantenimiento, soporte técnico, entre muchas otras cosas.

Decida lo antes posible

Es decir, no postergue la agonía. Si ya está claro que va a retirar un producto o servicio del mercado, ya ha considerado todas las implicaciones y ha definido cómo manejarlas, hay que hacerlo rápido. No trate de evitar lo inevitable, hay que seguir adelante. Es difícil; pensará una y otra vez: "¿No será que nos faltó hacer esto o lo otro?", "Y si intentamos tal cosa", "Qué tal si…". No le dé más vueltas. Mientras más pronto lo haga, más rápido liberará recursos para otros proyectos.

Desincentive la demanda

Ésta es una opción para retirar un producto o servicio dignamente. Desincentivar la demanda es hacerlo menos atractivo para que la gente ya no quiera comprarlo. Una forma de desincentivar la demanda es subir el precio *sustancialmente*. A un precio más alto, menos personas querrán comprarlo. Es una forma de retirarlo o desvanecerlo, literalmente, por falta de demanda.

Pocos productos viven para siempre. Por eso, cuando hay que tomar la decisión, hay que hacerlo de la manera correcta. Retirar un producto o servicio del mercado es doloroso pero necesario. De hecho, no siempre es algo negativo, simplemente pudo haber cumplido su ciclo para dar paso a nuevas oportunidades. Rinda honores internamente a esas iniciativas o proyectos que en algún momento fueron la ilusión de todos, despídase de la mejor manera posible y optimice su oferta al mercado. Sólo así protegerá la rentabilidad y se concentrará en los frentes más importantes del negocio.

Aunque haya productos o clientes poco rentables, una forma de ajustar la estrategia es prestar el servicio de tal manera que *sí* deje algo de dinero. Esa estrategia se llama personalización estandarizada.

Personalización estandarizada

Otro principio para ajustar su oferta al mercado es lo que llamaremos "personalización estandarizada". Suena contradictorio, pero es justamente lo que queremos crear. Es una manera de adaptar lo que vende a las necesidades de cada cliente, sin que esto signifique horas y horas de trabajo y, mucho menos, altos costos invertidos en la personalización de la solución.

Desestandarizar dispara los costos

Hemos entendido personalizar como casi una solución "manual" para los clientes. Esto implica un alto costo porque se requiere invertir más tiempo, los procesos no fluyen tan ágilmente o incluso hay reprocesos, lo que lleva a una menor eficiencia.

En muchos casos, esta personalización también implica la adquisición de pequeñas cantidades de insumos para fabricar sus productos y diseñar sus servicios, usualmente con un mayor valor unitario por el bajo volumen. Comprar en pequeñas cantidades representa renunciar a economías de escala y los beneficios en menores costos asociados.

El mayor riesgo para la desestandarización proviene de las particulares y exigentes solicitudes de los clientes que nos sacan del curso habitual. El problema es que generalmente terminamos accediendo, sin dimensionar el impacto que esto tiene en la rentabilidad de nuestro negocio.

Oriente al cliente en las alternativas que usted considera que son mejores y se adaptan a lo que requieren, sin que esto implique renunciar a su estandarización. En la mayoría de los casos, los clientes tienen claro su dolor, desafío o necesidad, pero no la mejor forma de resolverlo. Es usted y su equipo, con la experiencia acumulada por años, quienes mejor pueden asesorarlo y hacerle ver que la variedad de opciones predefinidas que ofrece, cumplen con el objetivo.

¿Qué significa personalización estandarizada?

Personalización estandarizada es brindar soluciones a la medida, combinando un número de opciones *limitadas* y previamente definidas por usted. Las partes del proceso son las mismas. La personalización se da por las combinaciones de esas partes para que se adapten mejor a cada cliente.

Alguna vez conversando con el propietario de un restaurante de comida peruana, me decía que el secreto para optimizar costos y maximizar la oferta a los clientes es utilizar los mismos componentes base para todo: pescado y mariscos. Con estas proteínas base diseñaba la carta para los platos de comida peruana, para múltiples ceviches e incluso sushi.

Es el principio de los modelos de franquicia. Cada proceso y detalle han sido perfeccionados con los años, experiencia tras experiencia, para proveer el mejor resultado posible con el uso más eficiente posible de recursos en el menor tiempo posible.

Piense en una cadena de comida rápida, por ejemplo, las que venden *subs* o sándwiches. Las proteínas base están previamente definidas (pollo, pavo, carne, cerdo), por lo que la personalización se da en los ingredientes disponibles en la barra, los tamaños y complementos. Eso es personalización estandarizada. Piense en su negocio como si fuera una de estas franquicias. La variedad para los clientes no está dada únicamente por las alternativas disponibles, sino por las múltiples combinaciones que se pueden realizar.

La estandarización incluso no aplica únicamente para productos, sino también para cada uno de los procesos de la empresa. La forma como atrae clientes, el proceso de descubrimiento, las preguntas por indagar con un prospecto para determinar su viabilidad, el proceso de negociación, el empaque y el embalaje, las opciones de despacho y entrega, los protocolos de renovación de servicios de clientes. Todas son opciones estandarizables.

Es lo mejor para el cliente y para usted

Brindar soluciones estandarizadas es mejor para los clientes porque reciben productos y servicios probados una y otra vez, comprobados y perfeccionados. No está improvisando. No corre riesgos, ni usted ni el cliente. Va llegando al estado del arte en su limitada pero adaptada oferta.

Por otro lado, la estandarización optimiza recursos, logra menores costos que puede transferir a productos económicamente más accesibles para sus clientes, al tiempo que protege su propia rentabilidad: menores costos de inventario, respuestas más ágiles, menor tiempo para prestar el servicio y, por ende, mayor productividad.

En épocas de crisis, ofrecer personalización estandarizada es una buena forma de adaptar su oferta de valor a las expectativas de los clientes, donde ambos ganan.

¿Qué puede estandarizar?

Hay varios frentes en los que puede trabajar para estandarizar:

Estandarice lo que incluye

Defina claramente a qué tiene derecho el cliente en cada alternativa, en qué cantidad y en qué condiciones. Sea brutalmente claro en esto y se ahorrará malos entendidos.

Estandarice las opciones

Defina paquetes, combos e incluso alternativas de servicios "agrandados". Piense en opciones que se puedan agregar, del tipo "¿Quisiera incluir la sesión trimestral de seguimiento al proyecto por tan sólo este dinero al año?", o "¿Le gustaría adicionalmente recibir nuestros estudios sectoriales mensuales por tanto dinero?".

Estandarice sus precios

Si en algo fallan las compañías, especialmente las de servicios, es en no tener políticas claras de precios. En parte porque sus servicios no están estandarizados, por lo que cada uno cuesta según el cliente, donde el precio es el típico "depende". Si tiene paquetes de servicio claros, definir un precio para cada uno será mucho más sencillo, pues ya tiene predefinido lo que incluye para poder costearlo con exactitud.

Estandarice los entregables
Estandarice los resultados, lo que implica la prestación del servicio, lo que la gente puede esperar obtener al final del proceso. Cuando esto no está claro, los clientes quedan con un mal sabor de boca por percibir en ocasiones que no se cumplieron sus expectativas.

Estandarice la forma de vender
Cuando el servicio es un paquete, tiene un precio definido y un proceso claro por seguir, la forma de venderlo se simplifica infinitamente. Estandarice la manera como se presenta el servicio, aclarando lo que incluye y cada detalle del proceso. Trate de que todo sea tan claro, definido, concreto y específico, que los clientes lo vean y lo entiendan fácilmente.

Beneficios de estandarizar
Está claro que los productos se pueden y deben estandarizar, pero ¿qué tanto aplica para los servicios? De la misma manera. Estandarizar sus servicios le hará la vida más llevadera y sus clientes estarán felices de contar con alguien que finalmente entendió cómo vender servicios de una manera lógica y ordenada. Estandarizar sus servicios trae grandes beneficios:

El cliente ahora sí lo entiende
Finalmente, el cliente entenderá lo que está tratando de venderle: qué incluye, cuál es el alcance y qué es lo que realmente está comprando. Suena obvio, pero a muchos clientes les cuesta entender la complejidad de lo que usted hace.

Su equipo lo vende más fácil

La dificultad de entender el alcance de sus servicios no la tienen sólo sus clientes, también su equipo comercial y todo aquel en su empresa que deba explicar en detalle una propuesta a un prospecto. Un servicio estandarizado se explica mucho más fácil.

Lo puede replicar

Cuando prestar un servicio a un cliente depende de las virtudes extrasensoriales y la capacidad de un científico para realizar el proceso, estamos en problemas. Al no estar estandarizado, dependerá de "artistas" y "genios" como los únicos que pueden implementar ese nivel de complejidad y personalización en los clientes. Y si no lo pueden hacer igual de bien otras personas del equipo, no podrá tener más clientes y el trabajo de preparar cada nuevo asesor o prestador del servicio será lento y costoso (sin contar lo complicado de encontrar a la gente correcta para esta misión). Por el contrario, si tiene un proceso altamente estandarizado, será muchísimo más probable que otras personas del equipo lo puedan replicar.

Escalamiento

Escalar significa crecer, multiplicar muchas veces el proceso para hacer lo mismo para más clientes con el mismo nivel de calidad y entregando los mismos resultados. Estandarizar sus servicios le permite escalar su negocio y lograr que cada vez menos dependa de usted o algunos pocos en su empresa, que son quienes "crean la magia" para los clientes. Aquí es cuando empieza a convertirse en una "planta de producción de servicios". Literalmente, el nirvana para tiempos difíciles.

Lo enfoca

Dejará de decir que sí a todo lo que se le aparezca e irá gradualmente abandonando el clásico "se le hace" que les ofrece a muchos de sus actuales clientes. Al tener todo tan definido, ya sabrá qué clientes y qué trabajos aceptar, y cuáles no. Y por su salud mental y la salud financiera de su negocio, entienda que es mucho más importante saber a qué decir no, que a qué decir sí. Lo que acepte que no pueda hacer de manera eficiente, estandarizada y con resultados garantizados, se le convertirá en un karma.

Ejemplos de estandarización de servicios

Toda empresa puede estandarizar sus servicios y hacer ajustes a la forma como promueve lo que hace al mercado. Veamos algunos ejemplos:

Empresa de consultoría

Cierre los temas en los que se enfoca y el alcance de su consultoría. Uno de los mayores desafíos de la consultoría es que en muchos casos no tiene límites claros de hasta dónde llega y qué cubre el trabajo. Esto termina tristemente en muchas horas de trabajo extra por el mismo dinero.

Arme paquetes específicos para cada tipo de servicio o que incluyan distintos tipos de entregables. Por ejemplo, el Paquete A le incluye tres sesiones: esto es lo que trabajamos, este es el tiempo que nos demoramos, estos son los resultados que vamos a obtener y esto es lo que cuesta, ¿alguna duda?

Si el cliente requiere un programa de seguimiento puede agregarlo, pero no como algo informal, sino como un producto específico que también tiene sus límites claramente definidos.

Abogados

Organice paquetes en su modelo de servicio para liberar capacidad productiva y enfocar el esfuerzo en aquellas cosas en las cuales se especializa.

Por ejemplo, si trabaja marcas y patentes, puede desarrollar un producto que incluya el registro, identificación de antecedentes, registro de derechos y manejo de dominios, entre otras cosas. Y, por supuesto, cada variación en el paquete tendrá un precio mayor.

Agencia de marketing digital

Supongamos que vende el servicio de optimización para motores de búsqueda (SEO). ¿Cómo puede estandarizarlo? Defina cuánto tiempo le va a dedicar, qué entregables tiene, cuánto tiempo se demora para ver los primeros resultados, qué trabajo incluye, qué tanto del contenido de la página del cliente va a optimizar e indexar, entre otros detalles.

La falta de detalle en el alcance de los servicios hace que muchos negocios terminen arrepintiéndose de haber aceptado ciertos trabajos. Pero la causa del problema no es el servicio en sí o el cliente, sino que no había un proceso definido, no había expectativas claras y mucho menos un producto estandarizado.

En su caso, ¿cómo podría estandarizar aún más sus servicios?, ¿qué paquetes podría definir?, ¿qué es exactamente lo que incluiría cada uno? y ¿cuál debería ser el alcance de sus propuestas? Para adaptar su oferta a la nueva realidad y hacer sus productos y servicios económicamente accesibles, estandarice. Le hará la vida más fácil a todos y, sobre todo, protegerá la rentabilidad del negocio, para no salir a empeñarse por unos centavos.

VENDA SIN EMPEÑAR
LA EMPRESA

La primera y mayor tentación de todo negocio cuando se enfrenta a un mercado en recesión es relajar sus condiciones comerciales. Tanta preparación, esfuerzo, propuesta de valor, diferenciación, servicio y estudio, para llegar a eso: bajar los precios. Ahí quedó todo. Ya nada más vale, sólo el precio. Peligroso panorama. La buena noticia es que hay otro camino. Aunque cueste creerlo, en épocas de recesión sí es posible vender sin regalar la empresa.

Muchas compañías se van por el camino de bajar precios intentando estimular ventas y mantenerse competitivos frente a sus rivales (que, por supuesto, también los están bajando). Sin embargo, el juego y la magia está en hacerlo sin afectar la rentabilidad de la empresa. Eso es lo que distingue los negocios inmortales de los caídos en combate. Unos operan con márgenes más saludables, mientras los otros se mantienen al borde del abismo.

Después de haber adaptado nuestra oferta a la nueva realidad, el siguiente paso es dirigirnos al mercado con la firme intención de vender sin empeñar la empresa. En tiempos difíciles, es cuando más que nunca debemos defender nuestros diferenciales y negociar con dignidad. Para lograrlo, ahora veremos varias herramientas para conocer la posición de los clientes y nuestros propios argumentos para mantener el balance en la negociación durante la venta, empezando por aquello que lo hace diferente.

Tenga claro sus diferenciales
versus la competencia

Ésta seguirá siendo su principal herramienta, no sólo para defender un mayor precio, sino en general para justificarse y posicionarse como la mejor opción, independientemente de la franja de precios en la que se encuentre.

Siéntase orgulloso de su propuesta de valor

En mi experiencia, el mayor obstáculo para vender es uno mismo. Aun cuando tiene claros y poderosos diferenciales, duda del valor que genera y esto mina su confianza. Si a uno como vendedor le parece que lo que vende está caro, le será muy difícil convencer al cliente. No siempre tiene el control del precio al que debe vender, pero sí de los argumentos que sustentan ese precio. Por supuesto que quejarse de que la compañía está exagerando en sus precios *versus* los diferenciales que tiene es una opción. Y siempre debe estar atento a revisarlos. Sin embargo, la causa más frecuente de esta percepción del vendedor es que no ha considerado el valor que generan todos esos beneficios para el cliente.

El primero que tiene que comprar el precio es el vendedor. Entender que lo que vende no es sólo un producto o un servicio, sino una propuesta de valor integrada por beneficios adicionales es fundamental.

Monetice sus diferenciales
Mientras más se aleje del precio de sus competidores, más importante será demostrar el impacto económico que representan sus diferenciales. Si bien este aspecto lo tocamos a profundidad y con múltiples ejemplos en el libro *Bueno, bonito y carito*[10], estos pueden

---

[10] *Bueno, bonito y carito*, Ediciones B, 2016.

ser algunos de los aspectos que sustentan su mayor precio, y la forma como puede evaluar cuánto dinero le genera o le ahorra al cliente.

Producto

Identifique cómo se beneficia su cliente de la mayor calidad de su producto. ¿Ahorros en costos de mantenimiento?, ¿menor costo de reposición?, ¿incremento en productividad? Haga números y demuestre beneficios económicos y retorno de la inversión.

Escalabilidad y compatibilidad

En servicios puede haber un tema de escalabilidad o mayor compatibilidad, lo que evita inversiones futuras. Incluya esa inversión que con usted no tendría que hacer, como un beneficio cuantificable. Proyéctela a varios años.

Portafolio integral

¿Qué beneficio económico representa esto para el cliente? El hecho de tener un único responsable disminuye costos administrativos, logísticos y de operación. ¿Tener una mejor integración entre las partes mejora la productividad?, ¿en cuánto? Documente casos de éxito con otros clientes y úselos como referente.

Tiempos de entrega

Entregar con mayor frecuencia y en menores cantidades representa un ahorro en costos de inventario para los clientes y, por ende, mayor disponibilidad de liquidez. Son cosas que a usted le cuestan. Cuantifíquelas.

Capacitación

No subestime el impacto y el costo de la capacitación. Si su propuesta incluye entrenamiento, cuantifique ¿cuánto le costaría al cliente hacerlo por su propia cuenta y cuál sería el costo de un error por un mal manejo, consecuencia de una capacitación menos profesional?

Perfil profesional

En ocasiones, su producto cuesta más porque el perfil de las personas es más alto. ¿Cómo se beneficia un cliente de esto y cómo lo puede cuantificar? Mayor asertividad en la asesoría, agilidad en los procesos y dar con la solución correcta en el momento correcto ahorra dinero. Documente casos y demuéstrelo.

Sistema de respaldo

Opciones más económicas que la suya pueden no invertir en sistemas de respaldo y en una serie de protocolos que, aunque sólo se usen en eventualidades, tienen un gran valor. ¿Cuánto le costaría a un cliente no tenerlo en caso de una eventualidad?

Apoyo técnico

Otras compañías también pueden ofrecer apoyo técnico, pero esto no implica que sean iguales. ¿El suyo es 24/7, mientras el de la competencia sólo es de lunes a viernes? Evidencie sus diferenciales y cuantifique los beneficios.

Experiencia

El beneficio de la experiencia va más allá de un número de años. Está en la habilidad para identificar más rápido y de manera más precisa desafíos que sus competidores más jóvenes podrían no conocer o manejar de manera incorrecta. ¿Cuál es el costo de esto?

Certificaciones

Si una certificación implica estandarización de procesos y mayor homogeneidad en su materia prima, ¿cuánto le costaría a un cliente recalibrar una máquina o detener un proceso por tener insumos con mayores variaciones, como los de su competencia? Para eso sirven las certificaciones.

Personalización

Adaptar soluciones a la medida de cada cliente cuesta, pero también tiene grandes ventajas. Evidencie que al ser a la medida le pueden evitar costos futuros por adquirir soluciones estándares que no encajan con sus necesidades particulares. Aplique el principio de la personalización estandarizada para hacerlo de manera rentable y económicamente accesible.

Garantías

Que su garantía sea más extensa o que cubra eventualidades que sus competidores no cubren tiene una implicación económica. ¿Cuánto le costaría al cliente una reparación o una reposición fuera de garantía? Sume.

Todo tiene un impacto en el cliente. Su misión es demostrar ese impacto y hacerlo evidente. Mire a su alrededor. Piense en la integralidad de su propuesta de valor y no sólo en los beneficios funcionales de lo que sea que venda.

Al final, se trata de que el cliente entienda todos los beneficios que recibe, tangibles o intangibles, al trabajar con usted. No se trata de lo que vende, sino de todos los periféricos y beneficios que también generan valor cuantificable. No subestime el valor que genera, susténtelo y explíquelo. Haga números. Ayúdele al cliente a entender el costo que tendría el no trabajar con usted, a lo que dejaría de acceder y a los riesgos que se podría enfrentar de no tomar su solución. Estos argumentos le ayudarán a defenderse de los bajos precios de sus competidores en épocas de recesión.

Si cuesta menos, algo no está incluido

Cuando pretende diferenciarse bajando el precio, recuerde que alguien venderá más barato que usted. Los competidores de bajo precio siempre los ha habido, los hay y los habrá. El problema no es costar más, sino que la gente no entienda por qué.

Cuando un competidor u otra alternativa cuesta menos que usted, usualmente tiene una propuesta de valor diferente. Esto significa que el cliente no va a recibir exactamente lo mismo que si le comprara a usted. Y, por supuesto, su competencia no se lo va a decir. Cuando vende el mismo producto que los demás, la diferencia no está en el producto sino en los periféricos, que son las cosas que usualmente se quedan por fuera.

Es como bebida "tipo limonada"

Estas alternativas que se precian de ser más económicas, algo están dejando por fuera. Haciendo una analogía a modo de ilustración con una venta hipotética de un stand de limonada, éstos son lo que llamaríamos una bebida "tipo limonada", algo que luce similar pero no es igual. Como el queso "tipo *mozzarella*", pero que no es *mozzarella*, es simplemente, "inspirado en…". Es como la joya de oro *versus* "bañada" en oro. El punto es: parecido no es lo mismo.

¿Qué no están incluyendo?

Dependiendo del sector en el que se encuentre, lo que sus competidores dejan por fuera o hacen distinto a usted puede variar: las garantías, el servicio posventa, la calidad de los insumos (de lo cual sus clientes sólo se enterarán tiempo después), los tiempos de entrega, el perfil profesional de los asesores, el salario de sus empleados, la responsabilidad social, las certificaciones y hasta la red logística y de distribución.

De alguna parte tiene que salir el dinero para poder bajar el precio y aun así ganar algo de dinero. Su misión es saber de dónde, para hacer consciente a su cliente. Por eso debe conocer a su competencia muy bien para saber qué están perdiendo los clientes o qué riesgos corren al no trabajar con usted.

Evidencie los costos ocultos de la competencia

Ningún precio es caro o barato *per se*. Depende de todo lo que incluye. En muchos casos, los clientes comparan solamente el precio de un proveedor *versus* otro, desconociendo que no siempre están comparando peras con peras.

Es decir, el que el precio de un competidor sea menor no significa que *cueste* menos. Puede haber otros costos asociados que el cliente no está teniendo en cuenta y que cuando los considere, puede no estar tomando la mejor decisión costo-beneficio.

¿Dónde buscar los costos ocultos de la competencia?

Para hacerlo de una manera sencilla y ordenada, podemos identificar estos costos tomando como referencia dos conceptos (los cuales utilizan algunos compradores):

Costo total de adquisición

Son los costos adicionales que se dan en el momento *presente* de la compra, y se refieren a los costos asociados al instante de la adquisición del bien o servicio. Es decir, otros costos que no siempre se evidencian pero que el cliente tendrá que cubrir apenas compre.

En éstos, se encuentran los costos logísticos o de transporte, adecuaciones, instalaciones, mano de obra, productos o servicios complementarios para que funcione (la válvula que no viene incluida, el cable o adaptador), entre otros.

Costo total de propiedad

Son los costos y gastos *futuros* relacionados con la adquisición del producto o servicio durante su vida útil. Todo aquello en lo que deba invertir más adelante para que lo que compró siga funcionando bien. Estos costos son, por ejemplo, el mantenimiento, el número de aplicaciones o dosis, actualizaciones, renovaciones, reportes de seguimiento, cuotas de manejo y administración, repuestos y garantías, entre otros.

Algunos ejemplos

Refrigerador para su casa

Costo total de adquisición: además del costo del refrigerador, otros costos que pueden no estar incluidos son transporte hasta su casa (si es fuera del área urbana, puede costar aún más y demorarse más), instalación de las conexiones de agua, quitar y poner puertas para que quepa por la entrada, servicio de subida (si vive en un cuarto piso y no hay ascensor) y los filtros de agua.

Costo total de propiedad: agregue mantenimientos, garantías (qué cubre y qué no cubre), mano de obra, repuestos y consumibles.

Software para manejo de clientes

Costo total de adquisición: súmele capacitación al personal, considerando desplazamiento a otras ciudades, configuración de la interfaz con su sistema actual, entre otras.

Costo total de propiedad: tenga en cuenta también las actualizaciones a nuevas versiones, consultas futuras de quienes lo utilizan, integración con otras plataformas y el escalamiento a un mayor número de usuarios.

Compra de un vehículo

Costo total de adquisición: agréguele accesorios, impuestos asociados a la compra y otros registros.

Costo total de propiedad: considere también el costo de las revisiones periódicas, consumo de gasolina, impuestos de acuerdo con el tipo de vehículo, precio de reventa (si pierde mucho valor en el tiempo le cuesta dinero al tener que venderlo más barato), entre otros.

Educación: jardín de niños, bachillerato o universidad
Costo total de adquisición: súmele matrícula, uniformes, vinculación a la asociación, útiles, libros y materiales, entre otros.

Costo total de propiedad: considere también transporte, alimentación, eventos especiales como salidas o visitas, e insumos para proyectos futuros.

¿Cómo calcular los costos ocultos?

De los dos o tres principales competidores, identifique los productos o servicios con los que más lo comparan sus clientes. Evalúe qué costos extra pueden no estar incluyendo cuando le pasan la propuesta a un cliente.

Primero haga el ejercicio para los costos directos e inmediatos asociados a la compra (costo total de adquisición) y luego piense en los costos asociados que se vendrán durante la vida útil del producto o servicio (costo total de propiedad). Piense en los próximos meses o años, ¿qué tendrá que pagar adicional el cliente que no esté teniendo en cuenta?

Posteriormente, cuantifique con estimados cuánto dinero puede costarle en promedio a un cliente cada uno de esos aspectos que no está incluyendo. Esta parte es muy importante, porque es la matemática que le demuestra al cliente que usted no necesariamente es más caro; después de incluir todos estos costos en los que en su caso no deberá incurrir, su producto o servicio puede ser mucho mejor negocio.

¿Cómo contarle al cliente?

No mencione competidores específicos. No hay necesidad de hablar con nombre y apellido de nadie. Simplemente, diga algo como: "Es importante que considere estos o aquellos costos, que, en nuestra experiencia, no todas las compañías que lo ofrecen lo incluyen. Incluso hemos tenido casos donde el costo inicial es mucho menor que el nuestro, pero cuando le suma los costos adicionales termina siendo más costoso. Y, aunque varía dependiendo del caso, estos costos pueden llegar a sumar tanto dinero aproximadamente".

Se trata de contextualizar al cliente en los pros y contras, de darle las herramientas para que tome una decisión con todas las cartas sobre la mesa.

Hay muchos detalles que los competidores no están incluyendo y que usted sí, pero no se los está haciendo ver a los clientes y por eso les parece que usted es más caro, cuando en realidad puede no serlo. Haga los números y cuente la historia completa.

Espere siempre que los clientes lo comparen con la competencia. No se preocupe. Si tiene claros sus diferenciales, sólo será un tema de negociar el precio.

La negociación del precio

No le tema al precio. El precio es sólo un número, es un imaginario asociado a un valor equivalente en lo que obtenemos a cambio. El mismo precio a una persona le puede parecer costoso; a otra, justo; y a otra, hasta barato. No depende del producto o servicio en sí, sino de la percepción de valor para cada uno.

Nada es caro o barato

El precio justo es relativo para cada uno. Es un juego de percepción de valor. Cómo un cliente ve el precio, depende de:

Los beneficios que recibe
La sumatoria de todo lo que compone su propuesta de valor, todo lo que viene incluido cuando un cliente le compra, no sólo el producto o servicio en sí. Desde la calidad y aspectos técnicos, hasta la garantía, la comodidad, la experiencia de su empresa y la reputación de la marca. Recuerde, pagamos por beneficios tan-

gibles *e intangibles*. Por ejemplo, en diseño de *software*, una cosa es la plataforma (que tienen muchos), pero otra la adopción del cambio por parte de los equipos de trabajo que ofrecen algunos como diferencial.

¿Qué tanto valora esos beneficios?

No todos apreciamos las mismas cosas, ni estamos dispuestos a pagar por ellas. Piense en las aerolíneas. No todas ofrecen lo mismo, ni cuestan lo mismo. Es un juego entre lo que recibe *versus* lo que paga. En algunas, debe estar dispuesto a sacrificar que no haya asignación previa de lugares, debe pagar por el equipaje en bodega y amoldarse a la limitación de frecuencias. Hay quienes no están dispuestos.

Lo que ofrecen los demás

Es decir, ¿qué otras opciones tiene el cliente en el mercado?, ¿cuáles son los sustitutos?, ¿qué consigue en otro lado por el mismo dinero?, ¿qué le dan los demás por cuánto dinero? Imagínese dos clínicas veterinarias. Las dos están ubicadas en el mismo sector, prestan los mismos servicios, son del mismo nivel, llevan los mismos años en el mercado y la consulta en ambas cuesta exactamente lo mismo. Ahora bien, supongamos que una de ellas cuenta con estacionamiento propio y la otra no, ofrece además la posibilidad de agendar las citas por su página web, le envía recordatorios automáticos de las fechas de vacunación y de diversos tratamientos y tiene una sala de espera amplia y cómoda. En este caso, el cliente podría percibir la que no tiene estos beneficios como "costosa", así cuesten igual. Por el mismo precio recibe más en una que en otra.

Razones por las que un cliente objetará el precio

Una objeción es un mecanismo de defensa natural del cliente para estar seguro de que está tomando la decisión correcta o para intentar obtener las mejores condiciones posibles. El que un cliente objete el precio no significa que el precio en sí sea el obstáculo, es la relación entre el precio y la percepción de valor lo que no le hace mucho sentido.

Un cliente potencial sólo se movilizará a comprar cuando haya eliminado todas las objeciones que lo inhiben a dar el siguiente paso. Independiente de que las dudas sean fundadas o no, recuerde que percepción es realidad y aquéllas se convierten en obstáculos que inmovilizan. El problema con pensar que lo único que le interesa a los clientes es el precio es que el vendedor se esfuerza más en tratar de convencerlo de que no es costoso, que en explicarle sus diferenciales y resolver las dudas de fondo que tiene el cliente, desconociendo que no todas tienen que ver con el precio.

Hay varias razones por las que un cliente le objetará el precio, por lo que debe reconocerlas de antemano y brindar la información necesaria para garantizar que ha ofrecido los argumentos correctos, ayudando a movilizar hacia la compra. Dependiendo de qué tanto tiempo lleve en el mercado y del nivel de reconocimiento de la marca, unas objeciones serán más probables que otras.

No ha entendido su diferencial

Ésta es la principal causa de objeciones. Cuando el cliente no percibe diferencia, decide por precio. En otras palabras, no entiende por qué debería pagar más por su producto o servicio, cuando *aparentemente* otras opciones más económicas lucen muy similares. La pregunta más importante que toda marca debe responder a un cliente es ¿por qué debería comprarle a usted en lugar de a su competencia? Una vez que tenga claro qué lo diferencia de los demás, comuníquelo en todos los puntos de contacto de manera consistente y coherente.

Insuficiente percepción de valor

En otras palabras, el cliente considera que su producto o servicio no cuesta lo que le está cobrando. Recuerde que no hay productos caros o baratos en sí, sino desbalanceados en la percepción de valor de los clientes. Puede que sea maravilloso, pero el cliente no lo está viendo así. Como diríamos coloquialmente, necesita "cacarear los huevos", evidenciar sus beneficios y ponerlos en contexto frente a las otras alternativas que hay en el mercado.

No aprecia sus beneficios

Para quien no aprecia sus beneficios, no importa cuánto le baje el precio, siempre le parecerá caro. En este caso, el problema no es su propuesta de valor, es el perfil de cliente al que le está intentando vender. No todos son clientes potenciales y hay gente que no apreciará sus valores agregados.

No dimensiona los riesgos

El cliente no ha identificado los riesgos de trabajar o comprar opciones más baratas. Sus diferenciales y beneficios sólo tendrán valor en la medida que el cliente reconozca lo que representan. En otras palabras, que haya padecido o visualice qué podría padecer si compra opciones más económicas. Lo que lo hace más costoso son pequeños detalles que tienen gran impacto en el cliente; sin embargo, para que pague por ellos debe apreciarlos lo suficiente y ser consciente de la implicación que tendría no tenerlos. Eduque a sus prospectos y hágales entender de manera sencilla por qué su propuesta de valor no es igual a las demás.

No está seguro

La falta de seguridad no se da sólo respecto a si debería adquirir lo que va a comprar. La inseguridad es también falta de confianza en el vendedor, el negocio o la marca. Para compañías reconocidas y con larga trayectoria en el mercado, esta es una objeción prácticamente inexistente, pues el cliente sabe que la empresa responde. Sin embargo, para nuevas marcas (así sean reconocidas en el exterior), la seguridad tiene que ver con confiar en que las promesas son reales, en que la empresa va a seguir existiendo en los próximos años, que van a responder por garantías y que serán fieles a su palabra.

El hecho de que un cliente objete el precio no significa que éste sea realmente el obstáculo para lograr el cierre. Es un mecanismo de defensa porque no está seguro de si está tomando la mejor decisión. Su trabajo es ayudarle a entender el valor que le genera, los riesgos de trabajar con opciones más económicas e informarle todos los beneficios.

Bajar el precio es más peligroso de lo que cree

Bajamos los precios con demasiada facilidad. Cedemos ante la mínima presión de los clientes, especialmente a fin de mes cuando necesita desesperadamente esa venta. El problema de fondo de bajar el precio es que las cosas sólo tenderán a empeorar. Por supuesto, esto no significa que deba cobrar más porque sí. Debe tener evidentes beneficios y diferenciales para que sus clientes entiendan el valor que genera y por qué deberían trabajar con usted en lugar de otra opción.

Ceder demasiado fácil para cerrar un negocio tiene cuatro grandes e irreversibles consecuencias para el futuro de su negocio:

Destruye la rentabilidad

Nada afecta más la prosperidad económica de su negocio que bajar el precio. Sólo piense cuánto tendría que incrementar el volumen, reducir sus costos o bajar sus gastos operativos para compensar esa disminución de precio que tan alegremente está concediendo. Recuerde el comienzo del libro cuando hablamos del impacto que causa 1% en la utilidad operativa. El precio, de lejos, es la variable con más impacto en la rentabilidad de su empresa.

El cliente desconfía del bajo precio

Cedemos tanto que en ocasiones el cliente queda intranquilo, dudando de la capacidad de respuesta para entregar todo lo que promete con ese bajo precio. ¿Cumplirá con la disponibilidad de inventario?, ¿las fechas de entrega?, ¿el servicio posventa? Recuerde que cuando alguien vende más barato, ese dinero sale de algún lado.

Los recomendados también comprarán más barato

Si su cliente le envía recomendados, ¿cuál cree que es el precio al cual le va a decir a sus amigos que le compren? La cosa irá de mal en peor. No van a hablar de usted por el maravilloso servicio que presta, sino por el "fantástico" descuento que ofreció.

Habitúa al cliente a esperar los descuentos

Si tiene temporadas de descuentos o cada cierto tiempo ofrece atractivas promociones, el cliente esperará esa promoción para poder comprar más barato. A menos que sea una compra absolutamente necesaria o de urgencia, el cliente puede esperar.

Atrae al cliente incorrecto

Basar el negocio en aquellos que sólo compran por precio es muy peligroso. Cuando un competidor lo baje un poco más, despídase de estos clientes, son caza ofertas. Lo que por precio viene, por precio se va. Este cliente no es de largo plazo. Y si bien durante las crisis la búsqueda de "buenos precios" se intensifica, esto no quiere decir que sea la única variable. Por eso estamos reforzando los argumentos para compensarlo.

Aleja al cliente correcto

Cuando dirige el foco hacia el precio, está perdiendo los clientes potenciales que valoran la calidad por encima del precio: aquellos que están dispuestos a pagar más por mejores soluciones.

La demanda se vuelve impredecible

Vender frecuentemente con descuento no permite determinar cuál es la demanda real del producto, ni saber si los clientes compran porque de verdad valoran la marca o sólo porque estaba en descuento. No hay una base *leal* de clientes.

Sienta un peligroso precedente

Después de que baja el precio, ése se vuelve el nuevo parámetro. Sólo le comprarán si obtienen el mismo precio en el futuro. Algunos negocios pueden sobrevivir dando descuentos a cambio de grandes volúmenes, pero la mayoría no puede sobrevivir a una reducción constante de sus márgenes.

Reduce el margen de maniobra

Dar descuentos implica tener menos dinero para deleitar a los clientes. Con los ingresos reducidos queda poco espacio para innovar, contratar personal más calificado, ampliar el negocio o mejorar el servicio. En otras palabras, se vuelve uno más que ofrece lo estrictamente necesario. Esto lleva al riesgo inminente de falta de diferenciación. Por eso, la opción es tener varias escalas y alternativas de precio, sin enfocarse sólo en ofrecer las más económicas.

¿Debería decir su precio desde el comienzo de la negociación?

Especialmente quienes venden productos o servicios con un precio mayor al de sus competidores ven el precio como un obstáculo para la venta. Tratan a toda costa de no mencionarlo pensando que si lo dice daña el negocio. El hecho es que si quiere sustentar su propuesta de valor de manera efectiva, debe revelarlo temprano en el proceso de venta para que el cliente preste atención a por qué cuesta lo que cuesta.

Seguramente, habrá experimentado la insistencia de un comprador desde el comienzo por saber cuánto cuesta lo que vende, con la idea de identificar si está dentro de su rango de posibilidades. La creencia popular dice que no debe revelar su precio hasta que haya identificado las necesidades y explicado todos sus argumentos. Sin embargo, esto en la práctica es difícil de lograr, pues mientras el prospecto no conozca el precio será en lo único que pensará durante la conversación, pasando por alto sus importantes argumentos.

Si el precio es fijo

Si su precio no va a cambiar, no hay razón para no comunicarlo desde el comienzo. Si un prospecto no puede pagar el precio al comienzo, tampoco lo podrá pagar al final. No obstante, el comunicarlo temprano en la negociación le permite ir construyendo los argumentos durante todo el proceso y no sólo al final, donde habrá mucha más resistencia y el tiempo jugará en su contra.

¿Que un cliente puede desistir en cuanto conoce el precio sin escuchar los argumentos? Por supuesto. Pero ¿qué le hace pensar que si ni siquiera le interesa escuchar por qué cuesta lo que cuesta va a apreciar sus valores agregados? Cuando alguien solamente pregunta por el precio y se va, o es un cazador de precios o no le interesan los otros aspectos de su propuesta de valor. Frente a esta situación, hay dos opciones: una es que junto a decir el precio mencione su mayor diferencial y el principal dolor que sabe que tienen los clientes en una sola frase. Por ejemplo, "Cuesta 100 pesos, y a diferencia de otros, tiene tal componente, o está para entrega inmediata, o es compatible con todas las marcas de equipos, o la garantía es ilimitada, o le incluye tal o cual cosa". Es decir, aquí agrega al precio su poderoso diferencial. La otra opción es simplemente dejarlo ir. Como hemos hablado muchas veces, es probable que quien tiene al frente no sea su cliente potencial. No todo el mundo se desmaya de felicidad con lo que usted vende y con su esmerada propuesta de valor. Pueden ser de esos clientes que no quiere y que le traerán problemas.

Si el precio es variable

Aquí nos referimos a un precio variable dado por las condiciones, aspectos y características que incluye de acuerdo con las necesidades del cliente, no al "precio según mercado", donde exactamente el mismo producto varía el precio según la persona que esté al frente. Partimos de que hay unas políticas comerciales claras y que un precio menor o mayor depende de que existan ciertas condiciones previamente establecidas.

Si no es posible dar un único precio porque depende de lo que incluya, puede hablar de rangos u opciones preestablecidas. Por ejemplo, "El servicio puede costar entre 80 y 120 pesos, dependiendo de si le incluye esto o aquello", o "Para clientes con condiciones similares a la suya, ha costado entre tanto y tanto", usando casos o experiencias previas. También puede hablar de opciones preestablecidas: "El precio depende del paquete que seleccione, tenemos tres alternativas: básico, plus o *premium*. Le voy a explicar cada uno", y cierra con un "De todas maneras, una vez que tengamos toda la información, le podemos dar un precio final más preciso, esto es solamente un estimado". Al hablar de rangos no se está comprometiendo con un número específico, pero está dejando claro un punto de referencia para el cliente.

Enfóquese en demostrar su propuesta de valor

Esperar a comunicar su precio al final pone al cliente a la defensiva. Comunicar su precio desde el comienzo posiciona su propuesta como algo valioso y diferente a la de su competencia, por lo que el cliente estará atento a escuchar los argumentos que justifican ese precio. Comunicarlo de entrada hace que el prospecto se enfoque en entender sus argumentos y diferenciales *versus* la competencia durante toda la conversación. Esto le permite explicar, complementar y profundizar sobre cualquier inquietud.

Siempre alguien bajará el precio más que usted

Esta es una ley. No importa cuán barato venda, siempre hay un suicida. Siempre hay alguien que cree que bajando el precio un poco más va a quitarle clientes y ganar mercado. Esté siempre atento cuando las cosas empiezan a ir bien con su negocio, la forma como los competidores lo atacarán será ofreciendo "lo mismo pero más barato".

Cuando vender barato no es una opción

¿Es el precio realmente una forma de llamar la atención? Probablemente. Es posible utilizar el argumento de "más barato" como una forma de atraer clientes y lograr ventas. Los bajos precios son una realidad. El problema es vender barato y, aun así, ganar dinero. Es un gran desafío.

Para la mayoría de las compañías vender barato no es una opción viable. Si vende barato, ¿con qué le paga mejor a sus empleados?, ¿con qué abre otros puntos de venta?, ¿con qué desarrolla a su equipo?, ¿con qué presta un mejor servicio?, ¿con qué invierte en nueva tecnología o en infraestructura? Si sólo se enfoca en el precio, ¿cómo crece su negocio? Como vimos al comienzo del libro cuando hablamos del impacto que genera 1% en la utilidad operativa, el precio es la delgada línea que separa la pérdida de la ganancia.

No es tener un precio más alto porque sí

Tener un precio más alto sin una razón es un suicidio. Tiene que haber una razón que justifique por qué cuesta lo que cuesta. Ese precio mayor debe estar evidenciado por una clara diferenciación, algo que la gente identifique como un valor agregado.

Para la mayoría de los negocios, la diferenciación es la opción frente a las guerras de precio, pues al no contar con economías de escala no pueden bajar más sus costos, más allá de algunas estrategias de incremento en productividad y optimización de recursos. La alternativa es crear algo sorprendente para los clientes, que aunque tengan opciones más baratas consideren que ese ahorro no vale la pena frente a los beneficios que obtienen con usted.

Diferenciarse se trata de eso: de ofrecer algo relevante que otras compañías no ofrezcan igual y que para esos clientes sea altamente apreciado. No caiga en la trampa del precio, pues siempre habrá alguien dispuesto a salir del mercado antes que usted.

La tentación es muy grande

Especialmente en épocas difíciles, cuando se ha contraído el consumo, no está logrando sus metas de ventas y está pensando cómo atraer clientes, la forma fácil es bajar el precio. El problema es que es una solución temporal. Está demostrado que el beneficio dura mientras se mantenga el bajo precio, pero ¿después qué?, ¿puede mantener bajos precios de manera indefinida sin quebrarse?

¿Para qué se prepara, invierte en su gente, tiene mejores procesos, gran maquinaria, servicio posventa, si al final del día cuando las cosas no van bien la única herramienta es bajar el precio? Escoja el camino de la diferenciación. El mercado ya está plagado de quienes compiten por precio.

Para no ceder a esa tentación, además de conocer muy bien a su competencia, debe entender a sus clientes y compradores, saber exactamente cómo piensan, cómo lo ven y qué otras variables están considerando. Sólo así balanceará la ecuación en la negociación.

La perspectiva de los compradores

Siendo honestos, a los vendedores nos falta conocer con más detalle la función de compras y, en general, las variables que afectan el mundo del comprador. Nos esmeramos por desarrollar y manejar con maestría muchas técnicas de ventas, pero no es muy común que nos pongamos en el otro lado de la mesa para entender qué piensa, cómo negocia, qué espera y cuáles son los criterios que usan los compradores para trabajar con usted.

Siempre hay riesgos implícitos en cada decisión que toma el comprador y espera que los vendedores sean claros cuando se trata de alertarlos sobre el alcance de sus soluciones. Mientras los asesores más traten de esconder estos riesgos, más escépticos se tornarán los clientes y menor será la confianza en cualquier argumento o promesa. Un buen vendedor no sólo discute los riesgos abiertamente, sino que los trae a la mesa: identifica potenciales áreas de riesgo incluso antes que el mismo comprador, y sugiere formas de mitigarlos, eliminarlos o de reducir su impacto.

Distinto a lo que podría pensar, los riesgos pueden jugar a su favor. Si puede demostrar cómo reducir los riesgos en la decisión de compra, no sólo se diferencia de la mayoría, sino que mejorará su reputación como un asesor en el que se puede confiar.

¿Cómo los compradores ven realmente a los vendedores?

Como vendedores, nos enseñaron que el proceso comercial se basa en entender las necesidades de los clientes, determinar en qué fase se encuentran del proceso de compra, quiénes son los que intervienen en la decisión y cómo debemos explicar la forma en que nuestro producto o servicio resuelve dicha necesidad.

Sin embargo, desde el punto de vista del comprador, las cosas son diferentes. Usualmente, cuando llega el momento de interactuar con el proveedor, ya tiene claras sus necesidades y espera que éste pueda apoyarlo en el desarrollo de la solución. Como vendedores, debemos conocer mucho más a fondo cómo se lleva a cabo la gestión de compras dentro de la empresa de nuestro cliente.

Los compradores profesionales cuentan con diversas herramientas de análisis para realizar su gestión y negociar con los proveedores, dependiendo de la importancia y riesgo que determinado producto o servicio represente para su organización.

Así nos clasifican los clientes

En los mercados corporativos o B2B, una de las herramientas más utilizadas es la *Matriz de Kraljic*. En esta matriz, los compradores clasifican los productos y servicios de los proveedores, para determinar su posición competitiva y con base en eso definir la estrategia de negociación más efectiva para implementar con cada uno.

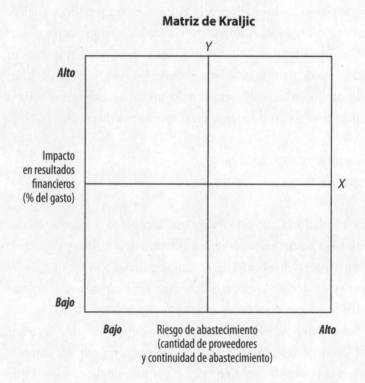

Matriz de Kraljic

La matriz consta de cuatro cuadrantes dependiendo de dos variables: el riesgo de abastecimiento y el impacto financiero.

Riesgo de abastecimiento

En el eje x de la matriz se encuentra el riesgo de abastecimiento, el cual es definido por dos condiciones: la cantidad de proveedores que podría suministrar el mismo producto o servicio y la garantía de continuidad en el suministro.

Si el comprador sabe que hay muchas compañías de las cuales podría suplirse para un determinado ítem, el riesgo será bajo dado que puede reemplazarlo con facilidad. Por el contrario, si son muy pocos los proveedores (oligopolios o incluso monopolios), el riesgo será mucho más alto, lo que jugará a favor del proveedor.

Otro aspecto que tiene en cuenta el comprador es el riesgo de continuidad en el suministro de un determinado insumo, bien o servicio. Especialmente en industrias con disponibilidad variable y a veces inestable de materias primas (productos agrícolas y pecuarios, por ejemplo), existe un riesgo de interrumpir el suministro. Otra causa puede ser que el proveedor no cuente con un plan de contingencia para abastecerse si tuviera un problema como el fallo de una máquina o algo similar. También en servicios existe el mismo riesgo. Piense en empresas que proveen mantenimiento de redes o herramientas tecnológicas de soporte, como sistemas de facturación o plataformas transaccionales. Todos hemos escuchado como clientes la popular frase: "Tenemos caído el sistema". Así luce ese riesgo.

La pandemia expuso las vulnerabilidades de muchas compañías y evidenció qué tan preparados se encontraban los proveedores para reaccionar y adaptarse a las nuevas necesidades de sus clientes. Desde tiempos de respuesta, capacidad de operación, disponibilidad de caja y reconfiguración de los productos y servicios, una adecuada programación y tener un plan de contingencia es altamente apreciado por los clientes en épocas de crisis.

Impacto en resultados financieros

Por otro lado, el eje *y* determina el impacto en los resultados financieros para el comprador. Es decir, qué tanto peso tiene un determinado producto o servicio como porcentaje del gasto total del área de compras.

Si un producto o servicio representa un monto importante del gasto, tendrá un impacto alto. Y esto es visto como una oportunidad o una amenaza. Como una oportunidad, si hay muchos proveedores que ofrecen lo mismo, porque el comprador podría lograr considerables ahorros o beneficios económicos para su organización. Son montos que se notan y que le permitirán mostrar resultados frente a sus jefes. Asimismo, puede ser una amenaza si se presenta el caso contrario: que existan pocos proveedores y que usted tenga una gran dependencia de un insumo esencial.

Piense que para muchas compañías hay compras que pueden representar más de la mitad de sus costos totales. Para una panificadora, la harina puede ser fácilmente su principal costo, mientras que para una constructora puede ser el cemento. En servicios, por ejemplo, para una empresa de consultoría, los costos de personal serán los más representativos.

¿En qué cuadrante lo ubica su cliente?

Ésta es la pregunta que todo negocio debe hacerse para saber cómo abordar la negociación con un cliente. Dependiendo de qué tan diferente y necesario sea su producto, asimismo lo tratará el comprador.

Cada cuadrante determina el nivel de riesgo y el impacto financiero que su producto o servicio tiene para su cliente. Los cuadrantes son:

- Productos rutinarios: bajo riesgo, baja inversión.
- Productos cuello de botella: alto riesgo, baja inversión.
- Productos de apalancamiento: bajo riesgo, alta inversión.
- Productos estratégicos: alto riesgo, alta inversión.

Matriz de Kraljic

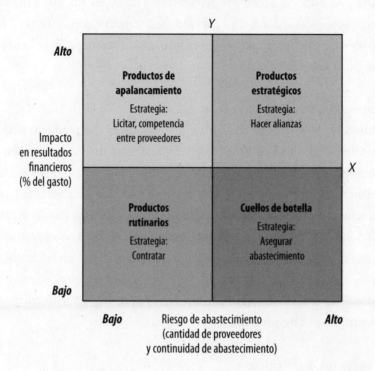

Tenga presente que cuando hablamos de productos nos referimos, en un sentido extenso, tanto a productos físicos como a servicios. Lo que sea que el cliente le compre.

Productos rutinarios
Tienen bajo riesgo de abastecimiento y representan poco de la inversión total. El cliente les presta muy poca atención, pues no le quitan el sueño ni son un riesgo en su gestión. Son productos con una inmensa oferta y de poco impacto. Estrategia del cliente: contratar o subcontratar.

Productos cuello de botella
Representan baja inversión, pero con alto riesgo de abastecimiento. Aunque no son una inversión importante para el cliente, si le

faltan lo pueden poner en problemas. Piense en un ingrediente complementario o en un repuesto para una máquina. Pequeñas cosas que pueden tener un gran impacto. Estrategia del cliente: asegurar abastecimiento.

Productos de apalancamiento
Implican bajo riesgo (hay muchos oferentes sin problemas de continuidad en el suministro), y representan un porcentaje importante del gasto para el cliente. En otras palabras, "el proveedor cuenta con la fortuna de que le compre tanto dinero, ya que hay muchas opciones disponibles en el mercado". De este cuadrante es de donde el cliente puede obtener los mayores ahorros en su gestión. Usualmente, hay poca lealtad y el precio se convierte en la variable crítica de negociación. ¿Razón? No hay diferenciación relevante para el cliente. Estrategia del cliente: licitar, negociar duro (por ejemplo, subasta inversa).

Productos estratégicos
Alto riesgo para el cliente (por ser pocos oferentes o productos muy diferenciados y especializados), lo cual representa un monto importante en el total del gasto. Si tener productos de apalancamiento es el paraíso para el comprador, los productos estratégicos son el paraíso para el vendedor. Es en este cuadrante donde ocurren las alianzas, pues tanto el cliente como el proveedor saben que se necesitan mutuamente. Estrategia del cliente: hacer alianzas.

¿Qué puede hacer al respecto?
Después de evaluar qué tan relevante es para su cliente e inferir en cuál de los cuadrantes se ubica, el siguiente paso es definir qué va a hacer al respecto. El mundo ideal para cualquier proveedor es ubicarse en el cuadrante de *Productos estratégicos*. Sin embargo, ser un *Producto cuello de botella* también puede representar grandes

ventajas. Los dos cuadrantes del lado derecho de la matriz tienen algo en común: diferenciación.

Por lo tanto, para tratar de ubicarse en este lado de la matriz, hay dos cosas en las cuales se debe concentrar: diferenciarse y enfocarse en los clientes que más lo necesitan (para que aprecien esa diferenciación).

Diferénciese

No puedo enfatizar lo suficiente y recalcar la necesidad, casi de supervivencia, de diferenciarse. De tener algo en su propuesta de valor que ningún otro competidor pueda ofrecer (al menos de la misma manera), y que sea relevante para su cliente. Por obvio que suene, la diferenciación lo aleja de la comoditización, lo hace menos sustituible y con mucha mayor posibilidad de generar valor a su cliente.

Muchos compradores están clamando a gritos que sus proveedores aporten propuestas innovadoras que a su vez les permitan diferenciarse en sus competidos mercados. No están buscando compañías que ofrezcan lo mismo que las demás, sino compañías que les ayuden a crecer y a construir ventajas competitivas. Conviértase en una de esas compañías y estará mejor preparado para navegar las turbulentas aguas de la recesión.

Enfóquese en los clientes que más lo necesitan

Identifique aquellos para quienes lo que usted ofrece es un insumo importante. No tiene que ser de vida o muerte, pero sí debe ser relevante e idealmente estratégico. En otras palabras, su producto no es igualmente importante para todos los tipos de clientes. Para algunos será fundamental, para otros será circunstancial. Enfóquese en aquellos clientes para los cuales su producto es estratégico. Le prestarán más atención a sus diferenciales y tendrá más oportunidad de crear una relación de valor.

Aquí cobra más relevancia definir muy bien el segmento de mercado en el que tiene mayores probabilidades de éxito, como lo discutimos cuando hablamos del rediseño de su propuesta de valor, especialmente en lo referente a *quién* venderle. Asimismo, es el principio que mencionamos cuando nos preguntamos, ¿para quién lo que usted vende es de "primera necesidad"? Algo así es lo que estamos buscando.

¿Qué valoran los compradores (además del precio)?

A veces, pareciera que lo único que les importa a los compradores es el precio. Sin embargo, la realidad es muy diferente. Hay otros aspectos de su propuesta de valor que ellos aprecian y necesitan, aunque no siempre estén dispuestos a reconocerlo. Téngalos presentes durante sus negociaciones para no caer en la típica trampa del precio.

Los compradores no sólo buscan proveedores baratos, buscan proveedores confiables. Y no siempre son cosas compatibles. De poco sirve ahorrar en costos, si el proveedor le incumple. Por eso, su misión como proveedor confiable (y no necesariamente barato) es defender sus fortalezas en los otros aspectos para disminuir la presión sobre el precio.

Veamos tres aspectos a los que los compradores prestan atención, además del precio.

1. Cadena de abastecimiento

¿A qué se refiere?
Proceso que va desde el suministro de insumos hasta la distribución física o prestación del servicio. Tiene en cuenta aspectos logísticos, tiempos de respuesta, manejo de proveedores y capacidad de producción, entre muchos otros.

¿Por qué le importa a los compradores?
Porque la operación no puede parar. Si falla un eslabón, se paraliza todo. Un óptimo manejo de los procesos disminuye ineficiencias

y elimina costos innecesarios. No hay nada más peligroso para un comprador que un quiebre en el proceso productivo, su operación administrativa o la atención a su propio mercado.

Argumentos por capitalizar

Logística de despachos: referida al suministro de productos o servicios al cliente, en el momento y la cantidad correcta, para cumplir con la planeación de la producción o prestación del servicio.

Disponibilidad de producto: un adecuado manejo de inventarios le da tranquilidad al cliente. Minimiza riesgos con la operación o, en el caso de un distribuidor, no perderá ventas por productos agotados.

Alternativas de abastecimiento: planes de contingencia en el suministro. Que frente a una eventualidad tenga opciones alternas para responderle al cliente. Bien sea por homologación de otros insumos o por alternativas de terceros en los que se pueda apoyar.

Capacidad de respuesta: poder responder con corto aviso y sacar a los clientes de apuros es invaluable y muy apreciado. De hecho, algunas empresas utilizan su ágil soporte de urgencias o contingencias para entrar como proveedoras a un nuevo cliente. Cuando llega una urgencia, si el proveedor habitual no cumple, entra el de respaldo (y, probablemente, para quedarse).

Estabilidad de proveedores: a su cliente le importa su propio ecosistema y de quién está rodeado. Mientras más confiables sean sus proveedores, menor riesgo operacional para ellos. Muchos problemas se originan en el proveedor del proveedor. Si usted cuenta con proveedores profesionales, cumplidos y con gran reputación, hágaselo saber a su cliente.

Los temas relacionados con la cadena de abastecimiento son unos de los dolores más sensibles de los clientes. Si el manejo de la cadena de abastecimiento es una de sus fortalezas, aprovéchela y hágala valer.

2. Servicio

¿A qué se refiere?

Aunque *servicio* es un término muy amplio, aquí nos referimos a todos los periféricos que rodean la propuesta de valor principal o el beneficio central del producto o servicio. Aspectos como soporte técnico, capacitaciones, perfil de la gente, apoyos y canales de comunicación, entre otros. El servicio puede llegar a ser tanto o más importante que el producto mismo.

¿Por qué le importa a los compradores?

Porque los clientes compran mucho más que un producto y el servicio es algo que no todos los proveedores tienen resuelto. También porque la expectativa del cliente no es sólo que lo que compró funcione, sino que los elementos colaterales que determinan su éxito también, pues todo está interrelacionado.

Argumentos por capitalizar

Posventa: soporte después de la venta, la facturación o la entrega. Para vender todos están listos, pero para poner el hombro después, pocos. Aproveche la calidad de su posventa para diferenciarse de la competencia.

Capacitaciones: el entrenamiento y la orientación a su cliente en el manejo del producto o correcta implementación del servicio puede ser un gran argumento y hacer que se logren o no los beneficios esperados.

Asesor: se refiere al perfil de las personas que atienden a los clientes. Los asesores son en sí un gran diferencial tanto desde el punto de vista técnico como comercial.

Garantías y devoluciones: claridad en las políticas, simplicidad de los procesos y una respuesta satisfactoria cuando las cosas no salen como se esperan, es algo bastante apreciado (y no todos los proveedores lo manejan bien).

Soporte técnico y mantenimiento: aunque podría considerarse como parte del servicio posventa, la asistencia técnica y el apoyo especializado es en sí un gran diferencial para los clientes.

Los clientes no compran sólo un producto o un servicio; compran todo lo que viene con él. Compran su propuesta de valor como un todo.

3. Innovación y desarrollo

¿A qué se refiere?
A propuestas concretas que les ayuden a los clientes a diferenciarse, a prestar un mejor servicio o a optimizar sus procesos para ser más eficientes.

¿Por qué le importa a los compradores?
Porque es parte del futuro de su negocio. Los pone un paso adelante. Usted, como proveedor, puede ser fuente de diferenciación para sus clientes con nuevos productos, procesos, tecnología, *software* u optimización de tiempos de respuesta. Muchos clientes quieren aliados de largo plazo, pues tienen claro que un proveedor o lo lleva al futuro o lo ancla al pasado. En muchos casos, los proveedores son esa ventaja competitiva.

Argumentos por capitalizar

Nuevos productos: desarrollos que les permitan a los clientes sorprender a sus propios mercados o tener una ventaja, así sea temporal. Incluye también mejoras en empaque, dispensación o utilización del producto.

Diseño de muestras: manejo de prototipos, exploración de nuevas aplicaciones y similares. Ensayo continuo de alternativas para fortalecer la propuesta de valor del cliente.

Mejoras tecnológicas: su impacto puede darse en cualquier parte de la operación del cliente y busca hacer las cosas más ágiles y eficientes. Desde aplicaciones móviles hasta sistemas de información en línea y sincronizados, todo aporta.

Simplicidad en procesos: optimiza el flujo de la información, evita reprocesos e incrementa la productividad del cliente.

Generamos más valor del que creemos. Entregamos más valor del que los clientes están dispuestos a reconocer.

Identifique qué elementos puede capitalizar para que sus negociaciones no se basen sólo en el precio. Tendemos a no valorar lo que tenemos. No somos conscientes y el comprador, por su misma posición, ayuda poco. Un cliente no le va a decir, "qué buena es su logística, es un gran diferencial, por favor véndame más carito". Claramente, no va a decir eso.

Usted es el que debe darse cuenta. Hay otras cosas que hace muy bien y que el comprador necesita, además del precio. El primero que tiene que creerlo es usted y así enfrentar la práctica común de pedir descuento en cualquier negociación.

¿Por qué la costumbre de pedir descuento?

Después de entrevistar a decenas de clientes y compradores, he llegado a una gran conclusión: los vendedores le temen más al precio que los compradores. Por eso, siempre les hago la misma pregunta a los compradores: "Los vendedores piensan que lo que más le importa a usted como comprador es el precio, ¿por qué el fuerte énfasis en pedir descuento?".

Y la respuesta, de una u otra manera, es siempre la misma: "¡Porque funciona! Cuando el vendedor no conoce bien la competencia, no está seguro de sus argumentos. Y si además es fin de mes, pedir descuento ¡es una táctica infalible!".

La respuesta no sorprende, pero es una triste realidad para el vendedor.

Cuando analiza el trasfondo, se da cuenta de que el problema no es el precio, es que la preparación del asesor no siempre está al mismo nivel de las expectativas de los compradores y obviamente ellos lo saben. Saben que si el vendedor no está preparado, no demuestra que tiene diferenciales y, por ende, no está seguro de su propuesta de valor, pedir descuento funciona una y otra vez. ¿No haría usted lo mismo?

Pedir descuento funciona

Los clientes piden descuento porque saben que funciona. Y, si me lo permite, en gran medida es culpa de los vendedores. En la mayoría de los casos, ceden sin poner la menor fricción y sin siquiera confrontar al cliente o explicar sus potentes diferenciales.

Los asesores no siempre están bien preparados. No conocen la propuesta de valor de la competencia, ni sus propios argumentos y diferenciales para demostrarle al cliente, diciéndole con dignidad, por ejemplo: "Costamos más que la competencia, pero recuerde que, a diferencia de ellos, nuestra solución tiene esto que para usted es importante y no lo va a encontrar tan fácilmente".

Es un tema de seguridad. Por no creer en lo que vende y por no entender por qué es una mejor opción que sus competidores, termina entregándose a la menor objeción del cliente. Crea en usted, su producto y su compañía.

¿Qué pasa con los clientes que no piden descuento?

¿Ha pensado en eso? ¿Qué pasa con aquellos clientes leales, callados, amables que no se quejan del precio y siempre están a su lado? Le voy a dar la respuesta: es injusto.

Darle descuento a aquellos que presionan una y otra vez por mejores condiciones, en muchos casos sin merecerlas, mientras que los que no se quejan pagan precio de lista, no es mantener una clara política de precios. Y, créame, la gente tarde o temprano se entera. Si va a dar un beneficio, déselo a los que se lo merecen y a quienes le han demostrado su lealtad. Crezca con ellos y no con algunos mercenarios que sólo le comprarán si les vende barato, pero que cuando quiera subir el precio para finalmente ganar algo de dinero, huirán a otra opción aún más económica.

¿Cómo responder a solicitudes de descuento?

Sin importar el producto o servicio que venda y el mercado que atienda, siempre llegarán clientes pidiendo descuentos por múltiples razones. De hecho, durante la crisis y el tiempo de reactivación varios empresarios me han mencionado la expectativa de muchos de sus clientes de acceder a "precios de pandemia". Algo así como: "Y en esta situación, ¿cuál es el descuento que está dando?". Como si al comprar le estuvieran haciendo un enorme favor al dueño del negocio, por lo que éste *tenga* que entregar a cambio un beneficio.

En momentos difíciles, algunos clientes podrán aprovecharse de la situación e incluso de la necesidad de muchos empresarios, y usted debe estar más firme que nunca con sus argumentos.

Explique por qué cuesta lo que cuesta

El problema no es costar más, sino que los clientes no entiendan por qué. Con frecuencia los clientes piden descuento porque presumen que pueden obtener lo mismo que usted ofrece más barato en otro lado. El punto es que difícilmente su propuesta de valor será igual a la de ellos, así venda exactamente el mismo producto. Esta es su oportunidad para explicar por qué cuesta lo que cuesta. Mucho cuidado con ceder a la presión del mercado de "precios de pandemia".

Su solución puede incluir cosas que otros no incluyen, su experiencia puede ser mayor, el acompañamiento es diferente, sus funcionalidades tener mayor alcance, su plataforma ser más amigable o apoyar una causa como responsabilidad social que lo aleja del resto.

Su mejor herramienta para enfrentar una solicitud de descuento es conocer muy bien las otras opciones (competidores o sustitutos) y explicarle al cliente lo que obtiene al trabajar o comprarle a usted en lugar de a otros más baratos. Adicionalmente y como lo vimos en la redefinición de *qué* vender en capítulos anteriores, también tenga claro que una opción menos robusta puede ser una alternativa viable para muchos clientes, sin necesidad de bajar los precios.

Pregunte por qué la solicitud de descuento

Lo sé. Suena aterrador. "¿Cuestionarle al cliente por qué está pidiendo un descuento?, ¿está loco?, puede ser hasta percibido como descortés de mi parte". No necesariamente. Depende de cómo lo haga. Mi punto es que algunos clientes, por deporte, se han acostumbrado a pedir descuento, es casi una muletilla: "¿Y cuánto es lo menos para llevarlo?", "¿Cuánto y por qué tan caro?", etc.

¿Por qué habría usted de entregar la rentabilidad de su negocio porque sí? Lo he escuchado miles de veces. "No tenemos presupuesto", "De hecho, estoy haciendo magia", "El otro me ofrece lo mismo y más barato", "Es lo que tengo aprobado", entre otros.

Cuando se diferencia y tiene una poderosa propuesta de valor, no tiene por qué regalar su trabajo. Si después de haber explicado en detalle sus argumentos diferenciales sigue presionando por precio, o bien no es su cliente potencial o no entendió sus argumentos (explíquelos nuevamente y desarróllelos).

Por eso, cuando le pidan descuento, muy amablemente, con una gran sonrisa y una infinita expresión de bondad, explique por qué su producto cuesta lo que cuesta: "Desafortunadamente, no podemos. Ese es el precio correspondiente a la calidad de nuestra solución. Cuando nos compra/trabaja con nosotros, está accediendo a todos los diferenciales que le ofrecemos, distinto a lo que puede encontrar en otras alternativas presentes en el mercado". Y a continuación haga alguna de estas preguntas: "¿Tal vez está buscando un producto/servicio con menores especificaciones?", "¿Estaría dispuesto a pagar menos aunque esto significara una solución menos robusta?", "¿Lo que le ofrezco podría estar sobredimensionado para sus necesidades?", o "¿Tal vez los diferenciales que le mencioné no son tan importantes para lo que está buscando? Podríamos evaluar otras opciones más económicas".

El que más barato compra, irónicamente, es el que más exige

Muchos vendedores creen que al bajar el precio le hacen un favor al cliente, o incluso a su propio negocio. Nada más alejado de la realidad. El que le compra porque le bajó el precio le exigirá como si hubiera pagado el precio regular de lista. Es la perfecta fórmula para el desastre: venda barato y desgaste sus recursos en aquellos que no lo valoran ni son rentables. El que le compra barato sólo querrá una cosa a futuro: comprar aún más barato.

Cuidado con el que sólo busca precio

El que sólo compra por precio, probablemente no lo valora lo suficiente. Considera que no cuesta lo que cuesta y que si no es con descuento, no hay razón para comprarle. Por eso lo primero que hace ese cliente es pedir rebaja, antes siquiera de entender todos sus beneficios y diferenciales. Y lo más curioso es que, fuera de que compra barato, usted termina debiéndole. Critica el servicio, siempre tiene una objeción, no conoce lo que es una palabra amable, desgasta y drena la energía del equipo, y, por supuesto, no lo va a recomendar a nadie porque considera que usted hizo un trabajo estándar, nada para resaltar.

Fuera de que no es buen negocio, porque el margen es mínimo o a veces inexistente por aquello de que es un "cliente estratégico", sólo tiene quejas y reproches. ¿Qué parte de la ecuación no es clara? No es rentable y terminamos debiéndole, entonces, ¿por qué le vendemos? Porque con tal de vender a cualquier costo perdemos la dignidad.

Una buena forma de organizar todo este folclor comercial es clasificando a los clientes de una manera lógica, coherente y equitativa, donde aquellos que generan más valor para su empresa reciban mejores beneficios y aquellos que no tanto, tengan otro tratamiento. No todos los clientes son iguales y no todos deben ser tratados de la misma manera. Los recursos de su empresa tienen que distribuirse de manera equitativa para darle el apoyo necesario a cada segmento de clientes, de acuerdo con su contribución y su estrategia de negocio.

Y, por supuesto, todo tenderá a empeorar

Si por ganarse un negocio accedió a bajar el precio y conceder beneficios adicionales, ¿qué cree que pasará la próxima vez que ese cliente le compre?, ¿cree que le va a decir, "ahora sí, por favor, súbame el precio?" No. Le pedirá aún más beneficios.

Por eso bajar el precio sin ninguna razón o argumento de peso es muy riesgoso. No crea que el cliente le va a agradecer por eso, que lo va a volver a llamar para seguirle haciendo pedidos y que lo va a recomendar. De hecho, si por alguna extraña razón lo recomendara, ¿qué cree que le va a decir a quien se lo recomienda? Correcto: "Cuando hable con ellos, pídale bastante descuento que a mí me dieron tanto por ciento, no vaya a aceptar menos". Linda forma de construir un negocio. Si eso es lo que piensa y esa es su estrategia, buena suerte.

¿Cómo resolver la ecuación?

¿Cómo manejar el tema y salir del problema?, ¿cómo volver al cauce correcto? Dos cosas concretas que debe hacer:

1. Defina si es el tipo de cliente que quiere

Nunca me cansaré de repetirle esto, sólo hay una cosa peor que no tener clientes, y es tener *malos* clientes. Tenga claro cuál es el tipo de cliente al que le genera mayor valor, aquel que aprecia sus beneficios y diferenciales y está dispuesto a pagar por ellos. Cumplir cada día con su propuesta de valor y entregar lo mejor de sí es lo suficientemente desafiante como para que además tenga que trabajar con clientes porque "le toca".

2. Tenga políticas comerciales claras

Significa tener previamente establecido cuándo y por qué dar descuentos o hacer concesiones. Cuando baja el precio sin razón aparente, el cliente sabe que el precio regular no existe y le está dando a entender que puede obtener mejores condiciones sólo con pedirlo. Tener políticas claras es un tema de equidad con cada cliente. La forma correcta de conceder descuentos es vinculándolos a alguna contraprestación específica.

Por una venta digna

Aprenda a decir no. Aprecie a sus buenos clientes y compórtese acorde al valor que le generan. Respete su negocio, su equipo y todo el esfuerzo que hace para prestar el mejor servicio, no lo regale. Comunique vehementemente sus diferenciales.

Siempre estará expuesto a la presión de clientes y compradores. Algunos utilizarán argumentos para lograr la mejor negociación, que, a menos que usted tenga claros sus límites, podría terminar en una posición indeseable.

Técnicas de presión utilizadas por los compradores

Durante muchos años, tuve que negociar como vendedor con diferentes tipos de clientes: cadenas de supermercados, centrales de medios, productores oligopólicos, enormes distribuidores y grandes multinacionales. Y, en mayor o menor medida, pude experimentar de primera mano muchas de las técnicas aquí descritas. Vine a entender después de mucho tiempo que la efectividad en la negociación no depende sólo del conocimiento del producto y la buena disposición de servir al cliente, sino de entender las cartas que se juegan durante el proceso y cómo mantener el equilibrio en este pulso por mejores condiciones.

Aprendí que el objetivo de quienes intervienen en este proceso no es siempre el ingenuo gana-gana. Aprendí con dolor que el desconocimiento de estas técnicas y el dar por sentado muchas cosas sólo llevan a hacer excesivas concesiones y a desmejorar la posición de ahí en adelante. Por supuesto, no todos los compradores son iguales, ni todos los vendedores se comportan de la misma manera. Pero, en términos generales, si algo diferencia actualmente a los compradores de los vendedores es su nivel de preparación y su habilidad para negociar. Los compradores profesionales son estrategas. Dicen lo estrictamente necesario y de la forma más apropiada posible. Muy diferente a la forma como actúa la mayoría de los vendedores.

Mientras los vendedores se fortalecen para explicar los beneficios del producto, los compradores se especializan en conocer mejor a la competencia de sus proveedores y entender el panorama completo para utilizar cualquier información a su favor. Nos llevan mucha ventaja. El vendedor y el comprador ven la negociación de manera muy diferente: para el vendedor, el objetivo es vender (casi a cualquier costo); para el comprador, el objetivo es comprar *en sus propios términos*. Y, para lograrlo, se preparará en todo lo que sea necesario y evaluará todas las posibles opciones que le den una sólida posición, como cualquiera lo haría en su lugar.

Si bien no podemos generalizar que todos los compradores usan estas técnicas, son elementos comunes en el mundo de la negociación con los proveedores que debe conocer para manejarla de la forma correcta y balancear el poder en la mesa de negociación. De lo contrario, terminará cediendo más de la cuenta (como seguramente lo ha hecho hasta ahora).

Presión de tiempo (alargar la negociación)

¿En qué consiste?
La presión de tiempo se da en varios frentes: invitar a una reunión sin previo aviso (no alcanza a prepararse lo suficiente), la hace muy corta (dejando temas clave por fuera), la cancela a última hora o no está disponible (ganará tiempo). Al darle largas a una negociación, el vendedor tendrá cada vez más presión de su propia empresa (tendiendo a ceder más fácil) y de sí mismo (venta necesaria al cierre del mes), por llegar a un acuerdo en el menor tiempo posible.

Por otro lado, si por ejemplo está dilatando una reunión en la que sabe que se incrementará el precio o se renovarán las condiciones de un acuerdo anual que no estarán a su favor, cualquier tiempo que gane le permitirá conservar las condiciones actuales por más tiempo. Es decir, un incremento de precios que usted debía hacer en febrero terminará implementándolo efectivamente en abril o mayo por las postergaciones, los tiempos solicitados de implementación y los "últimos pedidos a precio viejo" que le pedirán. Éstos serán ahorros de costos reales para los compradores.

¿Qué hacer al respecto?
No dependa de esto. Sepa que las cosas tomarán más tiempo de lo estimado. Tenga siempre suficientes prospectos en camino para que el flujo sea continuo y no tener que amarrarse a cualquier condición.

Presión sobre costos (precio ligado al costo)

¿En qué consiste?
El comprador estima cuál debe ser el costo del producto o servicio, agregándole un margen. Luego pretenderá que, si el costo de cierto insumo baja, el precio baje, o asumirá que el margen que el proveedor gana es muy alto. Es decir, el comprador piensa determinar cuánto usted debería ganar al venderle.

¿Qué hacer al respecto?
Aclare que no es así. Explique que hay otros factores que no están incluidos y que su compañía siempre está optimizando su operación para hacerla más eficiente para sus clientes.

Presión por fallas (magnificación de errores)

¿En qué consiste?
"Todo lo que promete está muy bien, pero la falla en entrega que sucedió hace un par de meses nos causó un gran problema con varios clientes y otras áreas no están muy satisfechas". Hará todo lo posible para magnificar el impacto de su incumplimiento. Con esto no quiero decir que no sea importante para el cliente, simplemente manténgalo en perspectiva.

¿Qué hacer al respecto?
Contextualice el alcance de las fallas, deles su justa medida y compárela con los estándares de la industria. Si de verdad son cosas fuera de lo normal y absolutamente dramáticas para el resultado, reconózcalo y ponga en marcha soluciones de fondo. De lo contrario, explique el verdadero impacto. Incluso, en muchos casos la responsabilidad es compartida (el cliente pudo haber tenido algo que ver en la situación). Póngalo sobre la mesa.

Presión por extras (sin subir el precio)

¿En qué consiste?
El comprador escogerá su opción más económica con menos especificaciones, pero luego intentará obtener los extras sin costo adicional. Aceptará un acuerdo inicial, usted se relajará y luego vendrá la segunda parte que usted no espera. Casi de manera informal y "aparte" de la negociación, le pedirá su ayuda en "pequeñas cosas" adicionales.

¿Qué hacer al respecto?
Dele la vuelta, aplique la misma técnica. Pida algo a cambio. Puede aceptar entregar esos extras a cambio nuevamente de un "pequeño" precio adicional o de algún otro beneficio que usted considere relevante para su compañía. No se relaje. No crea que estos adicionales son insignificantes. Son importantes y usted lo sabe. No los entregue fácilmente.

Presión por necesidad puntual (sólo por esta vez)

¿En qué consiste?
"Apóyeme sólo en este negocio". Está ganando tiempo y obteniendo un beneficio extra. Como usted ve el tema de más largo plazo, no verá problema y estará tentado a ceder.

¿Qué hacer al respecto?

Recuerde que cada concesión suma y poco a poco disminuye su rentabilidad. Condicione la concesión a una contraprestación para que no se vuelva permanente. De lo contrario, "sólo esta vez" puede convertirse en una nueva y creativa situación cada mes.

Presión sobre beneficios (eso lo hacen todos)

¿En qué consiste?

"Los demás competidores tienen los mismos beneficios y son más baratos". Una práctica habitual de algunos compradores será querer llevarlo a la esquina de los *commodities*. Ubicar su propuesta de valor al mismo nivel que muchos de los competidores, con el fin de minimizar su propia percepción de valor.

¿Qué hacer al respecto?

Entre en el detalle de cómo lo hacen los competidores. El que los demás ofrezcan, por ejemplo, entrega a domicilio o garantías, no significa que sea en los mismos términos o en el mismo rango de tiempo que usted. Conozca muy bien a sus competidores directos y sustitutos para poner su producto o servicio en el contexto correcto. Sepa hasta dónde *realmente* llega cada uno para no tragar entero.

Presión sobre diferenciales (eso no es importante)

¿En qué consiste?

Usted explica sus poderosos diferenciales, pero el comprador le quita cualquier relevancia y muestra un evidente desinterés por los mismos. Su valiosa experiencia para prevenirle costosos y dolorosos inconvenientes puede hacerla ver como algo poco importante.

¿Qué hacer al respecto?

Lo primero que debe recordar es que no todos son clientes potenciales. Aun cuando el cliente sea consciente del problema, puede no estar dispuesto a invertir en su solución. La otra opción es que de verdad no entienda cómo usted le puede ayudar. Ponga casos de clientes similares y demuestre sus diferenciales con hechos, datos y pruebas.

Presión por competencia (trae un nuevo proveedor a la mesa)

¿En qué consiste?

Le cuenta que hay otro competidor que lo está cortejando. Así ese nuevo competidor (que técnicamente no tiene que ser del todo nuevo) no provea exactamente las mismas especificaciones técnicas que usted, será usado como una palanca para mejores condiciones. Incluso podrá utilizar competidores que usted ni consideraba para lograr mayor poder. Por ejemplo, jugadores internacionales que están evaluando entrar a su mercado y usted no se había percatado. Recuerde que esa es una de las misiones de los compradores: estar evaluando nuevas fuentes de abastecimiento para tener mayor poder de negociación.

¿Qué hacer al respecto?

Monitoree siempre su entorno y a sus competidores. Conózcalos a fondo y sepa hasta dónde pueden y no pueden llegar. Contextualice a su cliente. Demuestre que sabe de qué le están hablando. Defienda nuevamente sus diferenciales y lo relevantes que son para ese cliente.

Pero, advertencia, si dentro de la negociación debe conceder descuentos, es importante que lo haga de manera estratégica y manteniendo su posición de valor (y su dignidad).

¿Cómo otorgar descuentos de manera rentable?

No estoy en contra de dar descuentos. Estoy en contra de darlos porque sí. El problema no es bajar el precio y con esto afectar dramáticamente la rentabilidad, sino otorgarlos sin criterio, sólo por la necesidad de vender que genera un aparente beneficio que a la larga termina siendo contraproducente.

¿Cómo bajar el precio minimizando el impacto en rentabilidad?

Cada vez que baja el precio está dando un mensaje tanto a sus prospectos como a sus clientes actuales. Asegúrese de enviar el mensaje correcto y no disminuir la percepción de valor de su marca.

Cada movimiento de precios es una señal que envía al mercado, una posición que está estableciendo y una carta que se está jugando. Más allá de buscar una reacción de ventas en el corto plazo, bajar los precios de la manera incorrecta puede crear secuelas poco saludables para la rentabilidad del negocio.

¿Cómo justificar la disminución de precio sin perder credibilidad?

Asocie la disminución de precio a un argumento lógico y válido para el cliente, de manera que al no estar las condiciones tampoco estará el precio con el que se relaciona. Ésta se convierte en una verdadera negociación en la que el vendedor accede al descuento, pero a cambio de algo y no porque simplemente el cliente dijo que estaba muy caro. De lo contrario, sería entregar todo a cambio de nada.

¿Por qué es estratégico pedir algo a cambio para dar un descuento? Porque mantiene la percepción de valor y la integridad del ofrecimiento inicial. Cuando un cliente se empeña en obtener un descuento, es difícil eludir el tema. Sin embargo, el otorgarlo con una contraprestación le brinda otros elementos de negociación.

Ideas para compensar el descuento

Algunos elementos para justificar la disminución de precio sin perder credibilidad:

Más volumen: es evidente pero no se hace con la suficiente frecuencia. Le dice al cliente: "Le bajo 5% si me compra 20% más".

Más tiempo: similar al descuento por volumen, es condicionar el negocio a un mayor periodo (trimestral, semestral o anual), asegurando la compra en el largo plazo.

Pronto pago: algo como "le doy el descuento y me paga antes (treinta o sesenta días en vez de los habituales noventa)", o en vez de pagar en seis cuotas paga en dos.

Disminuir beneficios: aunque no aplica en todos los casos, un cliente le puede pedir descuento porque percibe que su solución está sobredimensionada. Una oferta más ligera con menos funcionalidades encajará muy bien. Es ofrecer el producto básico en vez del *premium*.

Solicitar recomendados: es condicionar el descuento a los recomendados que ese cliente le envíe. Por ejemplo, si el producto/servicio cuesta 100 pesos, le descuenta 10 por cada cliente efectivo que nos recomiende (hasta el límite que usted defina).

Generar venta cruzada: funciona algo así como "Le doy 10% de descuento en el producto X si además me compra el producto Y a precio de lista". Idealmente, un producto que también necesite el cliente o que sea complementario. Lo que está haciendo aquí es incrementar la transacción promedio.

Pedir mejores exhibiciones: si comercializa a través de minoristas, solicitar exhibiciones especiales adicionales incrementa la rotación y de paso el volumen necesario para surtir o hacer la carga de inventario.

Obtener publicidad gratuita: algunos clientes pueden tener sus propios medios de comunicación, como una revista o un boletín que envían a sus clientes. Obtener una pauta publicitaria sin costo a cambio del descuento es una buena alternativa para generar visibilidad y ventas extra.

Documentar casos de éxito: en especial, para negocios que están comenzando, obtener testimoniales y poder construir casos de éxito rápidamente puede ser de gran ayuda. Explique que el precio especial se otorga justamente porque está empezando y quiere obtener retroalimentación.

La regla de oro es que cada disminución de precio debe tener una justificación para que el cliente pueda entender las variaciones en relación con una variable determinada.

Aprenda de la resistencia de los compradores

Si alguna vez ha tenido que negociar un incremento de precios con un gran cliente, sabe a qué me refiero. Dado el impacto que esto tiene en su gestión, hará todo lo humanamente posible para evitarlo o, en su defecto, tratará de que le afecte lo menos posible.

Si el incremento es inevitable, un comprador buscará mitigar el impacto al máximo: le propondrá que lo aplique en pequeños montos parciales, que lo haga sólo a ciertos productos o servicios, o que los condicione a volúmenes de compra. Podemos aprender mucho de los compradores y de la forma como protegen la rentabilidad de su empresa. Ellos pelean a muerte cualquier incremento de precio, mientras los vendedores son bastante laxos en otorgar descuentos.

Difiera la aplicación del descuento. Cada vez que deba hacer una concesión (descuento, bonificación o similar), dilúyala o condiciónela. Por ejemplo, si después de un largo forcejeo con el comprador ha aceptado darle 6% de descuento, no lo entregue todo de una vez. Dilúyalo en un periodo de seis meses, aplicando 3% cada trimestre.

Incluso lo puede condicionar (como ellos lo pueden incluso sugerir) a metas de compras en el semestre (si llega al objetivo obtiene el descuento) o aplicarlo parcialmente a productos específicos.

Es un beneficio para ambas partes. El beneficio para el vendedor es que los primeros tres meses no estará entregando el descuento completo, por lo que se estará ahorrando 3% de diferencia. Por otro lado, el comprador se beneficia no sólo por el otorgamiento del descuento, sino que puede sacar pecho dentro de su empresa, contando que ha logrado no sólo uno, sino dos mejoras en el precio de compra en los últimos seis meses.

Perfeccione su modelo de negociación

Cuando se trata de dar descuentos, no piense sólo como asesor o dueño del negocio, piense estratégicamente y analice la forma como negocian los compradores.

Negociar es un arte que se perfecciona todos los días y sus clientes lo saben. Por eso, como reza el famoso dicho, "en la negociación confluyen la experiencia y el dinero. El que tiene la experiencia obtiene el dinero y el que tiene el dinero gana la experiencia".

Ahora bien, si va a hacer el esfuerzo de dar un descuento, si va a dejar de ganarse un dinerito, si va a entregar beneficios adicionales, independiente de la forma como lo haga, comuníquelo de forma creativa y sáquele provecho.

Capital One hizo algo interesante. Le metieron *storytelling*. Es una tarjeta de crédito que le devuelve 2% de las compras que haga. Pero no se quedan allí, le cuentan lo que hizo una empresa con ese dinero, sólo para que se antoje.

El anuncio dice, con entonado acento:

Mi 2% de devolución ilimitada es más que un beneficio. Es nuestra salud –Ken Jacobus, CEO de Good Start Packaging.

Ken Jacobus redimió 36 000 dólares de devolución en efectivo para ofrecer salud a sus empleados. Imagínese lo que el programa Unlimited 2% Cash Back podría hacer por su negocio. CapitalOne.com/SmallBusiness.[11]

Si va a hacer el sacrificio de dar descuento y entregar dinero, que se justifique. Vaya más allá del típico "30% off". Todos dicen lo mismo. Ponga a la gente a soñar con lo que ese ahorro significa. No sólo es más agradable, sino que se aleja de los cientos de negocios que dicen exactamente lo mismo. No es lo que la gente se ahorra, es lo que puede hacer con ese dinero. ¿Se imagina?

¿Cómo hacer promociones de ventas estratégicas y rentables?

Cuando las ventas escasean, las promociones y ofertas especiales aparecen como la primera opción para intentar reactivarlas. Sin embargo, no siempre generan ventas adicionales y mucho menos utilidad.

Cuando hablamos de promociones de ventas, nos referimos a descuentos, ofertas, producto adicional, bonificaciones, obsequios, incentivos y similares.

Buscan incentivar las ventas ofreciendo un beneficio de corto plazo al mercado. El punto es que, además de generar ventas, debería perseguir un objetivo estratégico para el negocio. En otras palabras, es verlo al revés. No sólo como una acción para generar ventas, sino como una herramienta para lograr objetivos estratégicos y rentables para la marca.

[11] Capital One / Spark Business Seguro de salud.

Estratégicas y rentables

Las promociones de ventas deben ser estratégicas porque cumplen una función más allá de la propia estimulación de la demanda; y rentables, porque cualquiera que sea la contraprestación a la que la condicionemos, debe representar un beneficio para la empresa.

El riesgo es que generan adicción tanto para los clientes como para el área comercial. Las promociones se ven usualmente como una herramienta táctica para cumplir los objetivos de ventas del mes postergando (por lo general de manera indefinida) o las metas de más largo plazo, como la construcción de marca, el desarrollo de canales de distribución o la penetración del portafolio.

Como hemos afirmado, dar un beneficio sin ningún tipo de condicionamiento puede generar consecuencias irreversibles. Excusas para dar descuentos sin contraprestación como el *Black Friday*, el décimo aniversario del negocio o la apertura de un nuevo punto de venta dan a entender al mercado que ese precio sí es viable obtenerlo sin que le pidan nada a cambio.

Si los clientes han podido adquirir su producto o servicio con semejantes descuentos simplemente porque es *Black Friday*, ¿qué los habría de motivar a comprarle posteriormente a precio regular y no esperar a la siguiente promoción? Ese es el problema de fondo. Al todas las marcas hacer promociones simultáneas, esos precios son los nuevos precios en el mercado. Terminamos vendiendo lo mismo, pero más barato.

Persiga un objetivo estratégico

Toda promoción de ventas debe tener un fin. Cualquiera que sea la oferta que haga al cliente, debe cumplir un objetivo para su negocio.

Desde incrementar el volumen comprado hasta incentivar la prueba de producto en un segmento específico, entregar parte de su rentabilidad debe ser por una causa que se justifique. Por ejemplo:

Objetivo	Tipo de promoción
Mejorar exhibición y disponibilidad de producto en punto de venta	Comprador misterioso con premios
Incrementar la fidelidad	Obsequios por permanencia
Motivar la recompra	Descuento en la siguiente compra
Mover inventario de baja rotación	Combos con productos de mayor venta
Prueba de producto o servicio	Muestreo o período de prueba
Mayor volumen	Premios instantáneos
Estimular demanda de una referencia específica	Cupones de descuento dirigidos
Incentivar los recomendados	Beneficio adicional para el recomendado
Promover el consumo del portafolio de la empresa	Empaquetados o beneficios por número de referencias compradas
Incrementar la penetración de la marca	Premios por número de clientes codificados por el distribuidor
Codificar nuevas referencias	Impulso en punto de venta
Afianzar el posicionamiento de marca	Promociones conjuntas con marcas de terceros que refuercen la propia
Mejorar la liquidez	Descuentos por pago anticipado

Condiciónelas al cumplimiento del objetivo

Siempre será tentador disminuir las exigencias al cliente con tal de obtener el pedido (especialmente cuando se negocia con clientes corporativos o responsables de compras). No lo haga. Como respuesta, cambie la contraprestación o el condicionamiento, pero no flaquee en los requerimientos porque pierde credibilidad (y mucho dinero).

Muchos compradores presionarán por obtener el beneficio pero con el cumplimiento de una meta más baja, usualmente un menor volumen o no comprar todas las referencias. Si cede en esto está desbalanceado la rentabilidad de la promoción, pues el costo de lo que usted entrega se mantiene, pero disminuye el ingreso.

Enfóquelas en segmentos específicos

Esta es una forma de optimizar y rentabilizar las promociones. Al no ofrecer a todos los mismos beneficios, está orientando el incentivo a aquellos que por su condición son más susceptibles.

Puede enfocar la promoción del producto B a aquellos clientes que en el pasado hayan comprado el producto A, o se puede aplicar para una región geográfica específica donde las condiciones competitivas son diferentes.

Otra alternativa es dirigirlo solamente a ciertos canales de distribución que por sus márgenes de intermediación tienen otro comportamiento y niveles de rentabilidad para su negocio.

Incluso esta focalización no aplica exclusivamente para los perfiles de clientes. También es importante aplicar los beneficios de manera selectiva a productos, servicios o líneas, que son las que se requiere promover.

Si no focaliza sus acciones promocionales, puede terminar dejando dinero sobre la mesa al entregar descuentos a aquellos que no lo esperaban como un estímulo para comprar o cuyo patrón de consumo no se ve alterado por las promociones (va a consumir la misma cantidad a menor precio).

Deben tener un límite de tiempo

Tentados por un buen resultado en ventas, podemos caer en el error de extender el tiempo de duración. El riesgo con ampliarlo es que empieza a percibirse como la nueva condición. ¿Ha notado que hay ciertas marcas que todo el año están en promoción? Incluso, a veces con irrisorios letreros de "Sólo por hoy". Se pierde la función promocional.

La idea de una promoción es dar un impulso en las ventas en un corto período. Este efecto de escasez y limitación no se logra transmitir si dura más de la cuenta.

Mida los resultados

En términos generales, significa que el costo de los beneficios extra (obsequios, premios, cupones, descuentos, etc.) debe ser cubierto por la utilidad bruta de la venta marginal. Es decir, la utilidad bruta (ingreso menos costos) que generan las ventas adicionales debe ser igual o mayor a lo que se invirtió. De lo contrario, hubiera dado lo mismo no hacer la promoción y obtener la misma o incluso una mayor rentabilidad.

Un punto importante dentro del proceso de costeo es no solamente considerar lo que se obsequió o concedió, sino todos los costos de operación en los que se incurrieron para llevarla a cabo: logística, almacenamiento, adecuación de empaques, gestión administrativa, capacitación y publicidad, entre otros.

Después de evaluar resultados puede llegar a la conclusión de que sin la promoción sí hubiera vendido menos volumen, pero de manera más rentable. Esto sucede cuando todos los esfuerzos y costos de operarla no alcanzan a ser cubiertos por la *utilidad* marginal. En ese caso, ¿fue la promoción la mejor herramienta para haber invertido el dinero?

Ajustar el modelo al segmento

Cada beneficio que ofrecemos a los clientes debe tener un contexto para proteger la reputación y la rentabilidad. Es evidenciar el beneficio para que sea atractivo, pero que al tiempo sea negocio.

Un interesante caso fue el de los hoteles Bolontiku en Petén y Los Pasos en Antigua (Guatemala). Ambos son hoteles *boutique* de alto nivel, con veinte habitaciones cada uno, preferidos especialmente por turistas extranjeros. Dadas las restricciones de viajes y la limitación del turismo internacional durante la pandemia, una promoción que diseñaron fue la de poner el hotel al servicio de un único núcleo familiar o amigos cercanos.

Por la reserva de cinco habitaciones, los huéspedes accedían a todas las comodidades del hotel en exclusiva para ellos, dando estricto cumplimiento a los protocolos internacionales de desinfección. Pensando especialmente en familias que usualmente tomaban sus vacaciones en el exterior y que ahora no podían hacerlo, tener todas las comodidades a su disposición fue un diferencial de mucho atractivo.

En el Hotel Bolontiku, ubicado en Petén, santuario del mundo maya, por un paquete de 1 250 dólares por noche (cinco habitaciones), los huéspedes recibían:

- 5 lujosas *suites*
- Servicio de chef privado con desayuno a la carta
- Piscina, jacuzzi, temazcal
- Playa privada
- Uso de equipo acuático
- Sendero guiado
- Recepción 24 horas
- Camarera
- Seguridad

Por otro lado, en el Hotel Los Pasos, ubicado en la ciudad histórica de Antigua, por el paquete de 750 dólares por noche (cinco habitaciones), la experiencia incluía:

- 5 *suites* de lujo
- Chef privado con desayuno a su gusto
- Estacionamiento
- Recepción 24 horas
- Camarera
- Seguridad

Como me lo comentó Alfonso, su gerente: "La idea es que tengas un hotel sólo para ti y tu familia. No habrá otro huésped, todo estará reservado exclusivo para ti".

Como una estrategia temporal para enfrentar la crisis, lograron mantener un buen nivel de ocupación con beneficios para sus huéspedes, pero, sobre todo, cuidando las finanzas de los negocios.

Cada acción que desarrollemos debe siempre tener el filtro de la rentabilidad. Recuerde que no es vender por vender.

Incluso algo importante por considerar en las crisis es que muchos negocios no sólo no pueden bajar sus precios, sino que tienen que incrementarlos. Fruto de la tasa de cambio, costos logísticos, nuevas exigencias y protocolos de ley, los precios en ciertas industrias deben subir. La pregunta del millón es ¿cómo hacerlo?

Consideraciones para anunciar un incremento de precios

Lo tengo claro. Mandar un correo electrónico, llamar o reunirse con un cliente con la poco glamorosa misión de anunciarle un alza de precios es, sin lugar a dudas, una tarea poco divertida. Esperando una actitud de pocos amigos por parte del cliente, se va armado de argumentos con los que pretende justificar el incremento. Sin embargo, en ocasiones estas razones parecieran quedarse cortas para la magnitud de la noticia. Por eso, aproveche todo lo que le ayude a mitigar el impacto y salir con vida, logrando un acuerdo razonable.

En algunos momentos deberá subir un porcentaje por encima de los habituales indicadores: inflación, índices de precios al consumidor o al productor, tasa de cambio, o incrementos en costos de materias primas; que son las razones comúnmente aceptadas. En otros casos, el incremento se hace para corregir condiciones comerciales inequitativas, recuperar lo que no se aumentó en años anteriores, o porque se ve obligado a mejorar la rentabilidad de clientes con los que difícilmente gana dinero. Cualquiera que sea el caso, debe estar muy bien preparado para explicar de una manera coherente, sensata y creíble, el incremento de precios.

Prepárese para anunciar los nuevos precios

A menos que sea el jugador dominante en su industria, o que sus clientes no tengan la posibilidad de refutar, lo más probable es que deberá sentarse a negociar.

Aspectos clave que debe tener en cuenta

Estas ideas le ayudarán a prepararse mejor, sentirse más seguro y, sobre todo, a fortalecer la confianza en su propuesta de valor.

Crea en el incremento

El primero que se debe creer el incremento de precios es usted. Estudie todo lo que sea posible las razones por las que su compañía está incrementando precios. Piense como si fuera el dueño del negocio. Trate de ver la perspectiva completa y entienda las razones de fondo. Para que el cliente lo compre, usted debe comprarlo primero.

Sea claro y honesto

Los clientes aprecian cuando se toma el tiempo para explicarles por qué está incrementando, cuándo lo hará y cómo los impactará. Al final, estas son las preguntas que tienen cuando usted anuncia un aumento de precios. Actuar de manera proactiva, clara y honesta facilitará el proceso. No permita que el cliente se entere del incremento por la factura. Debe ser el ejecutivo de cuenta, o incluso el jefe (dependiendo del tamaño del cliente), quien le informe directamente.

Trate de impresionar antes de anunciar el incremento

Una vez que tiene definido cuál va a ser el aumento de precios que hará dentro de un tiempo, empiece desde antes a generar un mayor valor a sus clientes implementando iniciativas que puedan aumentar el valor percibido de su producto o servicio y que puedan ser apreciadas por sus clientes. Esto puede incluir una serie de cosas que van desde hacer un rediseño del empaque del producto a crear un boletín especial para clientes que incluya información relevante y de valor para él o hacer mejoras en la misma esencia del producto o servicio. Independientemente de qué sea aquello en lo que se enfoque para resolver mejor los problemas o necesidades de sus clientes, debe procurar que sea algo que de verdad aprecien.

Presente el incremento con suficiente antelación

Cuando se trata de llevar a cabo un incremento de precios, nada peor que tomar al cliente por sorpresa y decirle de un momento a otro que los precios han cambiado. Sin importar lo diferente y relevante que sea su marca para un grupo de personas, a menos que comunique un alza con la suficiente antelación, puede empezar a generar malestares e incluso la ruptura de la relación con algunos clientes que podrían sentirse maltratados al darles repentinamente el aviso de que va a hacer un incremento en los precios.

Evite hacer pensar a sus clientes que desea tener mejor margen de ganancia

Una de las claves a la hora de presentar un aumento de precios es hacer que lo último que piense el cliente es que usted está subiendo precios para aumentar el margen de ganancias.

Apalánquese en situaciones que impactan la economía a nivel general

Hay momentos en los cuales los empresarios prefieren sacrificar algo de margen a tener que subir sus precios a los clientes con demasiada frecuencia. Sin embargo, las situaciones generalizadas que se presentan dentro de las economías y que afectan mercados e industrias enteras (y que además se estima que sus efectos pueden tener una duración importante) son la excusa perfecta para realizar ajustes en los precios de los productos o servicios, permitiendo además a las empresas darles a entender a sus clientes su esfuerzo por mantenerles el mismo nivel de precios a pesar de las alzas que se han venido presentando en el costo de los insumos.

Explique sus costos
Explique las causas que lo llevan a subir los precios. Si son sus propios costos o gastos los que están subiendo, explíquele al cliente por qué está pasando o para qué se está haciendo. Si está invirtiendo más dinero en su producto, explíquele cómo esto lo beneficiará.

Apalánquese en sus proveedores
En algunos casos, su incremento se debe al incremento que a su vez le hacen sus proveedores. Utilice los argumentos de su proveedor para ayudarle a su cliente a entender por qué la necesidad de transferir el incremento.

Adicione beneficios
Cuéntele al cliente sobre los nuevos beneficios que ahora estarán incluidos, por pequeños que parezcan. Adicionar beneficios le da una razón para sustentar los nuevos precios. Recuerde que el precio es una relativa percepción de valor.

Ofrezca alternativas
A nadie le gusta sentirse acorralado. En la medida de lo posible, plantee opciones. Puede evaluar alternativas menos robustas de su portafolio como una forma de mantener el nivel de inversión.

Explique cómo su empresa está ayudando

Comparta con el cliente las acciones que ha tomado su empresa para minimizar el impacto en el precio y cómo ha tratado de contrarrestar el incremento con reducciones de costos, mejoras en productividad u otro tipo de compensación.

Considere variaciones futuras

Antes de subir precios, tenga en cuenta no sólo los incrementos de costos actuales, sino otras variaciones que puedan darse en el futuro próximo. No quiere pasar por una difícil negociación de precios para darse cuenta de que pocos meses después debe hacerlo de nuevo.

Explique cómo el nuevo precio lo beneficiará

En ocasiones, los incrementos tienen un impacto directo que beneficia al cliente. Cuéntele cómo gracias al nuevo precio, podrá servirle mejor, prestarle una atención más oportuna o ayudarle en un óptimo manejo de inventarios.

Hágalo en el momento correcto

Aunque no siempre podrá decidir cuándo hacer el incremento, lo ideal es hacerlo cuando las cosas van bien. Recuerde cuando era adolescente y tenía que pedirle prestado el auto a sus papás. Estratégicamente, esperaba el momento apropiado cuando estuvieran de buen humor y con buena disposición. Lo mismo pasa con un cliente, hágalo en el momento correcto. Si está fallando en entregas o ha tenido reclamos de calidad, habrá mucha más resistencia.

Demuestre empatía

Su lenguaje verbal y no verbal debe acompañar el espíritu de la situación. No es una noticia con la que el cliente se pondrá feliz, así que actúe de manera coherente. Aunque no tiene que poner cara de velorio, demuestre que entiende el impacto.

"Serena la mirada, firme la voz"... y altivo el mentón

El que sea condescendiente no significa que deba renunciar a sus objetivos. Su misión es clara y debe cumplirla a cabalidad. La primera regla es que efectivamente debe *anunciar* el incremento de precios. No se vaya por la tangente tratando de maquillar el discurso. Explique, pero no se disculpe. Si su producto genera más valor, debe costar más.

Mida el impacto en el producto/servicio final

El impacto de su incremento puede ser poco significativo dentro de la estructura de costos del cliente, afectando mínimamente el precio del producto/servicio final. Si representa poco, enfatice que el incremento es una pequeña porción del total del producto. Si es representativo, enfatice que el incremento es necesario para mantener el nivel de calidad necesario que requieren sus clientes.

Ofrezca concesiones obteniendo algo a cambio

Cuando incrementa precios puede perder algunos clientes sensibles. Para contrarrestar este riesgo, aumente precios pero ofrezca concesiones temporales condicionadas a otros aspectos de la negociación: pronto pago, incremento en volumen o mejores exhibiciones.

Arme combos

Suavice el dolor del incremento ofreciendo combos de productos o servicios. Empaquetar hace menos sensible el precio más alto de uno de sus componentes al combinarlo con otras opciones.

Ofrezca extras

Los clientes estarán más propensos a aceptar incrementos si logran obtener algún beneficio extra, así sea de manera puntual. Piense qué podría ofrecer extra que le cueste muy poco pero que tenga alto valor percibido. Piense, por ejemplo, en un programa de capacitación *online*.

Lea los movimientos de la competencia
Puede que el incremento se deba a causas que impactan a varios jugadores en la industria (como el aumento en los costos de energía o un nuevo impuesto). Éstas tendrán una mayor aceptación en la lógica del cliente por considerarlas ajenas a su propia voluntad. Investigue la competencia y entienda muy bien a qué se enfrenta y cómo está su propuesta en el contexto de la industria.

Capitalice su récord de calidad
Contextualice al cliente sobre los beneficios que hasta el momento ha obtenido al haber trabajado con usted. Retome los excelentes resultados que ha entregado y los logros que ha obtenido. Asegúrese de demostrar cómo el valor que genera supera el precio.

Unifique internamente el mensaje
Verifique que todas las personas de su organización hablan el mismo lenguaje y conocen los argumentos. Envía un muy mal mensaje si el cliente recibe señales contradictorias de diferentes personas en distintas áreas con las que interactúa. Unifique los argumentos. Realice un entrenamiento formal de todos los involucrados, desde ventas hasta servicio al cliente, pasando por despachos y control de calidad. Todos son puntos de contacto con el cliente.

Explore nuevos clientes
El riesgo de perder negocios por incrementos de precios es evidente. Preparándose para potenciales pérdidas, explore proactivamente otros clientes que no estén influenciados por su precio anterior.

El éxito está en la preparación

Aumentar precios no es una tarea sencilla, pero estas prácticas le ayudarán a disminuir el dolor tanto a usted como a sus clientes, incrementando la posibilidad de éxito. Prepárese para tomarse el tiempo de explicar todo lo que sea necesario para justificar el incremento. Los clientes estarán más dispuestos si lo hace de esta manera, a que simplemente llegue con una actitud impositiva del tipo "esto es lo que toca". Seamos honestos, normalmente no nos preparamos con juicio para presentar un alza de precios. Es clave hacerlo y no sólo el vendedor, sino toda la organización.

Sin desconocer que presentar un incremento de precios es una tarea desafiante, aun para quienes han logrado construir un posicionamiento claro y han podido diferenciarse de la competencia, entender que hay que saberlo vender y comunicar es uno de los primeros pasos para hacer que pueda ser asimilado por los clientes y minimizar las repercusiones negativas que podría llegar a generar. Sin embargo, a menos que su empresa empiece a hacer esfuerzos por alejarse de la competencia y dejar de ser una más entre la gran cantidad de competidores, a la hora de llevar a cabo esta difícil tarea deberá enfrentarse con el miedo de que el cliente pueda reemplazarlo a usted por otro más barato, con lo cual éste siempre va a tener las de ganar, a menos que usted intente elevar la percepción de valor hacia su producto o servicio tratando de resolver algo mejor que otros en su industria.

Ejemplos de cómo comunicar incrementos

Hay muchas formas de presentar un incremento. He aquí tres que le pueden servir de inspiración.

Sweetgreen: ingredientes y procesos

Sweetgreen es una cadena de restaurantes de comida saludable en Estados Unidos, para la cual su diferenciación es tener una cadena de abastecimiento transparente. Como ellos mismos lo manifiestan, su misión es construir comunidades más saludables conectando a la gente con alimentos reales; o sea, nada artificial, comprándoles a agricultores locales y contándoles a los clientes de dónde vienen sus ingredientes, a través de un comercio justo.

Lo interesante es que, a diferencia de otras cadenas que suben precios y ya (presumen que la gente ni cuenta se da), ellos se toman el tiempo de explicar por qué están subiendo los precios. Así lo explicaron en su página web:

Gente real + Comida real
Hemos incrementado los precios. Le explicamos por qué.

En Sweetgreen nuestra misión es construir comunidades más saludables conectando a la gente con alimentos reales. Lideramos y tomamos decisiones basándonos en nuestros valores esenciales, y es a través de este lente que hemos decidido incrementar los precios, y queremos tomarnos un momento para explicarle por qué lo estamos haciendo. La razón simple es que cuesta mucho hacer lo que hacemos —servir comida real cada día— y nuestra gente e ingredientes son de lo mejor.

Cada día en los restaurantes nuestros equipos preparan comida desde cero, usando ingredientes entregados esa misma mañana. Y a través de los años, esos insumos han ido mejorando. Nuestro equipo de abastecimiento ha trabajado con cultivadores para mejorar la calidad de los ingredientes, y estamos orgullosos de proveer más ingredientes orgánicos y locales que nunca.

Una vez que los ingredientes son enviados diariamente a Sweetgreen, nuestro equipo los limpia, corta y cocina... como usted lo hace en casa. No es una tarea fácil y sabemos que nuestra gente es, sin duda, el ingrediente más importante. Este año, hemos aumentado los salarios en todo el país, con más aumentos previstos para el próximo año. Pero nunca nos hemos centrado estrictamente en el salario —también hemos reforzado nuestro paquete de beneficios y hemos creado una sólida hoja de ruta para el desarrollo, de manera que nuestra gente pueda crecer con Sweetgreen, aumentar su potencial de ingresos y aprender habilidades de liderazgo esenciales.

Creemos que esto tendrá un impacto significativo en nuestros cultivadores y en nuestro equipo. Si tiene alguna pregunta, comuníquese con nosotros a pricing@sweetgreen.com.

—Equipo Sweetgreen

CHET Argentina: mayor calidad del trabajo

CHET Argentina es una agencia que presta servicios de marketing digital como posicionamiento web, *ecommerce*, redes sociales, diseño web, campañas en AdWords y diseño gráfico, entre otros.

CHET enfocó su incremento de precios en el valor que genera a sus clientes. Así me lo explicó su CEO, José Luis Rivolta:

En CHET ofrecemos diversos servicios como diseño web (personales, corporativos, *ecommerce*), gestión de campañas publicitarias (SEM) y posicionamiento web (SEO). En este último caso es donde la magia tuvo lugar. Independientemente de sus objetivos (fortalecer su imagen de marca, obtener nuevos clientes, aumentar la venta de sus productos), nuestros clientes generalmente buscan posicionar sus proyectos a nivel regional. Luego de cinco años de mantener el mismo precio, se decidió aumentarlos 32%; y el resultado fue un éxito.

¿Cómo lo logramos? La implementación tuvo dos puntos clave:

1. Tomarse el tiempo necesario de hablar con cada uno de los clientes y explicarle la situación con lujo de detalle, los motivos del aumento, los cambios que tuvieron y que tendrán lugar, etcétera.

2. Darle tiempo suficiente a los clientes para digerir la noticia.

Para poder entrar en detalles, se creó un mensaje general y temporal (en el sitio web corporativo) explicando todas y cada una de las razones del aumento; los cambios para mejorar la calidad del servicio ofrecido a lo largo de los años y, puntualmente, los nuevos cambios a corto plazo.

Algunas de las razones expuestas para el incremento:

- Nuevos integrantes en el equipo de trabajo.
- Se ofrece una mayor calidad de trabajo general en función de la experiencia ganada.
- Reforzamos la buena atención al cliente.
- Se redujo 15% real la cantidad de cupos de trabajo (son limitados mensualmente para garantizar la calidad).

Además, personalmente me puse en contacto con cada uno de los clientes, para explicarle la situación en función de su proyecto (generalmente, haciendo referencia a resultados exitosos obtenidos en los últimos meses).

En otras palabras, fue un mensaje sumamente personalizado que derivó en conversaciones extensas y muy productivas. A quien necesitaba más información, lo direccionaba a la página donde estaba el mensaje antes mencionado.

Para que los clientes pudieran contar con el tiempo suficiente de afrontar la situación (no es común que un gasto fijo aumente 32%), la notificación tuvo lugar seis meses antes de que el aumento entrara en vigencia. Se trabajó con un plan doble (diferenciando a los clientes nuevos de los actuales). Siempre se le dio prioridad absoluta a los clientes actuales, nuestros amigos de la casa.

Las notificaciones a los clientes tuvieron lugar mayormente en el mes de marzo. Luego, para los clientes nuevos, el aumento empezó a regir tres meses después, en junio. Para los clientes actuales, el aumento tuvo lugar en octubre, siete meses después.

A lo largo del mes de septiembre, a través de correos o llamadas telefónicas, se hizo un breve recordatorio de que a partir del mes de octubre entrarían en vigencia los nuevos precios. No hubo necesidad de explicar nuevamente las razones, sólo se recordó cordialmente la conversación mantenida algunos meses atrás (marzo). Gracias a esto, cuando se enviaron las facturas correspondientes al mes de octubre con los montos actualizados, no se recibió ninguna llamada sorpresiva.

Si bien lamentamos haber tenido que detener la colaboración con un cliente puntual (ya que no fue posible mantener el descuento con el que se venía trabajando desde antes del aumento), en general la respuesta fue muy positiva y todos comprendieron a la perfección las razones del aumento.

Zingerman's Deli: ¿por qué nuestro sándwich cuesta lo que cuesta?

Zingerman's Community of Businesses (ZCOB) es un grupo de nueve negocios relacionados con la comida, siendo el delicatesen el principal. Esta reconocida cadena (Oprah Winfrey calificó sus sándwiches como los mejores del país y fue visitada por Barack Obama) explica en su menú por qué sus sándwiches cuestan lo que cuestan (entre 12 y 18 dólares). Así luce el explicar sus diferenciales en la práctica. Esta es la traducción de lo que aparece en la página de Zingerman Deli para que se inspire a explicar por qué cuesta lo que cuesta:

> Por qué nuestro sándwich cuesta lo que cuesta.
>
> Una de las reglas no escritas del negocio de restaurantes es: nunca llame la atención sobre los precios. A menos que, por supuesto, sean muy bajos. La sabiduría popular dice que entre menos hable de ellos, mejor.
>
> Sin embargo, en Zingerman's hemos violado otras reglas, así que decidimos también abordar este tema del precio. Nos pareció que debíamos tomarnos unos minutos para explicar por qué nuestro sándwich cuesta lo que cuesta.
>
> Cuando empezamos a hacer sándwiches, llegamos a tres principios básicos:
>
> 1. Acordamos que siempre haríamos los mejores sándwiches posibles.

2. Acordamos que si los costos subían, no bajaríamos la calidad de nuestros ingredientes para compensar. La integridad del producto es primero.

3. Acordamos que no reduciríamos las porciones de nuestros sándwiches. De hecho, las hemos aumentado.

Estos principios están entrelazados. Aunque todo restaurante proclama el "Punto 1", la mayoría prefiere bajar la calidad o el tamaño de las porciones, antes que subir los precios. Hemos aprendido que una mejor calidad usualmente cuesta más. (Lo opuesto no es el caso: comida más costosa no siempre sabe mejor).

Así que hemos decidido cobrar más en lugar de arruinar el sabor o reducir el tamaño de los sándwiches de Zingerman's. A través de los años, hemos ampliado nuestra búsqueda hacia ingredientes con mejor sabor para los sándwiches.

Hemos migrado a:

- Mejor pan
- Mejor queso crema
- Mejor atún
- Mejor pastrami
- Mejor chucrut (a base de col)
- Mejor… ya tiene la idea

Mejores ingredientes de verdad hacen mejores sándwiches. Al mismo tiempo, hemos recordado que si bien subir los precios es difícil, la mayoría de los negocios en el sector opera bajo la regla no escrita de "el cliente no notará la diferencia". Si sube el precio del queso, compre un queso más barato… "nadie lo notará". Si sube el precio de la carne, quítele una onza a cada porción…, "¿quién se dará cuenta?". Lo siento, chicos, pero hasta donde sabemos, el cliente sí nota la diferencia.

Cuando le ponemos el precio a un sándwich (o a alguna otra cosa que vendamos) en el menú del Deli, lo hacemos con base en fórmulas algebraicas, no por capricho. Ponemos los precios de acuerdo con fórmulas que nos permitan pagarle a nuestro banco, pagar las cuentas, pagarles a nuestros empleados, pagarnos a nosotros (sí, es verdad), y permanecer en el negocio para seguir sirviendo la mejor comida posible a nuestros clientes.

A mucha gente le cuesta creerlo, pero la realidad financiera es que los márgenes de los sándwiches Zingerman's son entre 50 y 100% *menores* que los estándares de la industria. Casi nadie cree eso, pero es la verdad. Tuvimos a un grupo de estudiantes que analizaron los costos de diferentes delicatesen y se asombraron de cuánto más costaban nuestros insumos *versus* los de los competidores. ¿Cómo otros pueden vender sándwiches más baratos? Simple: porciones más pequeñas, ingredientes más baratos y de menor calidad.

¡Usted de verdad *puede* notar la diferencia!

Compañías como éstas, con una clara vocación por la calidad y una evidente transparencia, demuestran que quien piensa en el beneficio de sus clientes siempre estará del lado correcto. No se avergüence de lo que cuesta su producto, simplemente explíquelo. Explíquelo *en detalle*. La gente lo entenderá. Y si a alguien no le parece, no se preocupe, claramente no es su cliente objetivo.

Incremente precios con amabilidad y consideración

Un aumento de precios difícilmente caerá bien, no importa qué tan sustentado esté. Por eso, hágalo con amabilidad, sin presunciones y demostrando una actitud como si quisiera ver al cliente el próximo mes.

Esmérese genuinamente por entender la situación de su cliente y trate de apoyarlo hasta donde sea posible. Recuerde que estamos construyendo relaciones de largo alcance. Aun si no logra llegar a un acuerdo, nunca cierre las puertas. El mundo da muchas vueltas.

La negociación es un juego de poderes

Una negociación es un balance de fuerzas. Manejo de argumentos de un lado y de otro que lleven a un punto de encuentro. Qué tan al centro o inclinado hacia un lado se encuentre es justamente el arte de comprar y vender. El manejo de los aspectos que le dan poder de negociación a cada parte hace la diferencia.

¿Qué le da poder de negociación al comprador?

Aspectos que le permiten al cliente tomar la negociación con calma, presionar por mejores condiciones y hasta rechazar la propuesta comercial.

No tener prisa

La falta de urgencia, real o simulada, disminuye la presión de compra. Lo que esto significa es que el cliente está dispuesto a "perder una compra", sabiendo que lo puede resolver más adelante. Para esto usted buscará otras alternativas sin demostrar demasiada prisa.

Contar con sustitutos

El saber que hay otras marcas, profesionales, productos o servicios que también cumplen con sus necesidades o que resuelven igual de bien lo que requiere le da la tranquilidad de saber que puede cambiar de proveedor. Su misión será determinar si realmente lo resuelven de la misma manera.

Escasez de clientes

Hay sectores especializados donde el número de clientes potenciales es muy reducido. Depender de pocos clientes con alto poder de negociación puede ser un riesgo. La pérdida de un gran cliente golpea los ingresos. Para esto, intentará por todos los medios repartir este riesgo.

Ahora, la otra cara de la moneda.

¿Qué le da poder de negociación al vendedor?

Aspectos con los que puede contrarrestar el poder del comprador para que la negociación sea más equilibrada.

Contar con más alternativas

Para que la falta de prisa del cliente no lo afecte, usted tampoco debe tener prisa. Y para que no tenga prisa debe estar cubierto con otros clientes. Siempre tenga prospectos de repuesto; muchos más de los que cree que necesita. Prospecte y cultive clientes potenciales que puedan compensar negocios que aún no salen o que se caen. Eso le quitará presión y usted hará menos concesiones. Si su cuota es cien, prospecte para doscientos.

Tener una propuesta diferenciada

Ésta es probablemente una de las mayores herramientas con las que cuenta en su inventario comercial. Identifique qué resuelve usted, que no resuelven los competidores y que sea importante para su cliente. Cuando un cliente lo considera fácilmente sustituible, su valor percibido disminuye. Ayúdele a entender el riesgo que corre al no trabajar con usted y explíquele cómo otros no tienen el mismo alcance. Esto se llama *reposicionar la competencia*.

Disminuya la concentración

Cuando la mayor parte de la venta se hace en pocos clientes, no hay mucha posibilidad de maniobra. Sin embargo, puede contar en su portafolio con otros productos o servicios que no sean Pareto y que le ayuden a distribuir la cartera. Incremente la participación en otros canales, desarrolle otros tipos de clientes en otras zonas e incluso en otras industrias. Explore aplicaciones y usos diferentes de lo que vende para reducir la dependencia de los clientes actuales.

Tenga claros sus límites

No es vender a cualquier costo. Esto significa incluso estar dispuesto a perder la venta. Aunque no es la consecuencia deseable, para poder defender y extraer el valor que genera sin hacer muchas concesiones, debe saber que existe el riesgo de no obtener el negocio. Sepa cuándo decir no y establezca un límite claro.

¿Está dispuesto a perder una venta?

Cuando el cliente demuestra poco interés o que no tiene prisa en comprar, el vendedor empieza a hacer concesión tras concesión. Los clientes lo tienen súper claro y lo utilizan a su favor. Saben de la presión que tienen los vendedores por cerrar el negocio y del poder que esto les confiere.

Llegando rápidamente al máximo de beneficios permitidos, el vendedor paga un costo demasiado alto por no tener argumentos para defender su posición. Sale "desplumado" pero orgulloso: "¡Por lo menos vendí!". Ésa no es la idea. Un buen vendedor demuestra sus diferenciales, se valora a sí mismo y valora lo que vende. No está dispuesto a regalarse y a perder su dignidad.

Por más necesitado que esté, siempre hay alternativas. La primera y más importante siempre serán sus clientes actuales.

CREZCA
CON SUS CLIENTES
ACTUALES

Para que una compra se concrete, se necesitan dos prerrequisitos: que la gente lo conozca y que confíe en usted. Difícilmente un cliente le va a comprar si no sabe que existe, pero sobre todo si aún no confía.

Sin embargo, cuando las ventas se complican, muchos negocios ven como su primera opción salir a "cazar" nuevos clientes a toda costa, desconociendo que su verdadero tesoro está en quienes ya lo conocen y le han comprado. En momentos de crisis, su primer salvavidas son sus clientes actuales. Es una forma poco explotada de incrementar las ventas de manera prácticamente instantánea.

Todos hemos tenido ese sentimiento: ansiedad porque no llegan las ventas. A medida que se acerca el pago de las obligaciones, va creciendo la angustia. Por eso, retomar los clientes que ya tiene o ha tenido es una estrategia súper potente para recuperar ventas.

Su mayor tesoro: quienes ya lo conocen y confían en usted

Si quienes ya han tenido la posibilidad de disfrutar la calidad de su servicio y su profesionalismo son los más propensos a comprarle, por ahí es donde debemos empezar.

Dos acciones para lograr más ventas con clientes actuales

¿Qué puede hacer para lograr más ventas? Ofrecerle *nuevamente* lo que vende a aquellos que ya lo conocen y confían en usted.

1. Repase clientes

Recuérdeles a todos los que le han comprado en el pasado o que sean clientes actuales que usted aún existe. Suena obvio, pero en muchos casos los clientes no lo tienen presente, no se acuerdan de usted.

Hay varios argumentos para volver a aparecer sin que se vea (muy) necesitado:

Lanzamiento de un nuevo producto

Escríbales a sus clientes pasados algo por este estilo: "Usted que ha estado antes con nosotros, le cuento que tenemos este nuevo producto/servicio que le podría interesar".

Contenido

Cree tips, recomendaciones y casos de éxito. Le recuerdan al cliente que usted sigue vigente. El contenido es una buena forma de volver a aparecer sin que se vea como vendiendo. Sólo quiere compartir información útil.

Eventos y similares

Cafés virtuales, reuniones, desayunos, webinars y cosas por el estilo sirven para que la gente sepa que usted todavía está disponible. Cuando lo vuelven a ver, recuerdan que necesitan alguna de las cosas que vende.

2. Repase productos

Seamos honestos, los clientes no tienen claro todo lo que tiene para ofrecerles. No conocen el total de su portafolio (sean una o mil cosas). De pronto, alguna vez tuvieron la experiencia con una o dos cosas, pero están lejos de conocer su portafolio completo.

No son conscientes de que tiene otras opciones que les podrían servir. Por eso, sólo con recordarles que tiene productos complementarios, nuevas ideas para mejorar el desempeño de lo que ya compraron o recomendaciones de cómo aprovechar al máximo su producto, llegarán nuevas ventas.

Sus clientes actuales o pasados necesitan más de las cosas que su empresa ofrece. ¿Por qué no las han comprado? Simplemente, porque no se acuerdan de usted.

La fruta más baja de tomar

Si necesita ventas con urgencia en tiempos difíciles, la fruta más baja de tomar es la gente que ya lo conoce y que confía en usted. Sean clientes actuales o pasados. Retome esta relación y recuérdeles que existe y que tiene otros productos que podrían servirle.

Sin lugar a dudas, de ese recorrido saldrán nuevas ventas. Es gente a la que no tiene que convencer, ni tiene que darle condiciones extraordinarias; como aquel que para comprarle le pide descuento con sevicia. No señor. No señora. Éstos son de los suyos. No los pierda de vista.

Nos interesan más los clientes que no tenemos

Sus clientes actuales o pasados son su más valioso tesoro, especialmente en tiempos difíciles, cuando nuevos clientes son más difíciles de atraer. Por eso es más importante que nunca mantener una fuerte relación con sus clientes para que se mantengan leales a su negocio.

Sin embargo, muchos negocios invierten la mayoría de sus recursos tratando de atraer y convencer prospectos en lugar de cuidar a aquellos que ya tienen. Es mucho más rentable venderle a un cliente actual que convencer a alguien que no tiene ni idea de usted. Sin embargo, actuamos al contrario.

Como lo mencionaba en el libro *Detalles que enamoran*, según Marketing Metrics, la probabilidad de venderle a un nuevo cliente está entre 5 y 20%; mientras la probabilidad de venderle a un cliente actual está entre 60% y 70%. Pese a eso, invertimos más en atraer que en cultivar. Un estudio de Génesis demuestra que por cada dólar invertido en servicio al cliente, las compañías invierten 55 dólares en marketing, publicidad y promoción. Nos interesan más los clientes que no tenemos.

No ofrezca mejores condiciones a los nuevos clientes que a los antiguos

Por andar seduciendo a los que no nos conocen, descuidamos a los clientes leales y que más nos aprecian. Es mucho más rentable venderle a un cliente actual que convencer a alguien que no tiene ni idea quién es usted. Téngalo siempre presente.

Por eso, no se trata sólo de ofrecer lo mejor de nosotros a aquellos buenos, leales y rentables clientes, sino de desarrollar todo su potencial.

Desarrolle los más rentables y ajuste el modelo de servicio para el resto

Los clientes no son todos iguales y es imposible dedicar la misma atención a cada cliente. El discurso de que "aquí tratamos a todos los clientes por igual" no siempre aplica. No todos los clientes tienen la misma contribución ni consumen los mismos recursos de la organización. El fundamento de la famosa regla 80/20 se basa precisamente en que es muy probable que una pequeña porción de sus clientes genere 80% de la rentabilidad del negocio.

Y lo irónico es que en muchos casos 80% restante de los clientes consumen 95 o 97% del esfuerzo comercial, distribución, logística y demás labores asociadas. Esta proporción no es exacta y no se comporta de la misma manera en todas las industrias; sin embargo, la tendencia se mantiene.

Dos acciones para maximizar los rendimientos y no realizar esfuerzos innecesarios e improductivos. La primera, desarrollar el segmento de mayor rentabilidad; y la segunda, revaluar el modelo de atención del gran segmento poco rentable de manera que permita liberar recursos para crecer el otro grupo. Esto no siempre significa renunciar a los clientes, puede ser una frecuencia de visita menor, una estandarización de las opciones de productos o servicios por adquirir, o una delegación a un tercero (*outsourcing*).

Toda empresa debería estar obsesionada por atender 20% mejor de los clientes.

¿Cómo desarrollar clientes más rentables?

Identifique su 20%

Pueden ser sus clientes directos o canales de distribución. En cualquier caso, serán los responsables de generar la mayor rentabilidad para la compañía.

Elabore un estado de pérdidas y ganancias de sus diez principales clientes. Trate de llegar hasta la rentabilidad operacional, no sólo hasta la rentabilidad bruta, pues sólo de esta manera podrá distribuir los gastos fijos de acuerdo con variables específicas de cada uno.

Deles un servicio sorprendente

Sorprendente no significa bueno o muy bueno, ni siquiera excelente. Un servicio sorprendente es precisamente eso, algo que el cliente no se espera y que supera cualquier expectativa. Es algo alucinante. Si el servicio es ridículamente sorprendente, sumado a su extraordinario producto, las probabilidades de permanencia serán cada vez mayores.

Ofrézcales productos nuevos o mejorados

Esto significa desarrollar clientes, hacerlos crecer y evolucionar. Dirigirse a nuevas tecnologías, a nuevos desarrollos y a nuevas oportunidades de negocio. Supere sus propios estándares todos los días. No se conforme con su producto actual, siga evolucionando. Es la única manera para que la competencia no lo alcance (y, por ende, a su cliente tampoco).

Manténgalos felices

Cree un plan de atención especial para estos clientes. La fidelidad de los buenos clientes es lo que permite a las empresas crecer y mantenerse saludables. Aquí es donde entran en juego los programas de fidelización, los clubes de clientes vip, así como las clasificaciones *premium* o diamante para círculos cerrados y exclusivos. Es una inversión importante, pero a la larga paga con creces.

La forma de crecer las ventas es dejar de pensar en promedios y empezar a pensar en segmentos específicos con necesidades específicas y equipos de trabajo específicos. Los promedios distorsionan la realidad y no dan claridad en los modelos de atención.

¿Cómo ajustar el modelo de servicio para el resto?

No todos los clientes son iguales. No todos generan la misma contribución ni tienen las mismas expectativas. Pero, más importante aún, pretender atender a todos los clientes por igual puede crear expectativas de atención que en la práctica no estará en capacidad de cumplir. Usualmente, por falta de recursos, o porque el cliente no genera suficiente rentabilidad para invertirle más. Por eso es importante la clasificación de clientes, porque permite alinear los perfiles de clientes con los modelos de atención viables y sostenibles por la compañía.

¿Por qué debe clasificar a los clientes?

Los clientes tienen diferentes necesidades. Estas necesidades pueden incluir características de producto, requerimientos de despacho, frecuencia de visita, cupos de crédito y hasta un perfil especial del asesor comercial que los atiende. Categorizar a los clientes en grupos, identificando lo que es importante para cada uno, le permite servirles mejor, al tiempo que ajusta sus recursos a lo que está en capacidad de brindar a cada perfil.

Mientras a algunos clientes sólo podrá atenderlos virtualmente, otros serán "hágalo usted mismo", y otros requerirán que los visite en persona. Su habilidad para personalizar sus acciones de marketing determinará el impacto que logrará en cada grupo y, por ende, el nivel de satisfacción y retención.

¿Cómo clasificar a sus clientes?

Las empresas habitualmente clasifican a sus clientes dependiendo de varios criterios:

- Contribución económica: grandes, medianos y pequeños.
- Estatus de cliente: cliente actual, potencial o inactivo.
- Ubicación geográfica: agrupación según su ubicación regional.
- Canal de distribución: distribuidor, mayorista o minorista.
- Uso de producto/servicio: usuarios *versus* no usuarios.
- Industria: sector económico al que pertenece.

Si bien no hay un único criterio para clasificarlos, lo más común es hacerlo de acuerdo con su contribución económica, que, dependiendo del detalle con que se mida internamente en la empresa, pueden ser ventas, margen de contribución o utilidad neta (medida por cliente).

El nivel de contribución y, en general, la relevancia del cliente para la compañía, se asocian habitualmente a la clasificación con las letras A, B, C y D. Siendo A los mejores clientes y D aquellos que no debería tener. Algunas empresas cambian las letras por colores (negro, dorado, plateado), metales (oro, plata, bronce), piedras preciosas (diamante, esmeralda, rubí), estatus (*premium*, plus, básico) y cosas similares, pero el principio es el mismo.

Entonces, un buen punto de partida para organizar su estrategia comercial es clasificar clientes en A, B, C y D.

Clientes A

Los clientes A son sus mejores clientes. Son fieles a su marca, pagan a tiempo y le compran regularmente. Compran o utilizan varios de sus productos y servicios, lo valoran, lo refieren y le ayudan a crecer el negocio rentablemente. Estos son los clientes en los que se debe enfocar, de los que quisiera tener más. Bríndeles una atención especial y demuéstreles su aprecio cultivando relaciones de largo plazo. Son los clientes con los que da gusto trabajar. Usualmente, son 15% o 20% de los clientes, que representan 70% u 80% de los ingresos.

Clientes B

Los clientes B podría decirse que son aquellos a los que les falta una o dos características que sí tienen los A. Puede que a veces no paguen a tiempo o que sus compras no sean tan constantes. Éstos son clientes con potencial. La meta es convertir a los clientes B en A. Los B son buenos clientes en los que podría trabajar y desarrollar para mejorar su desempeño. Un cliente B tiene potencial para comprarle otras líneas de producto o servicios complementarios.

Clientes C

Compran menos y tienen menor potencial. Sin embargo, cuando se comparan con el esfuerzo e inversión que requiere atraer clientes totalmente nuevos, los C podrían aportar un poco más al negocio. Son clientes menos leales o que aprecian menos sus beneficios. El precio tiende a ser más importante para este grupo. La idea con ellos es tratar de llevarlos a B.

Clientes D

Estos clientes son de aquellos que no quiere tener más. De hecho, no deberían ser parte de su cartera de clientes, a menos que tome acciones específicas o bien para que mejoren, o para retirarlos. Son los que están en la "lista negra". Son clientes que no pagan a tiempo, quieren beneficios excesivos, demandan gran cantidad de tiempo, no invierten en sí mismos y siempre consideran que están comprando caro. Los clientes D son aquellos que estuvo obligado a aceptar porque se los recomendó su jefe, un colega, un familiar cercano o porque necesitaba desesperadamente hacer la venta. Independientemente de la razón, los clientes D son un dolor de cabeza, le drenan constantemente la energía y no hay forma de mantenerlos contentos. Los D deberían ser muy pocos, por la salud de su negocio (¡y por su salud mental!). No quiere (ni debe) tener clientes D.

La calidad de los clientes define la salud de su negocio

Tener muy pocos clientes A y B, y gran cantidad de clientes C y D, es una ecuación altamente riesgosa. Nada destruye más rápido un negocio que tener malos clientes. Tener claramente identificados a sus clientes A y B le permitirá diseñar acciones para mantenerlos y preservar una sana relación comercial, al tiempo que crece rentablemente. Son clientes a los que debe deleitar y anticiparse a sus necesidades.

Aunque no es algo que se reconozca públicamente, no todos los clientes son igualmente importantes. No todos generan la misma contribución y no a todos se les puede prestar la misma atención o los mismos beneficios. Pretender atender a todos por igual es desconocer que también las necesidades son diferentes, los perfiles y las expectativas.

Clasifique a sus clientes de manera que pueda encajar diferentes modelos de servicio, canales de atención y estrategias de marketing, acordes a la relación de valor de cada uno. Es decir, hasta donde pueda invertir en cada cliente, de manera que sea rentable y, por ende, sostenible.

Un CRM le puede salvar la vida

Por CRM (*Customer Relationship Management*) entendemos la organización de la información de clientes y prospectos para un uso estratégico en el futuro. Su CRM le puede salvar la vida porque es la información de base para generar rápidamente nuevas ventas. Cuando necesita incrementar las ventas repasando clientes y productos, ¿cómo puede hacerlo si no sabe quiénes son o qué le han comprado? Está en la más profunda oscuridad.

Sin embargo, usualmente los vendedores no lo vemos así. Tenemos una gran enemistad con el CRM. "O lleno informes o vendo", "¿Quiere que esté en la calle o en la oficina frente a la computadora?" son puntos de vista que sólo ven el *cómo* pero no el *para qué*. ¿Quiere ver a un vendedor haciendo algo de mala gana? Póngalo a llenar un informe, meter información al sistema, documentar visitas, identificar prospectos o hacer labor administrativa. Le da trombosis.

Por eso le digo al vendedor: la información es esencial, le ayudará a generar más ventas. Pero tiene que creer en la herramienta. Por su propio bien, haga las paces con el CRM. Verá los resultados. Lleve un registro de cada interesado y documente todo lo que pueda.

El CRM es su amigo

Cuando necesite nuevas ventas, ¿a quién se las va a pedir? Pues al que ya lo conoce y confía en usted. Pero la pregunta del millón es: ¿cómo sabe quiénes son esas personas y dónde están? Ahí entra el CRM en acción.

De manera simple, el CRM es una estrategia y una filosofía de negocio que permite entender quiénes han comprado y quiénes están próximos a comprar. ¿Para qué quiere saber esto? Para definir el siguiente paso con cada uno y que no se le pierdan de vista. De ahí vendrán las ventas de los próximos meses.

Documente la información de cada persona con la que entre en contacto, que muestre interés, que pida información o una cotización, de cada persona que haya demostrado que quiere saber un poco más de su negocio; todos ellos pueden ser clientes potenciales.

La información le salvará la vida

Cuando requiera ventas con urgencia, tener la información organizada le permitirá saber a quién contactar. Podrá determinar a quién le va a mandar qué tipo de información. Sabrá quién le ha comprado qué, cuándo le compró, en qué condiciones le compró y qué tanto volumen le compró. Esa información es oro. Y, si la tenemos, no la usamos. No está organizada o al alcance de las personas para tomar decisiones.

Durante la pandemia, muchos negocios han tenido que salir a contactar a sus clientes para informarles de la evolución de su negocio, para ofrecerles nuevos productos o para plantearles alternativas virtuales. Esto ha evidenciado una gran falencia de infinidad de negocios: no tenían la información de sus clientes para contactarlos. La mayoría terminó publicando en redes sociales "rezando" para que la gente se enterara. Ahí radica el poder de la información.

Cuando llega la reactivación, puede diseñar campañas de comunicación específicamente para cada segmento de clientes o mandarles un correo a quienes en el pasado mostraron interés en tal o cual producto o servicio. Pero si no tiene una base clara y organizada de clientes, prospectos e interesados que estuvieron muy cerca de comprar, ¿cómo los va a seducir? Es como reinventar la rueda todos los días. Salir a ver quién se entera de que tenemos algo de valor para ofrecerle. Muy difícil así.

Tener información le evitará salir cada mañana a cazar al primero que pase por el frente. Le permitirá gestionar la estrategia de ventas, comunicarse con personas a las que les interesa su mensaje y no tener que atraer gente de la nada, presionando una venta con promociones y descuentos.

Haga la tarea con alegría

Diligencie la información, documente cada contacto con un cliente actual o potencial. Entienda, analice y utilice las herramientas. Por supuesto, siempre deberá seguir atrayendo nuevos prospectos, pero no pierda de vista a los que ya se están acercando. No recurra a la desesperación de las ofertas y las promociones buscando la venta del día.

Las promociones van y vienen, pero es la gente que ya confía en usted la que le va a dar la venta recurrente. Aproveche la información de cada persona interesada, de cada cliente y de cada prospecto. Conocer su conducta de compra le va a permitir diseñar acciones concretas para proactivamente (sin esperar que lo ilumine el universo) identificar qué le puede ofrecer y cuándo le puede vender a cada uno.

Documente todo lo que aprenda de su cliente

Uno de los aspectos más importantes para lograr la preferencia de los clientes es sorprenderlos. No sólo desde el punto de vista del negocio, sino como persona. Y una forma de hacerlo de manera sistemática y estructurada es documentar cada cosa que vaya aprendiendo de esa persona en cada interacción. Cuando mencione algún acontecimiento importante, una persona relevante en su vida o un *hobbie*, tome atenta nota.

Grábelo en su memoria y luego anótelo en su celular, dentro de la información de contacto de esa persona. Los pequeños detalles se basan en tener presentes cosas que la mayoría pasa por alto. Arme su propio CRM personal y haga la diferencia. Esto le permitirá encontrar nuevas oportunidades con clientes actuales.

Identifique nuevas oportunidades con clientes actuales

Esté atento a qué otras cosas pueden necesitar sus clientes. Qué otros productos o servicios, asistencia especial, renovaciones o necesidades complementarias podemos suplir. En muchos casos, puede que no sea un producto o servicio que usted comercialice, puede ser de un tercero. Construir una red confiable de aliados es parte del apoyo que podemos brindar a los clientes.

Sin embargo, no siempre estamos alerta a las necesidades de los clientes, a sus nuevos proyectos e iniciativas. Si necesita crecer, su negocio debe estar atento a qué más requieren sus clientes. Y no siempre tenemos la disciplina para hacerlo. Identifique nuevas oportunidades con clientes actuales y trate de estar un paso adelante de la competencia para anticiparse en propuestas, licitaciones y cualquier tipo de negociación.

Un ejemplo de cómo identificar qué otras cosas suplirle a los clientes actuales fue lo que hizo la escuela deportiva y recreativa Parapente Chicamocha, que, además de ofrecer sus tradicionales vuelos en parapente, lanzó productos como camisetas, bolsas con material reciclado de parapentes que estaban fuera de operación, balaclavas con filtro (protección de la cabeza) y cursos de vuelo donde la teoría se imparte de manera virtual, y luego la parte práctica en su lugar de vuelo privado.

Incentive la recompra: cuatro recomendaciones

Si bien atraer nuevos clientes y lograr que nos compren es ya de entrada un indicador de que algo debemos estar haciendo bien, el verdadero desafío está en hacer que los clientes lleguen para que se queden y hacer que la relación se prolongue tanto como sea posible. De nada sirve ser muy bueno atrayendo clientes si, en cuanto llega ese momento de la verdad en el que por primera vez nos compran, nuestro producto o servicio no responde a las expectativas ni a lo que de ellos y de nuestra compañía se esperaba. Por esta razón, tanto o más importante que todo ese proceso de atracción es entregar un producto o servicio acorde con las expectativas creadas y que idealmente las sobrepase. Es ese el punto de partida para lograr conseguir clientes fieles que no sólo repitan, sino que también nos recomienden.

1. Esté presente continuamente

Es el caso de muchos profesionales, por ejemplo de la salud, que llaman a sus pacientes para recordarles que es tiempo de hacerse un chequeo o procedimiento. Dado que los clientes en la mayoría de los casos son personas ocupadas con una gran cantidad de compromisos en su día a día, este tipo de cosas les ayudan a despreocuparse de asuntos que para ellos son importantes porque saben que hay un profesional o empresa a cargo de la situación. De igual forma, así no se tratara de un producto o servicio imprescindible, uno podría usar otras razones, como llamar para preguntarle al cliente cómo le fue con el producto o la prestación del servicio, y, con mayor razón aún, si éste es un cliente recurrente.

2. Diseñe un programa de fidelización

Si bien los programas de puntos pueden incentivar la recompra de los clientes, usualmente éstos no son muy divertidos ni parecieran llamar mucho la atención en la medida en que no ofrecen una dinámica atractiva. Más allá del premio o los incentivos que se den en un programa de puntos, es la mecánica que se crea alrededor de este tipo de cosas aquella que engancha a la gente y aporta mayor significado a estas iniciativas. En este sentido, crear concursos en los que los clientes puedan conocer su puntuación en cualquier momento y reciban puntos no sólo por realizar compras, sino también por recomendar nuevos clientes o hacer recomendaciones vía redes sociales, puede ser mucho más atractivo para la gente y mejorar el impacto de estas actividades. Apalánquese en internet y redes sociales a la hora de implementar estos programas y pensar en una dinámica entretenida.

3. Cree paquetes

Crear paquetes que incluyan una serie de servicios por una tarifa fija es una gran manera de simplificar las cosas para el cliente y garantizarle que por una suma determinada tendrá acceso a una serie de beneficios sin tener sobrecostos. Éstos también permiten de alguna manera tener un contacto permanente con el cliente mientras mantienen su vigencia. Así, todo ese lapso que cubre el paquete es la ocasión precisa para construir una relación mucho más profunda con el cliente, brindándole un gran servicio y excediendo sus expectativas. Con esto, las probabilidades de que posteriormente renueve su paquete y siga manteniendo el contacto con la empresa serán muchas.

4. Ofrezca beneficios para la siguiente compra

Algunos negocios condicionan descuentos u otras promociones a la siguiente compra. Es decir, cada vez que un cliente le compre, entregue un cupón de descuento o un beneficio adicional que sólo puede ser aplicado a la siguiente compra. Algunos incluso aplican un límite de tiempo durante el cual está disponible, para estimular compras en ciertos períodos. Lo usan los restaurantes para la siguiente visita y lo usan las empresas de venta *online* para aplicar códigos promocionales en la siguiente transacción.

Dado que un cliente es una persona que ya confía en nosotros, resulta mucho más fácil hacer que nos compre de nuevo. Si bien es importante atraer nuevos clientes, enfocarse demasiado en esta tarea puede hacer que las empresas descuiden otros aspectos, como entregar un producto o servicio acorde con las expectativas generadas, o no darle la importancia suficiente a su base de clientes dejando de implementar acciones encaminadas a lograr que éstos compren más, e incluso nos refieran.

Incremente la transacción promedio

Es el principio de las comidas rápidas con las clásicas preguntas: "¿Le gustaría en combo?, ¿quisiera agregar un helado con su orden?, o ¿lo quisiera agrandado por tanto dinero adicional?". Piense en qué otros productos, servicios o mejoras puede ofrecerle a un cliente que ya le compra, para de esa manera incrementar la transacción promedio.

Alternativas para incrementar la compra

Aproveche la visita
El principio es que, si ya está aquí, aproveche. Como la champaña en la torre Eiffel. Disfrute de una copa de champaña en las alturas de la torre Eiffel desde "solamente" 13 euros.

Arme combos
Se trata de empaquetar y ofrecer varias alternativas. Agrupe productos y cree opciones atractivas para sus clientes.

Ofrezca variedad
Mientras más opciones ofrezca para complementar la compra básica, mayores probabilidades tendrá de incrementar la transacción promedio. Suena obvio, pero es fundamental. En otras palabras, tenga disponibilidad de productos y servicios para ampliar la compra del cliente.

Múltiples alternativas
El diferencial de *O Bag* es la variedad de colores y la posibilidad de combinar alternativas. Desde bolsos y zapatos hasta anteojos,

sandalias y relojes, su forma de incrementar la transacción promedio es ofrecer variedad.

Brinde opciones de mejora

Cuando la tarifa de la habitación de su hotel sólo incluye cierto tipo de desayuno (por ejemplo, americano), le dan la opción de que disfrute de otras opciones por un dinero adicional. Ésta fue mi experiencia en el hotel Glam de Roma. O el típico caso de su hijo que quiere la camiseta oficial del equipo de futbol. Me pasó. Al momento de pagar, la pregunta inevitable de quien lo atiende es: "¿Y la quieres marcada con el nombre de tu jugador favorito?". Obviamente, su hijo va a decir que sí, y, por supuesto, escogerá al jugador más famoso, cuyo nombre marcado costará mucho más que el de otros jugadores menos populares.

Expanda la experiencia

Se trata de mejorar la experiencia del cliente y hacerlo feliz, no sólo de vender. No dé por hecho que todos quieren comprar barato. Es un tema de valor, de lo que para cada persona es importante. Por ejemplo, cuando visita el mítico estadio del Barça, el Camp Nou, tiene la opción de comprar el álbum de la visita y todo lo relacionado.

Otro caso es la visita a la Sagrada Familia, la famosa iglesia proyecto de Gaudí. El valor de la visita varía según los lugares que quiere visitar y el tipo de experiencia que quiere tener. O el popularizado modelo de las aerolíneas, donde puede acceder a múltiples beneficios por un módico precio adicional.

Vaya más allá

Explore ideas creativas para ofrecer servicios adicionales u otros beneficios que pudieran ser de interés para sus clientes. Véalo de esta manera: está mejorando la experiencia y haciendo el uso de su producto más eficiente y gratificante. Los servicios complementarios expanden lo que el cliente recibe, yendo más allá de un simple beneficio funcional de lo que sea que venda.

En su caso, ¿qué cosas podría ofrecer para mejorar la experiencia del cliente y, de paso, incrementar la transacción promedio?

Estimule la venta cruzada

La venta cruzada o *cross-selling* es una estrategia para incrementar las ventas, promoviendo productos o servicios complementarios para aumentar la transacción promedio. El ejemplo más común es el de las comidas rápidas, donde después de haber ordenado un combo de hamburguesa la persona le ofrece si lo desea con papas y refresco agrandado (esto sería *up-selling*, porque está incrementando el valor del producto existente: papas y refresco), o si desea complementar su orden con un helado de postre (éste sería *cross-selling*, porque le está ofreciendo un producto complementario a lo que ya compró).

La venta cruzada se enfoca en venderle a los clientes actuales, aquellos que ya lo conocen y confían en su negocio, algo mucho más probable que pretender venderle a alguien por primera vez. Extrapolando el ejemplo de las comidas rápidas, usted podría implementar en su propio negocio una sencilla estrategia de venta cruzada para aumentar los ingresos, pues existe una alta probabilidad de que la mayoría de sus clientes no conozca todo lo que tiene para ofrecerles.

Se sorprenderá de las ventas adicionales que puede lograr sólo por contarle a su cliente que, además de personal temporal para *call center*, también ofrece promotoras para punto de venta y servicios de *merchandising*. Recuérdeles a sus clientes lo que vende, no presuma que porque han sido clientes por mucho tiempo conocen a fondo su portafolio.

Por ejemplo, si tiene un negocio de instrumentos musicales, recuérdeles a sus clientes que ofrece clases particulares de guitarra.

Si tiene un almacén de bisutería, recuérdeles que también hace diseños especiales sobre pedido, diferentes a los que tiene exhibidos. Si es profesor de inglés, recuérdeles que también ofrece apoyo para los exámenes de admisión en las universidades norteamericanas. Si tiene un hotel campestre para ejecutivos, recuérdeles que tiene además planes de ecoturismo exprés de un día o medio día. Si tiene un restaurante de comida mexicana, recuérdeles que envía a domicilio los fines de semana y que atiende fiestas temáticas. Si es diseñador gráfico, recuérdeles que, además de logos, trabaja piezas de correo directo y diseño de empaques.

El principio es que no debe dar por hecho que los clientes lo tienen siempre presente y que saben todo lo que usted ofrece. Ya logró lo más difícil que era que le compraran y confiaran en usted, el siguiente paso será continuar trabajando con ellos ofreciéndoles otras alternativas de su interés.

Haga visible lo invisible

Haga más visibles los productos menos populares. Usualmente, nos enfocamos en promover más los productos que más se venden, sin capitalizar el potencial de los que, si bien se venden menos, pueden ser mucho más rentables. Estos productos son una gran oportunidad porque aportan una alta rentabilidad al negocio al estar en mercados menos competidos o desatendidos por la competencia.

Concentrarse en unos pocos productos es un gran riesgo. Si se cae la venta de alguno, se cae la venta de la empresa. Además, son los mercados que más compiten en precio. Por eso, es crítico estimular la venta de productos diferentes a los pareto, porque:

- Son productos que generan mayor rentabilidad para la compañía, dado que resuelven necesidades más específicas.
- Son mercados menos competidos, pues son de menor tamaño en términos absolutos (menos atractivos para la competencia).

- Representan una gran oportunidad para convertirse en el jugador dominante (como usted, la competencia tampoco les presta atención).
- Equilibra sus ventas de manera que no dependa de los altibajos de los productos pareto.
- La contribución porcentual en la rentabilidad es mayor que su contribución en ventas, porque maneja mejores precios.

Salirse de ofrecer los mismos cinco-diez productos o servicios genera ventas marginales.

Promueva la venta de los productos menos populares
Dado que no han estado presentes en la mente de la fuerza comercial, es importante darles un empujón.

- Piense en crear canales de distribución alternativos para esas líneas, como venta por internet o puntos de venta físicos especializados (directos o a través de terceros).
- Busque mercados adicionales o complementarios, por ejemplo, segmentos institucionales o empresariales.
- Incentive a la fuerza de ventas a promover los productos de mayor rentabilidad, incluyendo una variable de compensación por rentabilidad.
- Ajuste las tablas de comisiones de los vendedores para que los productos no pareto contribuyan más al ingreso salarial de las personas.
- Refuerce la capacitación en los atributos y beneficios de estos productos (los vendedores no ofrecen los productos de los que no conocen sus beneficios).
- Asigne un representante de ventas exclusivo para un producto o línea de productos con alto potencial.
- Desarrolle "combos" o grupos de artículos donde mezcle productos diferentes (pareto y no pareto), pero que

sean complementarios a las necesidades del tipo de cliente.

Estas acciones irán generando conocimiento y prueba de producto, al tiempo que trae ingresos adicionales.

Aumente la venta de productos no pareto pero rentables

Cuando analizamos las ventas por producto o línea y su contribución porcentual de cada uno de ellos en las ventas totales, usualmente nos encontramos con una alta concentración de las ventas en unos pocos productos; por lo que los demás (el resto de las referencias que siguen en la lista) los clasificamos en una gran bolsa que llamamos "otros".

El punto con esto es que nos enfocamos en hacer crecer las ventas de los productos pareto (por su alta contribución en dinero), sin reconocer el gran potencial que existe en los demás productos que individualmente tienen una muy pequeña contribución, pero que sumados representan gran valor.

Enfóquese en los productos que no son pareto de ventas siempre y cuando sean rentables. Un producto que genera dinero con un bajo volumen puede potenciarse para que entregue mayor rentabilidad, pero no necesariamente lo contrario.

¿Por qué estimular la venta de los productos no pareto?

- Son productos que generan mayor rentabilidad para la compañía, porque resuelven necesidades más específicas.
- Son mercados usualmente menos competidos, pues son de menor tamaño en términos absolutos.
- Igual que usted, la competencia tampoco le presta mucha atención. Una gran oportunidad para convertirse en el jugador dominante.

- Equilibra sus ventas de manera que no dependa de los altibajos de los productos pareto. Si se cae la venta de un producto pareto, la sumatoria de otros pequeños productos contribuye al cumplimiento de la cuota.
- La contribución porcentual en la rentabilidad es mayor que su contribución en ventas. De hecho, el *ranking* de productos debería hacerlo no sólo por ventas, sino por contribución o margen bruto (ventas netas menos costo de ventas).
- Muchos de sus clientes pueden no conocer que usted comercializa productos o servicios diferentes a los que habitualmente compra. Éstos serán ventas adicionales.

Promueva productos de compra por impulso

Todo negocio minorista tiene claro este principio:

Rentabilidad = Margen × Rotación

La utilidad no viene sólo de qué porcentaje obtiene por la venta de un producto, sino de qué tanto volumen vende de ese producto. En otras palabras, puede ser mucho más rentable un producto que deja 10% pero rota bastante, que otro que deja 30% pero se vende mucho menos.

Rotación, rotación, rotación

Por eso, un principio fundamental del comercio es rotar la mercancía a la mayor velocidad posible, complementando productos de alta rotación (usualmente con bajos márgenes) con otros de mayor rentabilidad, pero de menor nivel de ventas.

Por supuesto, el mundo perfecto exigirá vender un gran volumen de productos de alto margen; es decir, vender mucho de lo que deja más dinero. Por supuesto, la vida real es un poco diferente. Sin embargo, no significa que no podamos hacer nada al respecto.

Antoje a la gente

Una forma de incrementar las ventas de los productos más rentables es antojar a la gente. Que los vean y se animen a comprarlos. Así de simple. Éste es un principio milenario que siempre debemos tener presente: ponga lo que más se vende al fondo, para que la gente en el recorrido vea otras cosas que no pensaba comprar y las lleve. Esto incrementará la compra por impulso.

La forma como se dispongan los productos en un punto y el recorrido que hagan los clientes determinará en gran medida la venta de estos otros productos.

Ayúdeles a sus clientes a vender más

¿Vende a través de terceros?, ¿quiere que sus clientes le compren más? Ayúdeles a vender más. Si a su cliente le va bien, a usted le va bien. Aquí nos referimos especialmente a aquellos negocios que utilizan intermediarios o aliados para promover sus productos o servicios, a quienes hacen la reventa de sus soluciones.

Y cuando decimos clientes nos referimos a distribuidores, mayoristas, *dealers*, intermediarios, representantes y todos aquellos que le compran para luego revender su producto o para usarlo como insumo en su propio proceso.

Enfrentar el mercado es una tarea conjunta entre proveedor y distribuidor/cliente. Lo que afecta a uno afecta al otro. Por eso, lo mejor que puede hacer por ellos (y por usted) es ayudarles a vender más.

¿Cómo ayudarles a sus clientes a vender más?

Algunas ideas para fortalecer la relación con sus clientes y darles herramientas de crecimiento.

Deles poderosos argumentos de venta

¿Por qué un cliente potencial debería preferir su marca, producto o servicio y no el de la competencia? Si no lo tiene claro y específico, la fuerza de ventas de su cliente tendrá dificultades, sustentándolo a su vez a sus propios clientes. Enfóquese en explicar sus diferenciales, en especial si también maneja productos de la competencia. Y si es un insumo que luego se vuelve invisible en el producto final, explique los beneficios que aportan a ese producto terminado como argumento para el cliente.

Provea continuamente información del mercado

Al usted atender clientes de diferente tipo y en diversos lugares, tiene una perspectiva más amplia del mercado. Comparta con sus clientes las tendencias, oportunidades, cambios en los hábitos de consumo, y todo tipo de información que les ayude a entender mejor la situación competitiva y tomar acciones. Ayúdeles a prepararse para los cambios que vienen y cómo pueden fortalecerse en el proceso.

Ayúdeles a diferenciarse

La diferenciación es un reto que enfrentan todos los negocios, incluyendo los de sus clientes. Ellos también compiten con infinidad de opciones y necesitan tener razones de peso para lograr la preferencia de los clientes. ¿Cómo pueden ellos diferenciarse de otros distribuidores o clientes? Pueden ser aspectos logísticos, tiempos de entrega, perfil de su fuerza comercial, el servicio al cliente, las garantías, los horarios o la amplitud del portafolio que maneja. Ayúdeles a ver y construir sus propios diferenciales.

Estimule la demanda

Incentive, comunique y estimule a los clientes finales para que conozcan y demanden su producto o servicio. Si el mercado lo conoce, lo comprará. La labor de comunicación y educación del mercado no puede quedar únicamente en manos de la fuerza de ventas de su distribuidor o en los esfuerzos de sus clientes por hacer que la gente compre más. Amplifique el alcance y promueva la rotación.

Inspire con ideas para vender sus productos

En ocasiones, sus clientes no venden más porque no tienen muy claro qué más pueden hacer para incentivar la rotación y animar a los clientes finales a que utilicen más su servicio o consuman más su producto.

Carol Inspire & Create (*variedadescarol.net*) es una compañía que vende insumos para bisutería y tienen muy claro que mientras más ideas les brinden a sus clientes, más les podrán ayudar a hacer crecer sus negocios. Así es como en su canal de YouTube comparten con sus 300 000 seguidores más de 750 videos con ideas, recomendaciones, tutoriales y capacitaciones de todo tipo para fortalecer la fabricación y comercialización.

Tenga representantes capacitados

Aquí nos referimos al representante de ventas del proveedor que atiende al distribuidor o cliente. Algo tan básico como tener representantes capacitados, conocedores del producto y con el perfil adecuado no siempre es la norma. La permanente rotación de asesores entorpece la gestión comercial y desestabiliza los programas realizados. Sus clientes deben sentirse apoyados y seguros con el equipo que los atiende y con las herramientas que les brinda.

Visite el mercado con ellos

Es muy fácil opinar desde el escritorio. Conozca la realidad de los mercados de su cliente. ¿Con quién compite en su zona?, ¿qué oportunidades existen?, ¿cómo puede mejorar su desempeño? Esto sólo lo sabrá caminando el mercado y conociendo la realidad de primera mano. No pretenda convencer a sus clientes de que deben vender más simplemente mostrándoles el consumo per cápita o lo que pasa en otra región como referencia. Cada uno vive su propia realidad y sólo se convencerá de las oportunidades cuando las vea en los mercados que atiende.

Motívelos a prestar un mejor servicio

Ésta es una de las más poderosas formas de diferenciación. Dado que varios clientes o distribuidores venden su mismo producto o utilizan su mismo insumo, ¿por qué los habría de escoger un cliente en lugar de otro? Una buena opción es por prestar un servicio espectacular. Mejorar la experiencia de los clientes es una enorme oportunidad de diferenciación para aquellos que venden cosas similares.

Ayudar a sus clientes a crecer

Mientras la mayoría de las empresas se enfoca en descuentos, promociones, bonificaciones y similares para llegar a sus números de ventas, hay otras que van más allá y construyen relaciones de largo plazo, dándoles herramientas a sus clientes para que crezcan sus propios negocios. Deles herramientas para que vendan más, no sólo para que vendan más barato.

Recupere clientes inactivos

Usualmente los clientes dejan de comprarle porque no lo tienen presente, no perciben la necesidad de su producto/servicio o encontraron otro proveedor.

Sin embargo, esto no quiere decir que no estén dispuestos a comprarle otra vez. Generalmente, es algo tan simple como aparecer de nuevo. No es que no quieran comprarle, es que a la gente se le olvida quién es usted y qué es lo que vende. Tenemos demasiadas cosas en qué pensar.

El costo de adquirir un cliente nuevo supera ampliamente el mantener o reincorporar uno inactivo, es por eso que tiene todo el sentido aparecer frente a clientes que alguna vez le compraron pero que tanto usted como ellos se alejaron lentamente. Los costos asociados con la adquisición de un nuevo cliente son mucho mayores. La inversión comienza con los costos publicitarios de darse a conocer y construir una imagen. Y si su mercado es bastante competido, es probable que requiera ofrecer algún tipo de incentivo adicional para atraerlos o por lo menos para que consideren comprarle.

Es por lo que enfocarse en la reactivación de clientes es mucho más sencillo y rentable, pues ya son personas que lo conocen, han trabajado con usted, conocen su marca y confían en su negocio. Recuperar clientes inactivos implica ahorros *versus* la adquisición de nuevos.

Por ejemplo, estos son gastos en los que se ahorra:

- Costos publicitarios y de recordación de marca. (Ya lo conocen).
- Onerosos incentivos para que lo prueben y le compren por primera vez, como descuentos, plazos de pago, productos adicionales, servicios especiales, etc. (Ya no tiene que entregar la camisa para que confíen en un desconocido.)
- Costos administrativos. Registro de nuevos clientes (solicitud de documentos, ingreso al sistema, verificación de referencias, etc.).
- Tiempo y costo de capacitar a nuevos clientes y explicarles los procesos. (Los clientes ya saben cómo es trabajar con su empresa.)

Reactive clientes inconformes

En caso de que sea un cliente insatisfecho, empiece por llamarlo o enviarle un correo electrónico preguntándole si hay algo que le hubiera incomodado. ¿Alguno de los vendedores le incumplió una promesa?, ¿el producto/servicio no fue lo que esperaba?, ¿alguien de la empresa fue irrespetuoso?, ¿encontró una mejor solución en otra empresa?

Éste es el primer paso en el proceso de recuperación de confianza. Las soluciones las deberá establecer de acuerdo con la causa manifestada por el cliente. Conocer la situación de estos clientes le ayudará a no cometer los mismos errores una y otra vez.

¿Cómo recuperar la confianza de los clientes?

Cuando se atienden clientes, los errores pasan. Por más atención que preste a los detalles, ningún negocio está exento, por razones propias o de terceros, de incumplir su promesa de valor a los clientes. Proveer información equivocada, enviar los productos equivocados o cobrar el valor que no era son cosas que sucederán debido al factor humano.

Un incidente que hace que los consumidores reconsideren la imagen de su compañía puede ser una difícil experiencia de enfrentar y recuperar. Sin embargo, la clave está en reconocer y atacar el problema, definiendo lo que va a hacer para corregir la situación y al mismo tiempo preservar la relación del cliente con su organización.

Reconozca su error

Lo primero es reconocer que las expectativas de servicio del cliente no han sido cumplidas. Cuando el cliente le esté explicando, desde su punto de vista, qué fue lo que falló, escuche atentamente y no interrumpa. Lo importante es obtener toda la información posible de la situación. Si debe hacer alguna validación, hágala tan rápido como sea posible para que el cliente vea que usted también está preocupado. Después de verificado, reconozca su error. Una vez que el cliente se siente escuchado y que la situación ha sido expuesta, su nivel de molestia disminuye dramáticamente. Incluso, parte de reconocer su error es informarle la situación, aun si él mismo no ha detectado la anomalía. Esto construye confianza y demuestra transparencia en la relación. No espere que el problema reviente, anticípese antes de que sea demasiado tarde.

Ofrezca una disculpa

Por sencillo que parezca, muchas empresas no ofrecen una disculpa. Piensan equivocadamente que los pone en una posición de desventaja, cuando es justamente todo lo contrario. Ofrezca una disculpa genuina. Explique lo que sucedió y por qué sucedió, de manera que el cliente reconozca que tiene un claro entendimiento de la situación y que hará lo que sea necesario para enmendarla.

Ataque el problema

Significa hacer lo que debe hacer para decididamente enmendar la situación. La forma de hacerlo dependerá del perfil de sus clientes. Para grandes e importantes clientes, contáctelos directamente, discuta la situación y las soluciones por implementar. Si atiende clientes de manera masiva y es difícil hablar uno a uno con ellos, una comunicación honesta explicando lo sucedido y las medidas tomadas será bien recibida.

Empodere a sus empleados

Dependiendo de la magnitud del problema y de la solución, es fundamental que los empleados tengan autonomía y las herramientas correctas para enmendar la situación y poder dar una respuesta al cliente. Deben estar en capacidad de hacer su trabajo y sentirse equipados para implementar lo que se les pide. Por ejemplo, las personas de atención telefónica deben estar ampliamente documentadas en las posibles situaciones que pueden surgir con un cliente inconforme. Para esto pueden escuchar ejemplos de casos similares y practicar la mejor forma de enfrentarlas.

No repare en gastos

Ésta puede ser una decisión difícil, dependiendo del valor que represente el cliente en el tiempo. Sin embargo, demuestra el nivel real de compromiso que tiene con ellos y con brindar una solución de fondo. ¿Hasta dónde está dispuesto a asumir para recuperar la confianza de un cliente? ¿Se inclina por relaciones satisfactorias de largo plazo o simplemente relaciones esporádicas netamente de compraventa? En cualquier caso, lo correcto es responder a los clientes, sea que vaya a seguir trabajando con ellos o que sea una venta única y esporádica. Son los principios éticos de la compañía. En contraste y como demostración de lo que no debe ser, están los conocidos casos de supermercados o empresas de telefonía que han lanzado publicidad engañosa a sabiendas de que es mayor el beneficio que la multa que deberán pagar.

Mantenga al cliente informado

Nuevamente, dependiendo del tamaño de la situación y del tiempo que lleve solucionarla, siempre mantenga informado al cliente de lo que está sucediendo. No espere a tener grandes noticias para compartirlas, cada detalle dará tranquilidad y permitirá saber que las cosas están avanzando y evolucionando, que está haciendo algo al respecto. Para esto, llamar, enviar informes periódicos a través de correos electrónicos o publicar en las redes sociales son muy buenas alternativas. Las palabras sin acción no tienen sentido.

Prometa menos y entregue más

Un error trae consigo la posibilidad no sólo de recuperar la credibilidad, de demostrar lo confiable que es usted y su negocio, sino también de sorprender al cliente. La oportunidad de enmendar un error o dificultad con un cliente expone y demuestra su talante. Los buenos proveedores se conocen en los momentos de crisis. Cuando las cosas van bien, cumplir las expectativas es relativamente fácil. Cuando surgen dificultades es cuando sobresalen las compañías que tienen una férrea convicción y vocación de servicio al cliente. Ofrecer algo adicional como compensación es una muy buena forma de reconocer un error y, además, de voltear la situación para que el cliente quede gratamente sorprendido.

Las heridas sanan poco a poco

Enmendar un error y recuperar la confianza de un cliente es fundamental para mantener la reputación del negocio. Si bien los errores pasan, el cliente depende de usted para que resuelva la situación rápidamente. Reconozca el error, ofrezca una disculpa y ataque el problema determinando lo que va a hacer al respecto y manteniendo informados a sus clientes.

Reactive clientes olvidados

Por otro lado, están los clientes con los que no tuvo ningún inconveniente. Simplemente no volvieron. Éstos son los más propensos a comprarle de nuevo. Estos clientes no necesariamente "se pierden", en muchos casos simplemente "se olvidan". Como toda relación personal, si no se cultiva permanentemente se debilita o se extingue.

En algunos casos, las relaciones comerciales se acaban por razones externas a la compañía o cambios en la vida de los clientes. Se mudan a otra ciudad donde usted no tiene presencia, pierden su empleo y ya no pueden pagar sus servicios, tienen cambios en su ciclo de vida, se casan, se divorcian, tienen hijos o simplemente cambian sus intereses.

Vuelva a aparecer

Restablezca el contacto. Es como ese viejo amigo que siempre ha estado allí pero que por circunstancias de la vida no volvió a saber de él. Con una simple llamada o un correo electrónico, la amistad se restablece fácilmente.

Para estos clientes, siga estos cuatro pasos:

1. Identifique a quienes quiere recuperar

Porque hay algunos que de seguro *no querrá* volver a tener. ¿Algún tipo especial de cliente?, ¿compraron algún producto o servicio en particular en el pasado?

2. Sepa por qué no volvieron a comprar

Dependiendo de la razón de ausencia, su argumento será diferente para atraerlos. Puede ser porque simplemente el servicio se terminó, o porque el producto dura mucho tiempo, o porque se fueron para la competencia, o porque no se acuerdan de usted, o se fueron por un precio más bajo (a éstos no hay necesidad de traerlos de vuelta).

3. Defina qué les va a decir

¿Cuál es el argumento con el que les va a volver a tocar la puerta? Puede ser el lanzamiento de un nuevo producto, la incorporación de una característica especial, consejos que les quiere compartir, información útil o cualquier excusa que lo vuelva a poner en el mapa.

4. Tenga claro cómo los va a contactar

Puede utilizar su propia base de datos segmentada por criterios específicos. O si no sabe quiénes son, utilice los mensajes como un criterio de autosegmentación; que el mensaje sea el que atraiga cada perfil. Hágalo a través del correo electrónico, redes sociales, su página web o, si aplica, invierta en publicidad.

Para que este proceso funcione, es ideal tener organizada la información de las personas que le han comprado para saber a quién le va a ofrecer qué, tal como lo vimos cuando hablamos de la importancia del CRM.

¿Cómo reconectar con clientes inactivos?

Paquete de reincorporación

Ofrezca un "paquete de reincorporación" a aquellos clientes que no han comprado en los últimos seis o doce meses. Envíeles un correo electrónico personalizado con un mensaje como "¡Lo extrañamos!". Haga una llamada de seguimiento a los tres días y ofrezca un beneficio especial por volver.

Nueva colección/producto

Envíe una carta o correo electrónico recordándole cuándo fue la última vez que compró: "Estimada Ana, ya han pasado 122 días desde que la vimos por última vez en nuestra tienda. Nos gustaría mucho tenerla de nuevo y para eso le tenemos [una nueva colección/productos] que estamos seguros que le encantará…".

Renovación periódica

Especial para productos o servicios que tienen una frecuencia de compra o fecha de renovación determinada, como cambios de aceite, cumpleaños, aniversarios, chequeos médicos, citas odontológicas, vacaciones, fiestas infantiles, disfraces, temporada escolar, vacunación, mantenimiento preventivo de electrodomésticos, etc. Use su CRM para llevar el registro de las fechas de renovación de cada cliente y un par de meses antes envíe un recordatorio con un beneficio adicional por programar u ordenar el servicio/producto con antelación.

Clientes de productos/servicios específicos

Incluso, es común que algunos clientes que le han comprado desde hace tiempo no recuerden o no sepan que además vende otras cosas. Aproveche la oportunidad para recordarles a los clientes que en el pasado le compraron el producto A que ya está disponible el A+ o que también le podría interesar el producto B.

Las estrategias de reactivación deben ser parte de su rutina de marketing. Conseguir un cliente es un gran reto como para sólo venderle una vez.

ATRAIGA
NUEVOS CLIENTES
SIN LUCIR DESESPERADO

Es común: en momentos difíciles y con tal de vender, disparamos a todo lo que se mueva esperando que alguien responda a nuestro llamado. De hecho, la cara de necesidad puede hacerse manifiesta sin que sea consciente.

Por eso es importante no sólo activar sus estrategias comerciales sin lucir desesperado (genera suspicacia en los clientes de su objetividad en la venta), sino enfocarse en aquellos clientes a los que puede servir mejor.

Enfóquese en atraer a los clientes correctos

Dirigirse a un tipo particular de cliente se conoce como *especialización*. La gente se siente más cómoda trabajando con compañías que resuelven mejor su situación que otras empresas. Enfocarse en un segmento específico que aprecie lo que usted tiene para ofrecer es más rentable; son clientes más fieles y es en sí una barrera de entrada para competidores menos especializados.

En vez de querer resolver las necesidades de múltiples tipos de personas, ¿por qué no ser el que mejor entiende y resuelve un problema específico?

Para muchas empresas, contar con treinta, cincuenta o cien clientes es más que suficiente para obtener un ingreso satisfactorio; de hecho, no siempre se tiene la infraestructura para atender un número superior. Si éste es el número de clientes requeridos para que el negocio sea rentable, entonces, ¿por qué apuntar indiscriminadamente a una gran masa que no aprecia nuestros diferenciales?

Uno no escoge a los clientes, los clientes lo escogen a uno

La teoría nos dice que una de las primeras cosas que debe definir en su plan de negocio es su mercado objetivo (de hecho, he sido culpable de decirlo). Y no es que sea incorrecto, el punto es que sentarnos a pensar solamente en variables demográficas (edad, género, nivel de ingresos), psicográficas (personalidad, estilo de vida, actitudes), o de comportamiento (qué compra, quién compra, cómo lo compra); *en la práctica*, no siempre son de mucha ayuda para afinar su audiencia.

Uno puede hacer muy completa la tarea en el escritorio de definir ese perfil de cliente para el cual cree que su propuesta de valor será atractiva; sale a buscarlo, y se da cuenta de que, tal como lo definió, no existe (o está muy bien escondido).

Que los que pensaba que se iban a desmayar con lo que ofrece no se desmayan. Que los que estaban con tal problema que usted pensaba que resolvía tampoco se interesan. Que quienes pertenecen a tal sector o están en tal situación tampoco muestran la dicha infinita que usted esperaba que le manifestaran.

No encuentra esas personas que esperaría que le dijeran: "¿Dónde había estado todos estos años? ¡Lo estaba esperando para comprarle!".

Esperamos, esperamos y esperamos...
Nada pasa. La gente que creíamos que era nuestra audiencia no está emocionada con lo que vendemos. Nuestro muy bien definido "mercado objetivo" terminó siendo una mezcla de múltiples variables que escasamente coinciden. Y es típico. No es sino que a uno le pregunten: "¿Qué tipo de persona o empresa es su mercado?", para uno inmediatamente contestar, algo dubitativo y hasta

cierto punto frustrado: "Mis clientes son de todo tipo". Y así es. Una cosa es la gente que quiere atraer y otra muy distinta, la que termina comprándole.

Sin embargo, esto no significa que todos los que le compran efectivamente sean el tipo de cliente que quiere tener. Es decir, el hecho de que sean clientes no significa que sean *buenos* clientes. Y hay una gran diferencia. Recuerde el principio: no todos son clientes potenciales. Especialmente aquellos que le han comprado porque les ha hecho excesivas concesiones y difícilmente son rentables. Son los clientes que cuando no tengan esos beneficios, no estarán más con usted. Eso no es lealtad, eso es conveniencia. Algo muy peligroso para cualquier negocio.

¿Quién es su mercado?

La respuesta sencilla es: aquellos que *ya* le compran. Pero no todos. Dentro de ese grupo, evalúe cuáles son esos de los cuales quisiera tener más. Como lo mencionaba en *Bueno, bonito y carito,* son esos clientes que uno dice: "Si tuviera diez más como éste, la vida sería maravillosa". *Ese* es su cliente objetivo ideal.

El siguiente paso es tratar de identificar elementos comunes que le permitan entender qué los hace buenos clientes:

- Qué les atrae de su negocio
- Qué necesidades tienen
- Con quién han trabajado antes
- Qué riesgos quieren evitar
- Cómo usan su producto o servicio
- Cuál es su política de responsabilidad social
- Con qué indicadores se evalúan

Estamos identificando aquellas variables que los hace un tipo de cliente (persona o empresa) ideal para su propuesta de valor. Esto es lo que siempre hemos hecho, la diferencia está en la forma de llegar a esas características.

En vez de sentarnos a *imaginar* cuáles son esas variables y con base en eso definir la estrategia del negocio, estamos tomando la *realidad* e identificando (no suponiendo) por qué nos compran los que nos compran. Algo simple que hace una enorme diferencia y trae una claridad infinita al negocio.

Busque más de los mismos

Enfoque sus esfuerzos de prospección, comunicación, alianzas y desarrollo, en encontrar más personas u organizaciones que cumplan con esos aspectos que ya tiene claro que son los que hacen que sus clientes le compren a usted y no a otro.

Desde recomendaciones de clientes actuales (similares a ellos), hasta alianzas estratégicas para exponerse a su mercado ideal, el saber qué está buscando hace mucho más fácil enfocarse en la gente correcta. Es pasar de querer encajar con cualquier persona y caerle bien a todo el mundo, a centrarse específicamente en su media naranja.

Cómo identificar su mercado en tres pasos

Paso 1 - Identifique sus mejores clientes: de los que ya le compran, seleccione los mejores de acuerdo con su propio criterio. Una forma sencilla es pensar en esos de los cuales quisiera tener más.

Paso 2 - Entienda qué los hace buenos clientes: factores y comportamientos comunes que le permitan predecir cuándo se encuentra frente a un buen prospecto.

Paso 3 - Busque más como ellos: utilice ese conocimiento para enfocar la búsqueda y encontrarse con aquellos que son su encaje perfecto.

No pretenda ser todo para todos

Esa es la esencia de la segmentación. Entender quiénes son y qué hacen aquellos que están dispuestos a pagar por sus diferenciales y para quienes puede generar el mayor valor. Uno no define su mercado objetivo, el mercado objetivo lo define a uno. Uno no escoge a los clientes, los clientes lo escogen a uno.

¿Cómo elegir a un buen cliente?

Si bien hemos hablado de que uno no escoge a los clientes, sino que los clientes lo escogen a uno, hay casos donde efectivamente usted tiene la posibilidad de elegir a aquellos clientes que considera que encajan mejor con su propuesta de valor.

Sin embargo, usualmente nos enfocamos en variables demográficas como edad, años en el mercado, número de empleados, industria a la que pertenece, ubicación geográfica, posición frente a temas ambientales, comportamiento social, hábitos de consumo, frecuencia de compra, uso que le da al producto o servicio, y similares; llegando a definir lo que también se conoce como *buyer persona* (que aplica tanto para personas como para empresas).

Lo interesante es que hay variables que pueden ser mucho más dicientes, y que no siempre tenemos en cuenta.

Otros criterios que predicen a un buen cliente

Éstas son características no tan evidentes, pero muy poderosas y sencillas para que usted y su equipo sepan si se encuentran frente a un buen prospecto o, por el contrario, deben reorientarse y no perder mucho tiempo con algunos que no valen la pena.

Vaya más allá de las características comunes y defina criterios específicos para su propio negocio. A modo de guía, veamos el siguiente ejemplo.

Eligiendo a un buen cliente para una agencia de publicidad

David Ogilvy, en su libro *Confessions of an Advertising Man* (Confesiones de un publicista), lo plasma de manera magistral, cuando se refiere a diez características que sugiere evaluar antes de aceptar una nueva cuenta para su agencia de publicidad. Y aunque no tenga una agencia de publicidad, este ejemplo es una buena guía para entender lo que estamos buscando. Después de cada característica, encontrará una reflexión de lo que cada una puede implicar para su negocio.

1. El producto debe ser uno que nos enorgullezca publicitar. No concebía hacer publicidad para una marca en la que no creyera. *Aplicación para su negocio*: no es sólo un tema de dinero, no es aceptar un trabajo a cualquier costo. Debe haber un compromiso personal con desear el éxito del cliente, sentirse orgulloso y que sus principios estén alineados con su filosofía y la de su empresa.

2. Nunca acepto una cuenta con la que no crea que puedo hacer un mejor trabajo que la agencia anterior. Así de simple. Las consecuencias serán evidentes. *Aplicación para su negocio*: los clientes están buscando soluciones o resolver algo. Si cree que no puede cumplir con esto o hacer un mejor trabajo, puede perder credibilidad.

3. Me alejo de los productos cuyas ventas han caído por un largo período. Implica que el producto tiene falencias o que su equipo directivo es incompetente. *Aplicación para su negocio*: esto lo he visto en diferentes circunstancias, pero especialmente en servicios de consultoría o trabajos que requieren un gran esfuerzo con mínima probabilidad de éxito. Puede intentarlo, pero hay clientes que, más que su ayuda, necesitan un milagro.

4. Es importante averiguar si el cliente potencial quiere que su agencia gane algo de dinero. Se explica por sí mismo. Si ayuda a clientes a tener ganancias multimillonarias, debe ser rentable para la agencia.

Aplicación para su negocio: suena obvio, pero no siempre lo es. Si su cliente no es rentable y no representa ninguna oportunidad para su empresa, piénselo con muchísimo detenimiento.

5. Si es improbable que la cuenta sea rentable, ¿al menos le daría la oportunidad de crear una publicidad sorprendente? Puede sacrificar algo de rentabilidad si le ayuda a construir reputación, visibilidad y demostrar la calidad de su trabajo.

Aplicación para su negocio: hay clientes que, aunque no sean muy rentables, son estratégicos porque abren otras oportunidades. ¡Pero, cuidado!, no confunda baja rentabilidad con perder dinero; no hay nada de estratégico en perder dinero.

6. La relación entre un fabricante y su agencia de publicidad es tan íntima como la de un paciente con su doctor. Debe sentirse cómodo y tener química con su cliente.

Aplicación para su negocio: esto aplica no sólo para aquellos trabajos donde se presta un servicio profesional y personalizado (asesores, médicos, abogados, diseñadores, arquitectos, contadores, etc.), sino en general para todos los negocios. Es muy difícil administrar una relación comercial si no hay confianza, intimidad y apoyo mutuo.

7. Evite clientes para los cuales la publicidad es sólo algo marginal de su *mix* de marketing. Van a eliminar la inversión publicitaria cuando tengan necesidad de dinero para cualquier otro proyecto; diferente a clientes para los cuales la publicidad es como el oxígeno.

Aplicación para su negocio: será un proveedor más estratégico para su comprador si su producto o servicio es relevante y casi indispensable para él. (De hecho, de eso se trata todo el concepto de la diferenciación).

8. Nunca acepto nuevos productos. Cuesta mucho posicionarlos y ocho de cada diez fracasan.

Aplicación para su negocio: por supuesto, este criterio es relativo; pero no piense sólo en nuevos productos; piense en nuevas empresas, negocios o iniciativas que están poniendo mucho en juego y que le piden su ayuda. Entre más incierto sea el éxito del producto o servicio, más riesgoso será para usted el perderlo.

9. Si aspira a crear publicidad grandiosa, no acepte clientes que quieren demasiado por muy poco. Clientes con muchas personas que opinan y deciden, que tienen muchos objetivos de comunicación y muy poco presupuesto son un riesgo evidente.

Aplicación para su negocio: siempre hay una proporción entre la inversión, el trabajo y los resultados. Por más productividad, eficiencia y control de costos que exista, hay metas prácticamente inalcanzables con los recursos disponibles. Esté alerta.

10. Cuando un cliente potencial sugiere que contrate a alguien para su agencia, no es buena señal. Va a terminar trabajando por intereses particulares y con agendas paralelas.

Aplicación para su negocio: aléjese de los intereses políticos, beneficios personales y prebendas que ciertas organizaciones exigen para poder trabajar con ellos.

¿Por qué debe considerar estos criterios?

Porque esta claridad enfoca sus esfuerzos comerciales y sabe cuándo decir sí y cuándo decir no. Y, en mi experiencia, más importante que aceptar clientes, es saber cuándo decir no.

¿Qué otros criterios puede aplicar?

- ¿Qué criterios prácticos puede agregar basándose en la experiencia con los clientes que ha tenido hasta la fecha?
- ¿De cuáles clientes no quisiera volver a tener en su vida, ni por todo el dinero del mundo?
- ¿Cómo puede darle más claridad a su equipo detallando el perfil de los buenos clientes que está buscando?
- ¿Qué cosas obvias conoce que le ayudarían a evitar clientes que no encajan y no perder tiempo valioso en procesos de contratación que no van para ningún lado?

Tenga claro lo que quiere y pronto verá que funciona como un imán para atraer a los clientes correctos y alejar al resto.

¿Por qué le compran sus clientes?

Con bastante frecuencia, las estrategias para nuestros negocios son más sencillas y están más cerca de lo que parecen. Como empresarios, tendemos a hacer las cosas más complejas de lo que son, a agregar más variables de las que necesitamos y a evaluar tantas posibilidades que no estamos seguros de qué camino tomar. Todos parecen viables. Le damos demasiadas vueltas a las cosas, para al final llegar al punto de partida.

Por años he visto que este comportamiento sólo nos lleva a la inmovilidad. Parálisis por análisis. Demasiadas disertaciones, pocas conclusiones. Demasiada información, poca acción. Por supuesto, no es que considerar múltiples variables y hacer profundas investigaciones no sea útil; el punto es que la gran mayoría de compañías no está en capacidad de hacerlo a esta escala. Limitaciones de tiempo, dinero y gente. Es por eso que somos partidarios de las cosas prácticas y sencillas, pero realizables. Cuando la opción es no hacer nada, hay alternativas muy sencillas que arrojan muy buenos resultados.

Nos devanamos los sesos buscando formas de atraer clientes, de llamar la atención de aquellos que aún no nos compran y de cerrar más negocios. Hacemos interminables sesiones de trabajo buscando ese aspecto diferenciador, ese santo grial que enamore y que sea la varita mágica para convertir más prospectos en clientes. Hacemos cábalas de lo que podría ser esa poderosa razón de preferencia, cuando en realidad la respuesta la tienen los mismos clientes.

¿Por qué lo prefieren?

Si quiere atraer más clientes, pregúnteles a los que ya le compraron por qué le compraron. Luego salga y ofrézcales esas razones a los que aún no lo conocen, para que se decidan a comprarle. Suena muy simple. Y de verdad lo es.

Pregunte a cada cliente que toma la decisión de trabajar con usted o comprar su producto: "¿Por qué nos escogió en lugar de a nuestros competidores?". La respuesta a esta pregunta contiene el significado más profundo y la esencia de lo que realmente significamos para nuestros clientes. Es lo que hizo que ese cliente nos comprara, y lo que hará que los siguientes nos compren. Es la realidad de lo que perciben, no de lo que usted pretende comunicar.

No es lo que dice en su difusión, no es la jerga publicitaria que usa en sus anuncios y no son las frases elaboradas que promueven su "Excelencia en servicio", los "25 años sirviendo a nuestros clientes" o el "Llámenos para comprobarlo" lo que la gente aprecia. Aquí hablamos del tuétano de su compañía, aquello que, aunque no sea tan evidente o pomposo, es lo que hizo que su cliente le comprara.

¿Le compran por precio?

Si la razón que le dan los clientes de por qué le compraron es porque tenía un precio bajo, prenda una alerta amarilla. No es que no pueda competir en precio, no es que no pueda decir que vende barato y con esto atraer algunos clientes. El problema es que, por un lado, no todos quieren comprar barato, y, por otro, siempre tendrá competidores al acecho que intentarán vender más barato que usted.

El argumento para atraer a nuevos clientes

Cada vez que tenga la oportunidad de preguntar a un cliente "¿Por qué nos escogió en lugar de a nuestros competidores?", hágalo y tome atenta nota de su respuesta. Así es como el mercado lo percibe.

Dado que es un cliente que decidió invertir su dinero y tomar el riesgo de comprarle, más vale que le preste atención, pues será el argumento para seducir a aquellos que aún no lo conocen. No es lo que usted cree lo que lo hace diferente, sino lo que sus clientes perciben (y usualmente no es lo mismo). Impresionan más los pequeños pero significativos detalles que las grandes promesas.

No hay investigación de mercado que se compare con el poder de esta pregunta. La razón por la que sus clientes decidieron comprarle en lugar de a su competencia lleva la esencia de lo que realmente significa para ellos y por lo que están dispuestos a pagar.

Cuéntelo a diestra y siniestra

Una vez que tenga clara la razón por la que le compran los clientes, salga y cuéntelo a los cuatro vientos. Sea tan específico y audaz en la publicidad como le sea posible, de manera que a ningún prospecto le quede duda de su propuesta de valor, de cuál es la razón por la que debería comprarle y de por qué cuesta lo que cuesta.

Entender por qué le compran sus clientes encierra, en últimas, la esencia de su negocio y lo que éste significa para el mercado. El siguiente paso será llevar ese aspecto a un nivel extremo, a unos estándares que lo alejen de cualquier cosa parecida en el mercado, de cualquier experiencia previa que un cliente haya tenido. Convierta su razón de preferencia en una verdadera ventaja competitiva.

No muestre el hambre

Sólo hay una cosa más difícil que vender; y es vender necesitado.

Y no me refiero a la necesidad de cumplir la cuota para evitar la cantaleta del jefe o del socio. Me refiero a la necesidad literal que tiene del dinero. Son esos momentos en los que las ventas no llegan y las deudas van al galope. Bien sea porque montó un negocio que aún no está dando para cubrir los gastos, o porque hace tanto que no cumple la meta que la comisión variable es una ilusión; la necesidad nos llega en algún momento.

La buena noticia (si es que se puede llamar así) es que todos hemos pasado por eso. Y ojo, no es consuelo de tontos, es que es normal en la vida de todo el que vende algo pasar por momentos difíciles.

Además, otra buena noticia es que no es para siempre. Así que, como decía Kalimán (un personaje de ficción que si usted tiene menos de cuarenta años, no tendrá ni idea quién es): "Serenidad y paciencia, mi querido Solín". No hay mal que dure cien años, ni cuerpo que lo resista.

Es un tema de dignidad

Sea que trabaje como profesional independiente, asesor comercial para una empresa o tenga su propio negocio; le quiero dar una recomendación: por más complicada que esté la situación, por más duro y sombrío que luzca el panorama; por amor a Dios, no muestre el hambre. Por encima de todo, está la dignidad.

El problema es que cuando la necesidad es evidente, manda un muy mal mensaje y termina siendo contraproducente. Los clientes no confían en vendedores a los que se les nota la desesperación por vender. Los perciben subjetivos y capaces de prometer cualquier cosa con tal de cerrar el negocio (lo cual usualmente es cierto). Y eso no es bueno ni para usted ni para el cliente.

Señales de que está necesitado

Concede descuentos demasiado rápido
Ésta es la más evidente y es lo que hace que los clientes por defecto presionen por rebajas. El principio es sencillo: para dejar de competir por precio, deje de hablar de precio. Además, tiene otro problema, y es que manda el mensaje de que su producto o servicio realmente no costaba lo que estaba pidiendo. Mala cosa.

Ofrece valores agregados sin que se los pidan
Similar al anterior aspecto, pero se refleja no necesariamente en el precio, sino en toda suerte de "valores agregados" que le terminan costando. Aquí entran propuestas como: meses gratis, no cobrar el soporte técnico, extender la garantía, asumir los costos logísticos, ofrecer capacitación, etc. Y no es que esté mal, el problema es dar sin pedir nada a cambio. Está desequilibrando la balanza.

Ofrece cosas que no sabe si podrá cumplir
Es cuando, con tal de cerrar el negocio, accede a cuanta solicitud le hace el cliente. Una enorme advertencia: verifique antes de comprometerse. No hay nada que resienta más a un cliente que una promesa incumplida. Desde disponibilidad hasta tiempos de entrega, verifique.

Llama todos los días a preguntar si ya revisaron la propuesta
Esta señal se explica por sí sola: está desesperado y usted no sabe de qué otra manera preguntar cómo va la cosa. No sólo haga la llamada para saber la decisión final. Aproveche los siguientes contactos para agregar valor, brindar información adicional o enviar casos o ejemplos que le puedan servir al cliente. Si bien lo más probable es que reciba una respuesta; no luce como si estuviera preguntando.

Lenguaje no verbal de ansiedad

No pareciera, pero se nota. Sabemos cuando alguien está nervioso, ansioso e inquieto: la sonrisa no es espontánea, mueve incesantemente las piernas durante la reunión o aflora algún tic nervioso. No sólo es importante estar tranquilo, debe *lucir* tranquilo. Le dará más seguridad al cliente.

La mejor forma de atraer a un cliente es no necesitarlo

O, por lo menos (aquí entre nos), no luzca como si lo necesitara.

Lo sé, decirlo es facilísimo; pero de eso se trata. Usted genera mucho valor, ofrece grandes beneficios, presta acompañamiento profesional y se compromete con sus clientes para que logren los mejores resultados. Compórtese como tal.

Es un principio universal: mientras más necesitado se vea, más ahuyentará a los clientes y más lo presionarán por mejores condiciones. No tiene que llegar hasta allá. Porque, además, no sirve de nada.

Cómo controlar la presión

Recójase y respire profundo. Siéntase usted mismo orgulloso del esfuerzo que está haciendo y del apoyo que significa para su familia; aquellos que le dan su apoyo incondicional.

Piense en todo el valor que genera, en el esfuerzo que ha implicado llegar a donde ha llegado, y en los mensajes de agradecimiento de clientes por haberles ayudado. No lo puede espantar un nubarrón. Verá los resultados, pero tiene que creérselo.

Conozca mejor que nadie lo que vende, tenga claro sus diferenciales, pero, por encima de todo, siéntase orgulloso de usted mismo y de lo que vende. Usted está ahí para esa persona por algo. Hágalo valer.

Hay clientes que no quieren ser ayudados

Este mensaje va para todos los negocios que creen que el mundo sería mucho mejor si la gente comprara su producto o servicio. Va para aquellos que piensan: "Es que la gente no sabe que necesita esto", "¿Cómo hago para que los clientes cambien su forma de pensar y aprecien lo que vendo?".

Hay gente que no quiere cambiar

No se engañe. En muchos casos (más de los que uno cree), los clientes simplemente *no quieren cambiar su realidad,* no quieren dejar la inercia y probar nuevas alternativas. Hay mucha gente que es feliz como es, así a usted no le parezca.

Hay que entender que no todos son clientes potenciales; que en muchos casos sólo están buscando un paliativo, una solución temporal, pañitos de agua tibia que les mitiguen un poco el dolor, pero que distan bastante de ser una solución real a sus problemas.

Paños de agua tibia

Son las personas que prefieren cosas puntuales, tácticas, sencillas, de rápida implementación; no cambios estratégicos que, aunque atacan el problema de raíz, implican más trabajo, esfuerzo y dedicación en el negocio. Estas personas no están dispuestas a recorrer ese camino.

Cuando entiende que no todos quieren ser ayudados; que hay gente que está perfecta como está y que, por más que quiera, difícilmente cambiará su conducta; se enfocará en aquellos clientes que sí aprecian lo que ofrece y que sí quieren hacer un cambio.

Siga un estructurado proceso de ventas

La venta es un proceso, no un evento. Es algo que se da como consecuencia de haber cultivado una relación y de haber generado la suficiente confianza para que el cliente al final diga "Acepto".

El proceso comercial en mercados B2B

Los clientes están haciendo la tarea. Están buscando información *online*, analizando opciones, comparando alternativas y tomando decisiones; en gran medida, sin la intervención directa de un vendedor.

La venta no es el acto mismo donde el vendedor le ofrece algo al cliente y éste "compra" el producto o servicio. La venta es un proceso más complejo que empieza mucho antes de que el vendedor aparezca en escena. Algo de lo que muchos vendedores no son conscientes.

Los clientes se están preparando mejor. Conocen las alternativas que tienen y son cada vez más autónomos en sus decisiones. Por eso, la venta en sí (entendida como la transacción) es fruto de un proceso más elaborado para el cual muchos vendedores aún no están preparados.

El proceso de compra B2B

Aunque algo similar se presenta en mercados B2C (*business-to-consumer*), el típico proceso de compra B2B (*business-to-business*) incluye seis etapas claramente identificadas, que son las que recorre el comprador para tomar la mejor decisión:

Identificar necesidades	Identificar soluciones	Evaluar soluciones	Resolver dudas	Negociar	Implementar

Identificar necesidades: dependiendo de la requisición interna que tenga la organización, define sus necesidades de compra.

Identificar soluciones: explora para identificar alternativas de productos y servicios que cumplan con esa necesidad. Primer reconocimiento de proveedores viables.

Evaluar soluciones: compara características técnicas y demás aspectos correlacionados para determinar cuáles se adaptan mejor. Resolver dudas: después de haber hecho toda la indagación, profundiza en inquietudes específicas y evalúa las mejores opciones según la relación costo-beneficio.

Negociar: teniendo muy claro lo que necesita y cuáles son las mejores opciones, lleva a cabo el proceso de negociación con el proveedor o proveedores que más se ajustan.

Implementar: junto con el proveedor seleccionado, empieza una de las etapas más cruciales de la venta especializada: la implementación. Valida el estricto cumplimiento de cada una de las promesas hechas por el proveedor.

¿Cuándo interviene el vendedor?

Miller Heiman Group realizó un estudio donde entrevistó a cientos de compradores, les preguntó en qué parte de su proceso involucraban habitualmente al vendedor. Los resultados fueron reveladores.

El 70% de los compradores manifestó incluir a los proveedores una vez que tienen claras las necesidades de lo que requieren abastecer, usualmente derivado de una requisición formal de alguna de las áreas de la empresa. El 44% los contactan a partir de la tercera fase, cuando requieren evaluar las viabilidades, impactos, pros y contras de las posibles soluciones. Y 20% sólo cuando necesitan

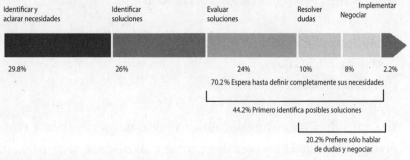

En qué parte del proceso los compradores prefieren involucrar a los vendedores

Identificar y aclarar necesidades	Identificar soluciones	Evaluar soluciones	Resolver dudas	Negociar	Implementar
29.8%	26%	24%	10%	8%	2.2%

70.2 % Espera hasta definir completamente sus necesidades

44.2% Primero identifica posibles soluciones

20.2% Prefiere sólo hablar de dudas y negociar

Fuente: Miller Heiman Group © 2018

resolver dudas o aspectos muy detallados que no han podido esclarecer en su investigación y análisis previos.

"Cuando lo necesite, le aviso"

Éste es el mensaje tácito que los compradores están enviando a los vendedores: "Gracias, sólo estoy explorando. Cuando lo necesite le aviso". Esto redefine la función del vendedor. Técnicamente, ya no es vender, es proveer información que el cliente necesita saber; aquella que no encontró en su búsqueda preliminar.

Sea más específico y menos generalista. Haga preguntas inteligentes sobre las alternativas de solución, el proceso de implementación y los potenciales costos asociados. Entienda el problema de fondo para poder proveer soluciones viables. Estudie previamente todo lo que pueda sobre las necesidades del cliente para no llegar con la clásica y no muy profesional pregunta de: "Cuénteme un poco de su negocio". O, peor aún, la que todo comprador detesta: "¿Qué presupuesto tienen destinado para esto?". En muchos casos, no hay un presupuesto definido, y si existe, ¿en serio cree que el comprador se lo va a decir? Está evaluando opciones.

¿Qué hacer al respecto?

¿Cómo enfrentar entonces el hecho de que los compradores desean ser cada vez más independientes, dando menos margen de maniobra a los vendedores?

Sea visible

Si los clientes están realizando autónomamente el proceso de búsqueda y evaluación de alternativas, debe garantizar por todos los medios que se van a enterar de su existencia y su robusta propuesta de valor. Refuerce su presencia *online*, asista a eventos de la industria, genere contenido de valor y expóngase.

Conozca el negocio de su cliente

Los clientes esperan que usted los conozca y que no tengan que contarle toda su historia desde cero. Haga la tarea e investigue sus productos, servicios, cambios en su estrategia, noticias en medios y todo lo que pueda para estar lo mejor documentado posible.

Provea soluciones

No piense sólo en el producto o servicio que ofrece. Póngase en los zapatos del cliente y en su necesidad, que usualmente es más amplia y considera variables que van más allá del producto mismo. Provea soluciones e incluso recomiende a terceros si su solución no es lo que están buscando. Brinde alternativas.

Hay que estar preparados

El vendedor hace parte de un proceso más amplio. La venta es la consecuencia de estar visible para los compradores cuando están evaluando opciones, de brindar la información necesaria para que evalúen sus pros y contras, y de acompañar el proceso desde el momento en que sea invitado. Los compradores están esperando más de los vendedores, y hay que estar preparados.

No pida la mano en la primera cita

Como vendedores, sufrimos de lo que llamo *precocidad comercial.*
Esa obsesión por cerrar el negocio sin haber construido la confianza
necesaria en cualquier relación comercial. Literalmente, es como
pedir la mano en la primera cita. Toda venta requiere un proceso
de enamoramiento y generación de confianza.

Recuerde, no nos gusta que nos vendan, pero amamos comprar. El principio es generar todas las condiciones para que la venta
sea la consecuencia. Primero genere valor y confianza, luego cierre
la venta.

¿Generar confianza en qué?

En usted
Confianza en usted como asesor comercial o dueño de negocio.
En una relación comercial, el asesor es el primero que genera confianza. Si el cliente no lo compra a usted, difícilmente comprará
lo que vende.

En lo que vende
Confianza en lo que vende, en su producto o servicio. Crea
en lo que vende y sus clientes creerán en lo que compran. Demuestre resultados, casos de éxito y elementos de juicio para
que el cliente entienda por qué lo que usted ofrece es mejor que
otras opciones.

En el proceso
En el proceso administrativo, en la gestión comercial, en el conocimiento de las implicaciones, en la asesoría y en acompañar al
cliente a lo largo del camino.

¿Cómo generar valor?

Hay varias formas de generar valor y construir la confianza que un cliente necesita para tomar la decisión de comprarle y mantenerse con usted.

- Sea generoso con la información.
- Oriente al cliente en lo que necesite, aunque por ahora no haga una venta.
- Ayude sin esperar nada a cambio.
- Esté presente. No aparezca sólo cada año para la renovación.
- Conozca a fondo lo que vende.
- Construya relaciones.

No busque ganar una venta, sueñe con ganar un cliente

Las ventas no son una carrera de cien metros planos, son una maratón de largo alcance. Una venta no es una simple transacción de dinero, es una transferencia de confianza. La confianza no se pide, la confianza se gana. Es el olvidado arte de la interacción humana.

¿Cómo vender haciendo las preguntas correctas?

El éxito en ventas comienza con la habilidad de hacer las preguntas correctas y escuchar (de verdad) las respuestas. Algunos vendedores fallan al no saber exactamente qué preguntar, mientras que otros hacen las preguntas correctas pero no escuchan. La esencia del vendedor es identificar oportunidades con base en lo que es relevante para el cliente y lo que necesita, para de esa manera enfocar su presentación, argumentos y diferenciales en las cosas que tienen sentido para el cliente y no en aspectos triviales que no extraen la esencia de oferta de valor.

Esto no significa que las preguntas de los clientes no sean importantes. Sin embargo, con mucha frecuencia, dado que los clientes no son expertos en su producto/servicio, es muy probable que no le hagan las preguntas importantes y, por ende, no visualicen todo el valor que usted o su negocio le podrían generar.

Primero debe ganarse el derecho a preguntar

Es muy incómodo para los clientes, especialmente en venta empresarial, cuando simplemente empieza la conversación con preguntas de fondo. Recuerdo que, cuando era director de marketing, un vendedor de pauta publicitaria de un reconocido medio llegó a mi oficina y, habiéndonos presentado en ese instante por primera vez, empezó la conversación preguntándome: "¿Cuénteme cuál es su estrategia de negocio para este año?". Quedé estupefacto. ¿Alguien que recién acabo de conocer me está preguntando cuál es mi estrategia de negocio? Supongo que simplemente estaba tratando de llevar a la práctica (con muy poco tacto y sin preparación) lo que le habían enseñado en su último curso de ventas en la empresa: conozca la estrategia del cliente. El problema es que la estrategia no se conoce así, y menos en una primera reunión. La estrategia se infiere en la página web de la empresa *antes* de la reunión, se valida con el cliente *durante* la reunión, para luego construir una propuesta *después* de la reunión.

Por supuesto que las preguntas que debe hacer dependerán mucho del tipo de producto o servicio que comercialice, la confianza que tenga con el cliente, si vende al consumidor final o a empresas, si tiene experiencia en la industria y si es un cliente habitual o alguien que compra por primera vez.

Hacer las preguntas correctas

Sabiendo que en su caso algunas aplicarán y otras no tanto, esta es una lista de preguntas para que evalúe cuáles le podrían dar un mejor conocimiento de las necesidades de su cliente, cuáles le ayudarían a obtener información que valide sus beneficios y lo ponga en una mejor posición de negociación para llegar a feliz término.

258

Preguntas para validar que entiende el problema
- Hemos visto recientemente algunos cambios en el sector, el más importante es… ¿Cómo les afecta a ustedes?
- Al hacer alguna investigación preliminar, vi en la página web que su compañía… Según eso, ¿están interesados en…?
- Tengo entendido que ha utilizado tales productos/servicios… ¿Algo en particular que esperaría que fuera diferente a partir de ahora?
- Tenemos diferentes alternativas para diferentes usos… En su caso, ¿piensa utilizar este producto/servicio principalmente para…?
- ¿Es la primera vez que va a adquirir este producto/servicio o ya ha utilizado antes algo similar?

Preguntas para validar sus diferenciales para el cliente
- ¿Cuál es el resultado ideal que quisiera experimentar?
- ¿Cómo se compara con los resultados actuales que está teniendo?
- ¿Qué esperaría obtener de nuestro producto/solución?
- Mencionó qué desea (objetivo del cliente), ¿puede comentarme un poco más sobre eso?
- Preguntas para entender la dimensión de la necesidad y del negocio.
- ¿Cuál es la capacidad de producción/consumo mensual/número de empleados para los cuales necesitaría implementar la solución?
- ¿Está pensando en una compra local o regional?
- ¿Usualmente para qué período de tiempo se abastece?
- ¿Piensa utilizar este producto/servicio en complemento con otro?

Preguntas para avanzar en el proceso de cierre

- ¿Es posible realizar una prueba previa para evaluar nuestro producto/servicio?
- ¿Qué otras alternativas ha considerado?
- Una vez que le presente la propuesta, ¿cuál sería el siguiente paso?

Y éstas son las preguntas incorrectas

Preguntas trilladas y de cajón que debe evitar. Son tan genéricas e impersonales que indisponen, hacen lucir al vendedor muy poco profesional y hacen sentir al cliente manipulado.

- ¿Cuáles son sus necesidades?
- ¿Conoce otra persona que nos pueda recomendar?
- ¿Qué sabe de nosotros?
- ¿Es usted quien toma la decisión final?
- ¿Cuál es su presupuesto?
- ¿Quiere ahorrar dinero/conseguir clientes/incrementar las ventas?

Por su bien y el de sus clientes

Los clientes saben lo que quieren, pero no necesariamente lo que necesitan. El principio es que mientras más documentados estén usted y su cliente, mejores serán los elementos de juicio y argumentos que tendrá para avanzar en la conversación. Tendrá más posibilidades de cerrar una venta cuando el cliente reconoce que su solución es exactamente la que necesita (que sin sus preguntas no hubiera sido consciente), y el cliente habrá hecho una buena compra porque usted pudo entender a fondo lo que necesitaba, sin apresurarse a venderle lo primero que le llamó la atención.

Hacer las preguntas correctas le da la información necesaria para abordar y acompañar al cliente en lo que necesita, para generar confianza.

Genere confianza como prerrequisito para una venta

Si no hay confianza no hay ventas. Los clientes han tenido tantas desilusiones que ya no creen en promesas de beneficios. Ideas para generar confianza y credibilidad en un mundo lleno de escepticismo.

Los clientes les compran a aquellas empresas y profesionales en los cuales confían, por eso usted debe construir relaciones antes de pretender vender.

La venta comienza mucho antes de conocer al cliente. Exponer su compañía a los prospectos de una manera sistemática y regular permite allanar el camino para cuando sea el momento de tomar la decisión de compra o, por lo menos, de que lo prueben.

Pretender vender sin antes haber generado confianza es prácticamente imposible. Sólo después de que el cliente potencial tenga la justificación y las razones de preferencia claramente identificadas (por qué usted y no su competencia) es probable que se movilice hacia la compra.

La confianza no se predica, se gana

Vaya induciendo poco a poco a que lo conozcan. No ahuyente a los prospectos con un agresivo discurso de ventas sin antes haberse presentado. Forje una sutil relación de conocimiento y confianza. La venta será un paso posterior.

En 1958, McGraw-Hill publicó este anuncio que se ha convertido en un clásico de la comunicación: "El hombre en la silla". Desde ese momento, era evidente la necesidad de construir empatía y confianza antes de solicitar un pedido. Sin embargo, aún hoy, décadas después, muchas compañías no se dan por enteradas.

- No sé quién es usted.
- No conozco su compañía.

- No conozco sus productos.
- No sé cuál es la filosofía de su compañía.
- No conozco a los clientes de su compañía.
- No conozco el desempeño de su compañía.
- No conozco la reputación de su compañía.
- Ahora bien, ¿qué es lo que me quería vender?

Moraleja: la venta comienza antes de la llamada del vendedor. Con anuncios en publicaciones de negocios.

¿Cómo generar confianza en clientes potenciales?

Cuando un cliente potencial está explorando productos, compañías o profesionales con los cuales trabajar, varios aspectos enviarán un poderoso mensaje y le ayudarán a construir confianza rápidamente.

Tenga una página web profesional

Su página es la primera impresión de su negocio. Cuando un cliente potencial quiere averiguar más de usted, buscará en internet. Y allí es donde generará agrado, empatía y confianza; o simplemente será descartado por las señales negativas, como colores que no coordinan, tipos de letra ilegibles o rebuscados, imágenes en baja resolución, textos mal redactados y otros aspectos de sitios de baja reputación.

Aparezca en los medios

Pocas cosas generan tanta credibilidad y reputación como aparecer en los medios de comunicación. A los medios no les importa qué tan grande sea su empresa, sino qué tan relevante es su historia para su audiencia. Ofrezca generar contenido para medios de comunicación. Al comienzo, los medios más pequeños serán más receptivos, pues no cuentan con gran cantidad de periodistas o simplemente no alcanzan a cubrir todo lo que puede estar sucediendo alrededor de su sector. Ofrézcase como conferencista para eventos gremiales o cree un libro electrónico y alíese con otra compañía para ofrecerlo gratuitamente.

Desarrolle material promocional de calidad

En esto no ahorre dinero. Sus materiales publicitarios y de marketing son el reflejo del profesionalismo de su compañía. Esto incluye cosas como las tarjetas de presentación, los folletos informativos, las facturas, las notas de remisión, las fotografías, el video corporativo y los volantes promocionales que entrega en la feria comercial.

Promueva testimoniales de clientes satisfechos

Una de las herramientas más poderosas y menos utilizadas son los testimonios. El aval de terceros como una forma de probar que usted cumple lo que promete. Obtenga citas o frases de sus clientes contando lo que usted hizo por ellos. Trate de enfocarse en la generación de resultados, en lo que logró. Esto tendrá mayor resonancia en todos aquellos que tengan el mismo desafío o estén pensado en trabajar con su empresa.

Demuestre resultados con casos de éxito

Los casos de éxito son demostraciones de que su negocio genera resultados tangibles. Son una excelente herramienta para probar que sus promesas de marketing no son sólo promesas, sino que logran resultados concretos en clientes reales. Construir múltiples casos con base en las diferentes situaciones e industrias con las que ha trabajado permite a clientes potenciales conocer los beneficios que su empresa ha logrado para otros.

Provea garantías de devolución de dinero

En otras palabras, minimice el riesgo. Cuando aún no ha construido una historia y no tiene mucho para mostrar, debe dar tranquilidad, nadie quiere ser el conejillo de indias. Ofrezca garantías que le permitan a un prospecto saber que si no está satisfecho puede recibir su dinero de vuelta. La idea es que no asuma ningún riesgo, pues así será más fácil que lo pruebe.

Ofrezca productos o servicios de prueba

Una venta es la consecuencia lógica de haber acompañado a un cliente potencial a lo largo del proceso para que lo conozca, le agrade y confíe en usted, sus productos/servicios y su negocio. Probar sin compromiso reduce el riesgo. Similar al caso de las garantías, el cliente pensará: "Nada se pierde con probar". Esta reducción del riesgo incrementa sustancialmente la tasa de cierre. Mientras más personas prueben antes de sacar su tarjeta de crédito, más alta será la probabilidad de que le compren.

Brinde referencias a la medida

Diferente a lo que hacen sus competidores; cada vez que un prospecto le pida referencias, no envíe los mismos tres contactos de siempre. Construya una base de al menos veinte personas con situaciones diferentes que encajen con las inquietudes o dudas que su prospecto quiere resolver.

No presionar la venta es un apreciado diferencial

Muchos clientes huyen de los vendedores por su actitud invasiva y por querer forzar una venta a toda costa. Desde las llamadas a deshoras hasta el acoso en puntos de venta, estamos agotados de la actitud obsoleta de presionar la venta. Estas personas le hacen daño a la profesión y han obligado a muchos clientes a abstenerse e incluso a huir del apoyo o asesoría de un vendedor.

¿Le puedo ayudar en algo?

Cada vez que entra a un negocio y le preguntan: "¿Le puedo ayudar en algo?", la respuesta automática e instintiva para la preservación de la especie es: "No gracias, estoy mirando". ¿La razón? Muchos vendedores entorpecen el proceso con su posición subjetiva, más enfocada en vender que en ayudar, velando más por sus propios intereses que por los del cliente.

Esta resistencia a los vendedores es tan evidente que un par de compañías han utilizado el respeto de sus asesores como un argumento de diferenciación; que, bajo el anterior contexto, es algo maravilloso y deseado.

Consultores hipotecarios con salario fijo

American Financing es un banco hipotecario, el cual utiliza el: "Nuestros consultores hipotecarios tienen salarios de base" como uno de sus argumentos de venta. Esto implica que estas personas no dependen de una comisión para vivir; y, por ende, no tienen necesidad de venderle o presionarlo por una compra para garantizar su ingreso. En este caso, el modelo de compensación de los vendedores se convierte en un argumento atractivo para los clientes.

Almacén de muebles con asesores respetuosos

American Furniture Warehouse es una bodega de muebles que utiliza la cordialidad de sus asesores como una razón para que los visite. En su publicidad, ridiculiza una venta de colchones, donde un vendedor desesperante e incisivo agobia a una cliente demostrando que lo único que le interesa es vender a toda costa. Así estamos de agotados de estos personajes, que se convierten en cómicos referentes.

No presionar la venta es una virtud

Por eso, reconocer esta aversión y, por el contrario, ser respetuoso y genuinamente colaborador es un diferencial altamente apreciado que los clientes están pidiendo a gritos. Y si cree que ser amable y no presionar una venta le afectará los resultados, no se preocupe, la mejor forma de atraer clientes es no necesitarlos.

No regale la primera venta

A veces, por la necesidad de vender y conseguir nuevos clientes, hacemos más concesiones de la cuenta. Y lo importante de la primera venta es justamente que establece el punto de partida para todas las negociaciones futuras: el precio, los términos de pago, el plazo, los beneficios que recibe, los tiempos de entrega, entre otros.

Y aunque no siempre caemos en cuenta de todo lo que está en juego, esa primera venta está definiendo la negociación con ese cliente por años. Intente, por ejemplo, subir precios un año después; el precio base va a ser el comienzo de toda la relación.

Por eso, hemos enfatizado tantas veces: deje de regalarse y venda con dignidad. No regale su producto, y sobre todo en la primera venta, pues ésta definirá todas las condiciones de ahí en adelante. Así que promueva y defienda sus diferenciales a capa y espada.

Cultive prospectos para cosechar clientes

Las ventas son consecuencia de un proceso sistemático de convertir personas interesadas en lo que usted ofrece en clientes reales y frecuentes. Sin embargo, esto no se genera de la noche a la mañana.

Así como las ventas de mañana se logran con las acciones de hoy, las ventas de hoy se logran con las acciones de ayer. Aunque en algunos casos es necesario tomar medidas de choque para recuperar las ventas, habitualmente estas acciones no son sostenibles y rara vez rentables.

Los clientes no sólo deben buscarse cuando necesitamos urgentemente llegar a la meta de ventas. La relación con los clientes empieza *antes* de que necesitemos que nos compren.

No tiene por qué salir a buscar clientes a última hora

Toda industria está expuesta periódica y cíclicamente a eventualidades que afectarán el flujo normal del negocio, desde crisis financieras, sociales hasta pandemias, siempre hay algo que nos golpea. Son cosas que, si bien son incontrolables, puede prepararse para enfrentarlas. Siempre existe algún factor de impacto que afecta los cumplimientos de ventas: que por el invierno, que por el verano, que porque fue año de elecciones, que porque no hubo elecciones, que porque el dólar subió, que porque el dólar bajó, que el exceso de inventario en el cliente, que el contrabando, etcétera.

Si sabemos que estas cosas pasan tarde o temprano, ¿por qué empezamos a actuar sólo cuando caen las ventas?, ¿por qué sólo cuando perdemos a nuestro principal cliente es que empezamos a buscar nuevos clientes?

Que la competencia baje precios no debe tomarnos por sorpresa (lo harán tarde o temprano), que ingrese un nuevo competidor con un producto mejorado, que perdamos un cliente importante o que se incrementen los costos más allá de lo presupuestado son cosas que habitualmente pasan. Entonces, ¿por qué una y otra vez nos toman por sorpresa?

¿Por qué salimos afanosamente a intentar convencer a gente que no nos conoce para que nos compre? Los clientes de hoy son los prospectos que hemos venido cuidando, cultivando y generándoles confianza. No es gente que recién nos conoce.

¿Por qué *necesita* preparar prospectos?

Exponer su compañía a prospectos calificados (clientes potenciales) de manera sistemática permite allanar el camino para cuando sea el momento del cliente de tomar la decisión de compra o, por lo menos, de probarlo. Pretender vender sin antes haber generado conocimiento y confianza es prácticamente imposible. Todo prospecto, antes de que se convierta en cliente, debe pasar por el proceso de enamoramiento.

Sólo después de tener los argumentos y las razones de preferencia claramente identificadas, es probable que se movilice hacia la compra. Con frecuencia, pasamos por alto o menospreciamos la necesidad de generar confianza en los prospectos, en personas que podrían llegar a requerir lo que tenemos para ofrecer. Estamos más enfocados en mostrar lo que tenemos que en entender lo que el cliente necesita.

Recuerde que nadie quiere que le vendan, pero todos queremos comprar. Vaya induciendo poco a poco a las personas a que lo conozcan. No ahuyente a los prospectos con un agresivo discurso de ventas sin antes haberse presentado. Forje una sutil relación de conocimiento y confianza. La venta es un paso posterior.

Cultive una cartera de clientes potenciales

Si cada mes tiene que buscar desesperadamente nuevos clientes y ofrecer grandes descuentos para poder cumplir con sus metas, algo no anda bien. Lo que estamos tratando de construir es una base de clientes leales y no un grupo de cazarrecompensas que estarán con el mejor postor. Una venta inicia mucho antes de conocer al cliente. Empiece a crear una base de clientes potenciales, construya una cartera de prospectos interesados brindando información de valor en un libro electrónico, un boletín, u ofrecer un servicio o producto de prueba.

Las ventas son un sistema, un proceso estructurado para atraer continuamente la cantidad necesaria de interesados y de ahí obtener el número de clientes que requiere para cumplir las metas de ventas. Si no hay nuevos interesados, no habrá nuevos clientes y, por ende, no habrá nuevas ventas.

Carteras por excelencia

Hay varios mecanismos para literalmente cultivar su cartera de clientes potenciales. Éstos son los grupos de personas a los cuales acudirá cuando llegue el momento de vender. Es gente que ya lo conoce y, en mayor o menor medida (dependiendo de la cartera), confía en usted y su negocio.

Redes sociales

Si bien son relaciones poco profundas, es el lugar propicio para que un prospecto empiece a conocerlo sin que implique mucho compromiso. Le permite a las personas explorar y ver "desde la barrera" cómo se comporta su marca. Esta es la finalidad de una red social. El siguiente paso con estas personas será invitarlas a que sean parte de su lista de suscriptores. Algo así como pasar de simple conocido a amigo cercano.

Lista de suscriptores

Personas que han dado el paso de compartirle sus datos de contacto y han aceptado entablar una conversación continua con su marca. Son las personas que se suscriben a su boletín electrónico, a sus tips mensuales, a su blog o cualquiera que sea la herramienta que utilice para ser visible.

Quienes han pedido información

En algún momento, hay un grupo de personas que dan otro paso y solicitan más información de sus productos y servicios. Personas que han demostrado interés, pero que aún no están listas para comprar. Deben ser parte de su lista de suscriptores dentro de un subsegmento que podría identificar como "Prospectos VIP", denotando que son personas más avanzadas en el proceso comercial y más preparadas para una eventual compra.

Clientes inactivos

Son las personas que le han comprado en el pasado pero que dejaron de hacerlo. No pueden ser considerados clientes activos por estar ausentes, pero sin lugar a dudas constituyen un grupo de personas que ya lo conocen y en algún momento confiaron tanto en usted como para darle su dinero. Los clientes inactivos son una gran fuente de ventas futuras.

La clave de un marketing efectivo es crear etapas de manera que las personas puedan dar pequeños pasos a lo largo del camino, en lugar de pedirles grandes y riesgosos saltos. Es cultivar relaciones en el tiempo buscando generar la confianza necesaria que requiere todo proceso de venta. Es sembrar hoy para poder cosechar mañana.

Construya una base de datos de clientes potenciales

Que alguien no le compre hoy no significa que no le pueda comprar mañana, pero debe tener alguna manera de seguir comunicándose con esa persona para cuando sea el momento adecuado.

Desde el momento que un cliente potencial sabe de su existencia, porque llegó a su página web, visitó su punto de venta, un amigo se lo recomendó o se acercó a pedir información a su stand en la feria comercial, empieza el proceso de cultivación de ventas futuras. Para los clientes potenciales que están en etapa de exploración, una decisión de compra puede tardar semanas o incluso meses, dependiendo del tipo de producto o servicio. No los abandone, ésos son los próximos clientes.

¿Por qué crear su propia base de datos de prospectos?

Siempre será mucho más probable que alguien que ya lo conoce se convierta en cliente, que pretender convencer a alguien desde cero. Construir una base de clientes potenciales prepara el terreno para mantener un flujo constante de negocios y no estar a merced de los clientes que aparezcan en el día.

Tener una base de datos calificada, de personas o compañías que sabe que podrían estar interesadas en su producto o servicio, hace una enorme diferencia en la gestión comercial. Es más efectivo hablarle a quinientas personas que quieren saber de usted que llegarle a cinco mil que no tienen ningún interés. Ése es el origen de la baja efectividad publicitaria cuando de movilizar ventas se trata. Pretender que alguien que recién lo conoce le compre es demasiado prematuro.

¿Cómo crear una base de datos de clientes potenciales desde cero?

Las siguientes son algunas alternativas cuando no cuenta con una base de datos propia y debe iniciar el proceso de cero.

Ferias comerciales

En vez de rifar un televisor para que las personas dejen la tarjeta en una urna o le den su correo electrónico, utilice el contenido como "moneda de cambio" para que se suscriban a su base de datos. Se sorprenderá lo efectivo que es (y mucho más barato que el televisor).

A cada visitante le puede decir algo como: "¿Quisiera recibir sin costo nuestra guía de jardinería para el hogar y los tips que enviamos mensualmente a nuestros suscriptores? Ésta es una muestra de lo que enviamos". Acto seguido, registra el nombre y correo electrónico de la persona y la ingresa a la base de datos, pues ya tiene su consentimiento.

Promueva el contenido en todos sus frentes digitales

Ofrezca gratuitamente su presentación o serie de videos en su página web, en su Instagram, página de Facebook, en su canal de YouTube, en su blog y en cualquier otro lugar donde tenga presencia *online*. Solicite la información básica de contacto como el nombre y el correo electrónico a cambio de la información.

Invierta en publicidad *online* y *offline*

Para atraer cada vez más prospectos a su base de datos, promueva la suscripción a sus tips o la descarga de su información en Google

AdWords, anuncios de Facebook o boletines gremiales, como una forma de llegar al mercado que necesita con atractiva información de valor.

Ofrézcalo en su punto de venta

Si cuenta con tiendas comerciales u oficinas de atención al público, aproveche la oportunidad para ofrecer la suscripción a su contenido a quienes lo visitan, sea que le compren o no.

Concursos y sorteos

Puede desarrollar actividades promocionales para promover la consecución y actualización de base de datos. Incluya una dirección en internet donde las personas puedan ingresar sus datos para recibir el boletín electrónico, y a cambio participan en el sorteo de algo u obtienen algún beneficio.

Conferencias o seminarios

Si, por la naturaleza de su negocio, ofrecer conferencias o seminarios es algo habitual para su compañía, no deje pasar la oportunidad de registrar potenciales clientes. Bien sean conferencias presenciales o virtuales (webinars), éstas son una gran oportunidad para invitar a personas que ya lo conocen y tienen una imagen de su empresa, para que sigan en contacto.

¿Cómo comunicarse con sus prospectos de la forma correcta?

Para mantenerse presente en la mente de sus prospectos, debe tener alguna razón para comunicarse con ellos habitualmente, de manera que se convierta en la primera opción cuando sea el momento.

Comunicación de valor periódica

Una forma es a través del correo electrónico. Utilice su valioso contenido como la razón principal de su comunicación. No envíe un correo para "ponernos a su servicio" y "ofrecerle una amplia gama de productos a los mejores precios". Envíe su libro electrónico gratuito, la invitación a una conferencia virtual o un reporte de las últimas tendencias de su industria, para que el primer contacto sea de generación de valor.

A partir de ese momento, envíe quincenal o mensualmente un correo con información útil junto con su oferta de productos o servicios. Cuando se enfoca en ofrecer información de valor para un cliente potencial, se está enfocando en lo que a su cliente realmente le interesa y lo que proactivamente busca; muy diferente a intentar llamar la atención a través de la publicidad, cuando no está prestando atención. Ésta es la esencia del marketing de contenidos.

Otra alternativa, aunque menos personalizada y dirigida, son las redes sociales. Estar presente en la mente de sus seguidores le permitirá recurrir a acciones de marketing cuando los necesite. Compartir periódicamente información útil para su comunidad genera no sólo visibilidad, sino también empatía y, con el tiempo, confianza.

Gracias a esto fue que, por ejemplo, una cadena de pizzerías en Colombia logró poner en marcha una estrategia comercial para incrementar sus ventas.

Parada en pits: pizza a toda velocidad

La pizzería Cheers creó un interesante concepto para incrementar las ventas de sus pizzas. Dado que no podía abrir el establecimiento al público durante la cuarentena, y que la mayoría de restaurantes y comidas rápidas competidoras estaba haciendo entrega a domicilio, se ingeniaron una forma distinta de promoverse: vender sus pizzas listas a los vehículos en la calle.

La actividad duró 4 días (del 1º al 4 de junio), en el horario de 4:00 a 8:00 p.m. Cada día un sabor de pizza diferente en tamaño personal:

Lunes: pizza hawaiana (jamón, piña).

Martes: pizza carcajada (pollo, tomate, tocino).

Miércoles: pizza feliz (plátano, tocino, queso parmesano).

Jueves: pizza chistosa (peperoni).

En el exterior de sus locales comerciales instalaron una pequeña valla haciendo alusión a la actividad e invitando a los conductores a hacer una "parada de pits" para llevarse la pizza del día. Vestidos con atuendos de fórmula uno y ondeando banderas de cuadros blancos y negros, era imposible no notarlos.

Con todas las medidas de seguridad, para lograr la velocidad prometida en el servicio, estandarizaron el proceso: un solo sabor por día y un valor cerrado en un billete de 10 000 pesos (2.60 dólares) para facilitar la compra. Literalmente, la parada en pits era *Stop* (pase el billete) *& Go* (llévese la pizza).

Inspire a su propia comunidad

De no haber tenido previamente una base de datos y de no haber contado con la visibilidad necesaria frente a su propia comunidad en redes, no hubieran logrado el alcance suficiente. Seguramente, habrían vendido sus pizzas a los conductores que pasaban en esos momentos por el frente de cada local, pero no hubieran atraído a aquellos seguidores y amantes de su pizza para que se desplazaran hasta sus puntos de venta para participar de la activad. En otras palabras, tener su propia comunidad es la diferencia entre venderle únicamente al que pasa por el frente o venderle además a los fanáticos de su marca en cualquier otro lugar.

Vea las imágenes de esta actividad en *NegociosInmortales. com/bonus*.

Los prospectos de hoy son los clientes de mañana

Cuidar y cultivar una base de clientes potenciales es uno de los mayores activos que una empresa puede tener, pues está aprovechando cada contacto para generar confianza, ambos prerrequisitos para generar una venta. Y lo más importante, esta cultivación lo mantendrá en el radar.

Permanezca en el radar

Especialmente si vende productos estacionales o con renovaciones anuales, esté siempre presente. Un correo, un mensaje o una llamada de vez en cuando nunca estará de más.

El típico escenario: su cliente no escucha de usted durante un año y cuando aparece es para enviarle una factura. No es un muy buen mensaje. Además, ¿qué cree que está haciendo la competencia mientras usted no aparece? Correcto. Seduciendo a su cliente.

No cierre la puerta con un cliente potencial

En algunos casos, puede recibir la solicitud de un cliente potencial que, atraído por su oferta de valor, está interesado en trabajar con usted pero que no cuenta con los recursos para acceder a sus servicios o lo que ofrece está sobredimensionado para sus necesidades. No lo subestime.

¿Por qué es importante dar una solución (así nunca llegue a ser cliente)?

En vez de decir simplemente que no le puede ayudar y cerrar la puerta, busque alternativas para generar valor. No es sólo un tema de responsabilidad empresarial, es una forma de fortalecer su posicionamiento. Recuerde que el mundo da muchas vueltas.

Cada vez que tenga la posibilidad, aun si sabe que esa persona puede no llegar a ser su cliente, considere lo siguiente:

Mientras más damos, más recibimos: alguien decía que el universo es circular. Todo da la vuelta y recibimos en función de lo que damos. El hecho de ayudar es en sí una filosofía de vida que bastante necesitan los negocios.

Puede no ser cliente (todavía): el hecho de que alguien no pueda acceder a sus servicios en este momento no significa que no lo pueda hacer en un futuro cercano. Más aun, el día de mañana puede lanzar otros productos o servicios que encajen con las expectativas o necesidades de estos prospectos.

Recomendados: así esa persona no vaya a ser su cliente, puede conocer a otros que sí pueden requerir de sus servicios y recomendarlo. De la buena experiencia que tenga con su compañía, dependerá el interés en recomendarlo y la claridad en comunicar sus beneficios a un tercero.

Algunas alternativas para no cerrar la puerta

Brindar alternativas no sólo lo convierte en una empresa confiable, sino que puede representar negocios en el futuro.

Envíelo a un aliado: otra compañía que pueda ayudarle o esté más especializada en el tipo de solución que la persona requiere.

Ofrézcale un producto de entrada: dar la opción de un producto o servicio de entrada, una alternativa de menor valor puede ser el primer paso de un desarrollo futuro.

Reorganice la oferta de servicio: otra opción es rediseñar o reorganizar lo que ofrece. Especialmente flexible en los negocios de servicio, puede ajustar la opción a algo más pequeño o específico.

Ofrezca un plan de recomendados: ofrecer un plan de recomendados (por ejemplo, por cada recomendado descuenta un valor, donde incluso podría salirle gratis), es una alternativa de hacer su producto o servicio más accesible.

Opciones de financiación: ofrecer alternativas de financiación (propias o de terceros), puede ayudar a aliviar la liquidez del prospecto. Para ciertos negocios, el simple hecho de aceptar tarjetas de crédito puede hacer una enorme diferencia.

Ayudar a alguien que tal vez nunca llegue a ser cliente no sólo es gratificante. Puede hacer la diferencia.

¿Cómo hacer seguimiento a una propuesta sin enloquecer al cliente?

Un cliente está interesado en lo que usted ofrece. Lo contacta para entender cómo puede ayudarle. Hace su presentación y, fruto de esto, queda de enviarle una propuesta. El proceso empieza con la presentación de ventas, luego el acuerdo de la propuesta, el envío de ésta, el seguimiento y, finalmente, el cierre (con un sí o un no).

Presentación de ventas

El cierre de la venta no empieza cuando envía la propuesta, empieza cuando expone sus argumentos y presenta por qué es la solución más adecuada para el cliente. Aquí empieza realmente el cierre, porque es en este momento donde el cliente "compra" al vendedor, "compra" su empresa y "compra" la solución que le ofrece. Esta "compra" inicial tendrá una altísima influencia en la prontitud e interés con la que el cliente luego responderá (o no) a su propuesta.

Incluya todos los puntos que considere relevantes para una efectiva presentación de ventas, de manera que al cliente le quede muy claro por qué usted es la mejor opción. Tendemos a hablar demasiado de lo que nos interesa, pasando por alto lo que al cliente le interesa. Entre otras cosas, debe incluir: qué ofrece que nadie más ofrece (su diferencial), con quiénes ha trabajado que sean un referente para ese cliente (casos de éxito), y cuál es el resultado esperado de trabajar con su empresa (claridad en los entregables).

Idealmente, el cliente queda interesado en lo que usted ofrece y cómo lo ofrece, por lo que después de esta "compra" inicial querrá que le pase una propuesta. Para usted como vendedor, esto significa entender muy bien lo que le va a incluir en la propuesta y discutirlo antes de enviársela.

Negociación *previa* de la propuesta

Éste es el punto más importante de todo el proceso. Debe validar punto por punto con el cliente lo que va a incluir en la propuesta antes de mandársela, incluyendo el precio tentativo, de ser posible. Lo que está haciendo es filtrar la propuesta e irla adaptando para que represente al máximo posible la expectativa del cliente. De esta manera, lo que recibirá no será una sorpresa (razón por la que no le dará respuesta). Muchos vendedores prefieren no tocar estos temas con el cliente antes de diseñar la propuesta por temor a recibir una objeción. El punto es que ésta llegará tarde o temprano, el evitarla no hará que se desvanezca; y mejor si la enfrenta en este momento porque tiene la opción de explicar y aprovechar antes de que disminuya el interés o pierda sentido de urgencia.

El cierre se negocia antes de enviar la propuesta. Una razón por la que los clientes no dan respuesta a las propuestas es porque no eran lo que estaban esperando. Las descartaron pero se sienten incómodos diciéndole que no. El nunca dar una respuesta es un "no" tácito que evita la confrontación y una subsecuente presión del vendedor para intentar revertir la decisión, algo que el cliente quiere evitar si no está interesado.

Después de la presentación, acuerde con el cliente qué espera que le cotice, qué debe incluir y qué no; y, de ser posible, una idea de cuánto le puede costar. Esto hará que de una vez el cliente sepa de qué estará hablando y evite sorpresas. Lo puede hacer a través de una llamada telefónica o personalmente después de la presentación (en caso de que cuente con la información necesaria para dar un estimado en ese momento). La idea es que conozca de antemano la reacción del cliente frente a lo que ya sabe que le va a enviar, y no esperar a que reciba la propuesta y empiece el proceso de negociación, o peor aún, que no vuelva a tener la posibilidad de explicar sus argumentos.

Diseño y envío o presentación de la propuesta

Si todos o la mayoría de los temas fueron conversados con el cliente antes de diseñar su propuesta, el diseño de ésta será algo bastante sencillo. Será simplemente poner por escrito los puntos hablados, adicionando información de validación de la compañía, clientes y demás aspectos generadores de confianza.

Si envía la propuesta por correo electrónico, al final pídale al cliente que le confirme el recibo de éste, sólo para estar seguro de que le llegó. Si la presentación de la propuesta es presencial, defina con el cliente al final de la reunión una fecha en la que lo contactará para hacerle seguimiento.

Si la propuesta está construida con los puntos que ya discutió con el cliente, dejará menos variables pendientes y, por ende, mayor probabilidad de que el cliente le dé una respuesta pronta y positiva. Piense en una propuesta como una minuta de las conclusiones de una reunión.

Seguimiento de la propuesta

El objetivo del seguimiento es obtener una respuesta del cliente respecto a lo propuesto por usted; saber si hay algo más que debiera explicar, acompañar o complementar. Una vez más, si los puntos fueron construidos en conjunto con el cliente, la propuesta no debería ser sorpresa.

Si una vez enviada la propuesta (asumiendo que la envió por correo electrónico, que es lo más común), y habiéndole pedido al cliente que le confirme su recibo, no obtiene señales de vida, haga dos seguimientos adicionales.

Una semana después, envíe un correo en el que le recuerda el tema en cuestión, diciéndole que quisiera confirmar el recibo de la propuesta (en caso de que no lo haya hecho en el primer envío), o si hay alguna otra inquietud que le pudiera ayudar (en caso de que sí haya confirmado recibo). Dependiendo de los medios previos con los que se haya contactado, este seguimiento puede ser telefónico, por WhatsApp o dependiendo de la cercanía y el tipo de relación, incluso por redes sociales.

Si el cliente aún no confirma recibo, lo contacta dos semanas después del correo electrónico anterior, sólo para estar seguros de que la propuesta no le llegó a la bandeja de correo no deseado o algo similar. Por eso, es útil hacer seguimiento no sólo por correo electrónico, sino por otros medios para evitar riesgos en la recepción del correo. Si después de este segundo contacto el cliente no contesta, finalice el proceso.

Si efectivamente el cliente confirma el recibo de la propuesta inicial y a menos que acuerde lo contrario (por ejemplo, que el cliente diga que lo contactará varios meses después), realice los seguimientos en las tres semanas siguientes. Obviamente, si el cliente responde en el primero, continúe el proceso sin necesidad de realizar el segundo.

La filosofía es que si el cliente ya le confirmó el recibo de la propuesta, ha hecho los seguimientos correspondientes y aún así no hay definición de ningún tipo, debería darle un respiro. Si la respuesta del cliente es que el proyecto se postergó o algo similar, programe hacer un seguimiento entre tres y seis meses después. Los clientes, como todos nosotros, tienen gran cantidad de cosas en qué pensar y qué resolver, todo el tiempo. Asuma que el cliente ha olvidado su propuesta, de qué se trataba y cuáles eran sus ventajas. Aproveche cada contacto futuro para validar su discurso y ayudarle al cliente a recordar.

Cierre

No importa qué le responda el cliente, sea un sí o un no, agradezca. Puede no ser un cliente hoy, pero podría serlo mañana. Las relaciones con los clientes no siempre comienzan con una venta. Empiezan por un conocimiento mutuo y una generación de confianza, que, dependiendo del tipo de producto o servicio, puede tardar semanas, meses o incluso años. Ésta es tan sólo la primera aproximación.

El cliente se tomó el tiempo de leer su propuesta o de hablar con usted. Le prestaron atención y le dedicaron tiempo, algo escaso por estos días para cualquier persona. Le pudo haber dado información valiosa para mejorar su producto/servicio, o ideas de cómo mejorar los argumentos a futuro. No desperdicie esa información, será la base para crear mejores experiencias.

FORTALEZCA LA EXPERIENCIA DEL CLIENTE

Cuando se trata de evidenciar la propuesta de valor y sustentar por qué cuesta lo que cuesta, crear experiencias memorables es, sin lugar a duda, una de las estrategias que más diferencia.

En momentos de crisis económicas, los clientes necesitan justificarse a sí mismos el porqué invertir en un determinado producto, marca, negocio o servicio. La experiencia es la respuesta.

La experiencia es una sumatoria de interacciones

Cuando hablamos de *experiencia*, en palabras sencillas, es la percepción que se forma el cliente, fruto de todas las interacciones que tiene con usted, su marca o su empresa.

Esa sumatoria de interacciones son pequeños momentos con muchos puntos de contacto que se dan a lo largo de la relación. Sea que dure minutos o años, todo envía un mensaje a favor o en contra. Empieza enterándose de que su negocio existe por la recomendación de un amigo, su página web, un anuncio o algún otro estímulo con el cual se encontró.

De ahí en adelante, todas las interacciones en la fase de exploración, luego en la compra y mantenimiento como cliente, hasta una eventual despedida o cambio por otra marca, son las cosas que construyen y determinan la experiencia.

El poder de la primera y última impresión

Mucho se ha hablado de lo que representa la primera impresión para un cliente. El punto de partida que establece el tono de la comunicación y la expectativa de la relación. Sin embargo, la impresión que deja la última interacción (temporal en caso de que se repita en el futuro o permanente en caso de pérdida del cliente) es la experiencia que el cliente más recordará.

La primera impresión

Al comienzo el cliente tiene expectativa, por lo que la primera impresión que damos establece un referente, y genera una importante validación de que está en el lugar correcto, con la empresa correcta y con la persona correcta. Es la primera gran oportunidad de sorprender, de crear un momento memorable y de sacar una sonrisa. La primera impresión establece la personalidad de la marca y evidencia que no es igual a otras opciones del mercado. Sin embargo, tanto la primera como la última impresión pueden ser negativas o positivas.

Los siguientes son algunos ejemplos de una negativa primera impresión:

- El cliente entra al almacén y quien lo atiende ni se percata por estar concentrado en su celular.
- En tiempos de pandemia, que la persona no esté usando correctamente el tapabocas, luciéndolo en el cuello sin ninguna protección.
- Después de la solicitud de cotización de un cliente potencial, no envía la propuesta a tiempo.
- En el teléfono de contacto que puso en su página web nadie contesta.
- El primer cliente que entra a la tienda tiene que saltar por encima del montón de basura que aún están barriendo; donde en ocasiones la mala experiencia se exacerba con un vallenato sonando de fondo. El aseo se hace *antes* de abrir.

Por el contrario, una grata y poderosa primera impresión puede ser:

- Darle la bienvenida a su primer cliente como lo hace un supermercado, haciendo una calle de honor y recibiéndolo con aplausos mientras entra a la tienda (por supuesto, todos siguiendo las normas de bioseguridad).
- Enviar un kit de bienvenida. Físicamente o por correo electrónico, envíe al cliente una nota escrita a mano dándole la bienvenida, con información relevante y algún detalle. Aunque técnicamente puede no ser el primer contacto, establece un muy buen punto de partida.
- Brindar una bienvenida telefónica cuando alguien llama a su línea de servicio al cliente a pedir información. Por ejemplo, los operadores de servicio al cliente en Disney contestan algo como: "¿Cómo puedo hacer magia por usted el día de hoy?".
- Una amable sonrisa acompañada de una frase como: "Buenos días, mi nombre es Miguel y estoy aquí para hacer su visita lo más placentera posible".

La última impresión

La última impresión es lo que completa la experiencia del cliente y crea un recuerdo inmediatamente posterior a la interacción con nuestra marca, producto, servicio u organización. Una memorable última impresión cierra con broche de oro la percepción y determina la calificación intrínseca que, o bien hará que vuelva a hacer negocios con nosotros y nos recomiende, o que sea la última vez que lo veamos.

Una indiferente última impresión es, por ejemplo:

- Cuando el cliente se entera en la caja antes de pagar que el negocio sólo acepta efectivo.
- Cuando le dicen que la garantía no lo cubre porque en la letra pequeña hay una cláusula que dice que no cobija ese tipo de desperfectos.

- Atender de manera automática y después de la transacción gritar: "¡Siguiente!".
- Tener que, literalmente, perseguir a los representantes de la empresa y hacer múltiples llamadas para cancelar su suscripción a la televisión por cable o reprogramar una cita.

Una memorable última impresión puede ser:
- Sorprender con un detalle después de la compra, como el concesionario que envía al nuevo dueño de un vehículo un gran ramo de globos a su oficina, algo que además genera recomendaciones de boca en boca.
- Que el proceso para pagar su compra *online* fluya sin ningún contratiempo y la navegabilidad del sitio sea impecable.
- Después de recibir una cancelación del servicio, agradecer al cliente el haberle dado la oportunidad de servirle.
- Despedirse de su cliente con un poco de humor, al estilo Star Wars: "Que la fuerza te acompañe".
- Siempre dar las gracias por haber comprado en su negocio: "Gracias por su compra, que tenga un maravilloso día y lo esperamos de regreso muy pronto".
- Si la línea telefónica está ocupada, escuchar un mensaje que dice: "Por favor, déjenos su número telefónico y a la mayor brevedad le regresaremos la llamada".

Hacer cosas fuera de lo habitual y sorprender con detalles que enamoran es una poderosa forma de diferenciación. Con la primera impresión que generamos a un cliente estamos demostrando el cuidado por los detalles y establecemos una expectativa de confianza y profesionalismo en lo que hacemos. Una negativa primera impresión predispone y hace mucho más crítico al cliente de lo que está por venir. En contraste, la última impresión tiene el poder de mejorar la percepción de servicio, aun si durante el proceso hubo inconvenientes. La última impresión permanece y es lo que el cliente recordará inmediatamente después cuando vaya en su auto. Sorprenda en el comienzo y en el final. Hace la diferencia y da de qué hablar.

Haga la espera agradable

El tiempo de espera es de las cosas que más "desespera", y es un detonador, en muchos casos, de malas experiencias para los clientes. De una u otra manera, los tiempos de espera nos afectan a todos, no sólo a las empresas que atienden público de manera masiva, sino a todos los que atendemos en algún momento a alguien.

Todos los días esperamos

La espera tiene muchas facetas y está presente en cada interacción. Cuando alguien va a su oficina y espera ser atendido para una cita; cuando un padre de familia espera su turno para hablar con la profesora; mientras espera que le entreguen la habitación que aún no está disponible en el hotel; la espera para la cita odontológica; en la cafetería mientras hace fila; o la espera mientras lo llaman en el restaurante para acompañarlo a la mesa, entre muchas otras situaciones.

Hay diferentes momentos donde los clientes esperan (especialmente, con medidas de aislamiento y bioseguridad), lo que se convierte en una maravillosa oportunidad para sorprender, pues muy pocos piensan realmente en cómo hacerla agradable. Por eso quien lo hace se diferencia fácilmente del resto. La mayoría no pasa del típico televisor con señal defectuosa y las revistas viejas en las salas de espera. Podemos hacerlo mucho mejor.

¿Cómo sorprender mientras la gente espera?

Hacer la espera agradable es un tema principalmente de creatividad, donde con muy poco dinero y pequeñas sorpresas puede crear un gran impacto.

Entretenimiento

Como dice Joe Vitale, "no necesita estar en el negocio del entretenimiento para hacer su negocio más entretenido". Entretener es prestar atención a múltiples estímulos que puede ofrecer para hacer volar el tiempo. Invite a la interactividad; como mientras espera para un espectáculo en Disney, donde no sólo le muestran historias y pasan cosas a su alrededor, sino que puede interactuar con objetos.

Snacks

Aunque no aplica para todos los negocios, en muchos casos golosinas u otro tipo de *snacks* pueden ser una buena excusa para que la gente deguste y comparta con quienes le acompañan. Por ejemplo, el restaurante Texas Roadhouse en Houston ofrece cacahuates, que puede consumir sin límite mientras espera a que le llamen para la mesa.

Juegos

De cualquier tipo, los juegos siempre son algo atractivo para niños y adultos. Mientras la gente se esté divirtiendo, el tiempo pasa más rápido. Por ejemplo, en el aeropuerto de Monterrey se encuentra una mesa para jugar videojuegos y otros elementos para disfrutar.

Decoración temática

La misma decoración puede hacer magia. Exhibiciones temporales, fotografías antiguas o conmemorativas, historias para contar, y hacer de la decoración algo fantástico le pone un toque especial al momento. Renuévelas periódicamente.

Una hoja de papel

Algo tan simple como unas hojas para pintar mandalas es algo relajante y que distrae. Otra opción son los origamis. Con algunas instrucciones para realizar algo sencillo, son entretenidos.

Personalice

Personalizar la experiencia es acompañar el proceso de cada visitante durante su espera. Para esto, hay aplicaciones donde registra su nombre y el sistema le va informando en qué turno va, cuánto le falta y demás detalles. Incluso no tiene que estar físicamente en el lugar, puede ir a dar una vuelta y recibirá una notificación por mensaje de texto o WhatsApp. Hay otra aplicación con la que puede escanear el código QR que viene impreso en el papel de su turno, el cual también le va informando cómo va su tiempo de espera y también puede jugar dentro de la misma aplicación.

Online

Incluso la espera en la computadora puede ser un momento productivo. Por ejemplo, los servicios de transferencia de archivos le muestran noticias, imágenes, proyectos y cosas interesantes mientras envía la información.

Teléfono

El teléfono es otro punto de contacto donde debe mitigar la espera. Algunas ideas para implementar pueden ser compartir datos curiosos, qué pasó hoy en la historia, chistes, o hasta dar la opción de qué música quiere escuchar mientras le contestan, algo así como: "Presione 1 para *rock*, 2 para salsa, 3 para instrumental".

Piense en los niños

Esperar es aburrido, pero esperar con un niño de seis años que no tiene nada que hacer es un acto heroico. Piense en cosas para entretener a los niños, tenga internet de alta velocidad que funcione y de fácil acceso. Lo amarán.

Se trata del tiempo de la gente

El tiempo es lo más valioso que tenemos y lo que más nos duele perder. Tener algo que hacer mitiga la sensación de que estamos desperdiciando valiosos momentos de nuestra vida y se puede convertir en algo no sólo entretenido sino constructivo y hasta educativo.

No subestime la importancia de la espera en la creación de experiencias memorables para sus clientes. Diseñe alternativas creativas para hacerla divertida y memorable.

Siempre es la primera vez para el cliente

Puede que usted lo haya hecho un millón de veces, pero para su cliente es la primera. Haga de cada experiencia algo memorable e inolvidable. Es como cuando lleva a sus hijos a un *show*. Para los actores puede ser la enésima vez, pero para sus hijos es la primera. Siempre mantenga la actitud, el espíritu y la disposición de la primera vez.

No subestime las quejas por ser pocas

El que no veamos a la gente quejarse frente a nosotros no significa que no haya personas insatisfechas con el producto, el servicio o la atención que les brindamos. Dado que son muy pocos los que se quejan, el silencio es un enemigo oculto que puede relajarnos peligrosamente.

"¡Sólo una persona se quejó!"

Es la típica situación: "De los 80 que asistieron, ¡sólo una persona se quejó!". Parecería algo insignificante, una persona de ochenta representa tan sólo 1.25%. "Siempre habrá alguien que no esté de acuerdo", dirá. Es cierto, siempre habrá un disidente, alguien para quien no importa cuánto se esmere, pensará que pudo haberlo hecho mejor. El peligro es no prestar atención a esas potenciales causas de insatisfacción y confiarse de ello.

Si tenemos en cuenta que solamente 4% de los clientes insatisfechos se queja (es decir, 96% nunca se lo dirá), una persona puede reflejar un síntoma más profundo. En nuestro ejemplo, si una persona representa cuatro por ciento de los insatisfechos, quiere decir que éstos podrían llegar a ser 25 personas (regla de tres: si una persona es 4%, cuántos son 100%). Esto representaría 31.25%. (25 dividido entre 80). Una tercera parte de los asistentes.

Independientemente de que el número le parezca alto o considere que no aplica igual en su sector o negocio, el punto es que no debe subestimar ninguna queja, por mínima o poco frecuente que sea. Puede haber algo más de fondo.

La gente prefiere no quejarse
La gran mayoría de los clientes insatisfechos no se queja porque:

Requiere mucho esfuerzo
Toma tiempo. Hay que documentar, llamar, escribir, comentar, buscar el canal de comunicación apropiado y dar con la persona correcta, de ser necesario. Es un desgaste emocional que, aunque tenga la mayor disposición, no siempre fructifica.

No sirve de nada
Los clientes se desaniman por la simple presunción de que las empresas no van a hacer nada con esa información, lo cual, tristemente, es cierto en la mayoría de los casos. Son muy pocos los negocios que, por un lado, agradecen su retroalimentación y, por otro, toman medidas correctivas.

Temor a represalias
El cliente puede temer que si se queja, el empleado o la persona involucrada tome represalias por haber expuesto una actitud inapropiada o el mal funcionamiento de un proceso. Desde represalias administrativas, como demorar un trámite o retrasar un despacho, hasta delincuenciales, como alterar el funcionamiento de un producto o hacer cosas poco higiénicas.

Forma de ser

Hay quienes, por su propia personalidad, prefieren no quejarse o entrar en discusiones. Simplemente, se abstraen de la situación y la dejan pasar. "Dejémoslo así" será su expresión de frustración. Lo más probable es que se pierdan para siempre como clientes sin que la empresa siquiera se dé por enterada.

Todos los días recibimos señales en nuestros negocios de que algo puede no estar fluyendo bien. Es la larga fila de entrada al restaurante, quienes abandonan su página al no poder realizar una compra, aquellos que sienten que la atención fue descortés, los que no quedaron a gusto con su producto o alguna parte de la experiencia de compra (desde facturación hasta despachos). Cada punto de contacto envía una señal.

Prevenga malas experiencias

Los estudios indican que se requieren doce experiencias positivas para compensar una negativa. Por eso no tome las quejas a la ligera, pueden ahorrarle grandes esfuerzos en el futuro. Para prevenir que esto pase o se salga de control:

Afine procesos

Muchas quejas se generan por procesos mal diseñados, trámites innecesarios, solicitud de información irrelevante o inexistente tecnología. Todo esto le complica la vida a los clientes.

Corrobore en campo

De nada sirve tener procesos y experiencias perfectamente diseñadas en el papel, si en la práctica no suceden. Recorra el proceso y corrobore la ejecución todos los días y en todos los puntos de contacto.

Tome el pulso

Pregunte continuamente a sus clientes cómo lo está haciendo. No importa lo que a usted le parezca, es la percepción del cliente la que determina si lo está logrando o todavía hay mucho por hacer.

No subestime las quejas, por pocas que sean. A veces duele, pero siempre se aprende. Una queja es un tesoro, le está diciendo cómo hacer mejor su producto o cómo prestar un servicio sorprendente. Agradézcalo, tome medidas y avance en su proceso de diferenciación.

Esté preparado para las excepciones

Cuando hablamos de prestar un servicio sorprendente y enamorar a los clientes, nos referimos a crear experiencias memorables. Y una de las cosas que más diferencia un negocio de otro es diseñar previamente experiencias, especialmente para reaccionar frente a las excepciones.

Piense en lo improbable

En otras palabras, muchas empresas cuando definen qué experiencia crear piensan en su proceso habitual, asumiendo que todo saldrá como estaba planeado. Sin embargo, ¿qué pasa cuando algo no funciona como esperábamos o los clientes requieren algo fuera de lo convencional?

La mayoría de empresas no está preparada para lidiar con eventualidades, por lo que pequeñas alteraciones en los procesos se convierten en grandes dramas. Sin embargo, hay una forma de prevenir estos conatos de incendio para que no pasen a mayores: tenga un plan de acción para las excepciones.

Mitigue la ansiedad de los clientes

Esperar más de lo planeado genera ansiedad y causa una mala experiencia. Son esas situaciones inesperadas que empañan otros puntos de contacto agradables y relevantes. Recuerde que los clientes recordarán y hablarán, especialmente, de lo que no salió bien.

De ahí la importancia de tener planes de contingencia para diversas situaciones.

Y esto fue lo que hizo Sixt, la empresa de alquiler de automóviles, mientras sus clientes esperaban para alquilar un carro en el aeropuerto de Ámsterdam.

Había una fila de espera más larga de lo habitual. Mientras hacía fila, aparece una empleada de la empresa implementando dos detalles que enamoran: 1) entregaba una botella de agua mientras decía: "Disculpe la tardanza, ¿le agradaría un poco de agua mientras espera?", y 2) llevaba una tableta en la que revisaba previamente la reserva de cada persona de la fila, de manera que si había alguna eventualidad se pudiera resolver antes de que llegara al mostrador (procesos).

Estar preparado para las excepciones sorprende

Como la mayoría de los negocios no planea una respuesta para las excepciones, esto se convierte en una enorme oportunidad para sorprender y diferenciarse de los demás. Piense en su propio negocio cuáles, son aquellas "fallas" que tienen mayor probabilidad de ocurrencia y diseñe un plan b. Sus clientes lo amarán.

Vea las imágenes en *NegociosInmortales.com/bonus*.

Enfóquese en la posventa

Una de las mayores frustraciones, dolores, reclamos e inconformidades que tienen los clientes es la poca atención que las organizaciones y los asesores le prestan al cliente *después* de hacer la venta. Por eso, enfocarse en la posventa es una de las mejores herramientas para alejarse de la competencia.

Posventa: oportunidad de diferenciación

Como hemos dicho, cuando vende lo mismo que el resto, la diferencia no está en lo que vende, no está en el producto; está en los periféricos y en los valores agregados que complementan lo que vende. Y justamente la posventa hace parte de esos "periféricos". De hecho, es uno de los más importantes y en el que tristemente muchos fallan.

Venta de cemento a constructora

Un asesor le vende cemento a una constructora. Como parte de su rutina, *después* de realizar la venta, visita periódicamente las obras de su cliente constructor. Habla con obreros, albañiles, jefes de obra, ingenieros y residentes. Toma el pulso de primera mano para recibir retroalimentación no sólo sobre el desempeño y manejo de su producto, sino sobre diferentes elementos de su propuesta de valor como compañía. Escucha recomendaciones, oportunidades de mejora e información del mercado, llevando ese conocimiento a su propia compañía para entender mucho mejor el negocio del cliente.

Venta de departamentos a cliente final

Supongamos ahora el caso de una constructora que vende departamentos (digamos, la del cliente anterior). Usted compra un departamento con gran esfuerzo y una ilusión infinita. Visita el proyecto, lo atienden amablemente, se lleva el folleto promocional, el cual repasa una y otra vez con la emoción de su nuevo hogar. Cierra el negocio, paga la cuota inicial y de ahí en adelante la relación con su sueño se basa fundamentalmente en el pago mensual del crédito hipotecario.

Dependiendo de la fecha de entrega de su departamento, pueden pasar uno, dos o tres años, durante los cuales juiciosamente paga las cuotas, pero tiene pocas noticias de la constructora.

Una asesora de esta constructora lo hizo diferente. Aprovecha la posventa, o el *después* de la venta, para sorprender, alimentar la ilusión de la cliente y generar recomendaciones. Esta persona, después de que vende un departamento, le envía periódicamente información y fotos por WhatsApp a la cliente de cada parte del proceso y los avances del proyecto.

Por ejemplo, le cuenta que ya pusieron los cimientos, que ya se construyó el primer piso o que las áreas comunes van muy avanzadas. Y cuando están trabajando en el departamento de la cliente, digamos el 308, le manda fotos específicas de su departamento con mensajes del tipo: "Así está quedando la sala-comedor" y "Esta es la habitación de Sarita, ¡va a quedar súper linda!".

Adivine la reacción de la cliente…

¿Qué cree que hace la cliente con la información que recibe?, ¿cómo cree que se siente?, ¿cree que la quiere compartir? ¡Por supuesto! Enfocarse en la posventa no sólo hace la diferencia, crea un de boca en boca. Comparte la experiencia con amigos y familiares. Así, de una manera espontánea, otras personas se enteran del proyecto y del maravilloso servicio de la asesora de la constructora. Ese es el poder de enamorar en la posventa.

Las múltiples caras de la posventa

Tenemos una gran oportunidad de sorprender a los clientes con cosas que la mayoría no hace. Es una enorme oportunidad. Hace una gran diferencia para la gente.

La posventa no sólo tiene que ver con la gestión del asesor. También se refiere a aspectos como el mantenimiento, a verificar que todo estuvo en orden y a mantenerse visible para el cliente. Así lo que venda se reponga cada diez años, esto no quiere decir que tiene que aparecer cada diez años. Si son renovaciones anuales (pólizas de seguro, servicios en la nube, etc.), no aparezca una vez al año sólo para cobrar. No es tan agradable. Aparecer periódicamente desde la perspectiva de la posventa le da una ventaja sobre la competencia.

Por eso, cuando todo lo que el mercado ofrece es muy similar y cuando aparentemente no hay diferenciación, enfocarse en esta sección del proceso llamada posventa es una enorme oportunidad. Se llama experiencia y a partir de ahora será cada vez más una mezcla entre *offline* y *online*.

Rediseñe las experiencias: *offline* y *online*

Uno de los grandes cambios que hemos visto es una mayor presión a los negocios por la virtualización y la puesta en marcha de herramientas *online*. Desde las funciones transaccionales de las plataformas de comercio electrónico hasta interacciones y extras en la venta del producto o servicio, son excelentes alternativas para incrementar la percepción de valor de una manera rentable.

Una de las mayores lecciones que hemos aprendido (al igual que nuestros clientes) es que tenemos que estar más presentes *online*, acompañar a clientes y prospectos y simplificar los procesos si queremos atraerlos y diferenciarnos de la competencia.

El futuro de las experiencias: fusión física y virtual

Esto se da en cada interacción de comienzo a fin. Desde la información que se comparte en redes, página web o WhatsApp, debe ser clara con instrucciones precisas y un llamado a la acción evidente e inequívoco. No ponga a la gente a pensar, hay demasiados competidores y opciones al acecho.

Luego, si el cliente quiere entrar en contacto con el negocio para pedir más información, aclarar dudas o hacer un pedido, espera que todos los canales estén abiertos, disponibles y con respuesta inmediata. El uso de plataformas básicas como WhatsApp, teléfono, chat en línea y mensajes directos en redes sociales pueden complementarse con alternativas más robustas como *bots* o herramientas de inteligencia artificial que responden preguntas básicas y hacen la interacción hasta cierto momento autogestionable.

Después de este primer contacto y dependiendo de qué tan corto o largo sea el ciclo de ventas en cada negocio, los clientes esperan que usted se mantenga en contacto. Que de manera personal o automática esté al tanto de lo que sucede con su producto o servicio. Desde la programación de una visita técnica hasta un proceso de evaluación de un crédito o la preparación o despacho de un pedido, una continua comunicación genera confianza, disminuye la ansiedad e incertidumbre del cliente, así como la posibilidad de una recompra y recomendación a terceros. Aquí nuevamente entran en juego las herramientas digitales para hacer el proceso autónomo, programado y efectivo para los clientes.

En el sector inmobiliario, por ejemplo, se está mezclando el mostrar las propiedades de manera virtual (el conocido *open house*) con una interacción personalizada con los prospectos e interesados.

Posteriormente vendrá la forma como brinda la experiencia, donde cada vez más será una mezcla de elementos físicos o presenciales con información, vivencias y sorpresas digitales. El gran cambio en el rediseño de experiencias se estará dando en los complementos *online* que cada negocio debe aprovechar, maximizar, amplificar y explotar para incrementar la percepción de valor y llevar su producto, servicio y negocio a otro nivel en la mente de los clientes. Algo que antes no se veía urgente, ahora será un tema de supervivencia donde la preferencia será dada por quienes facilitan mejor el proceso, hacen mejor seguimiento, acompañan más de cerca al cliente y sorprenden con elementos simbólicos *online* y *offline*.

Finalmente viene la posventa. No me refiero a la aburrida y siempre mal diseñada encuesta de satisfacción, sino a la presencia de su marca en la vida de los clientes después de que le compraron. Es pasar de un simple "amor de verano" a una relación estable, duradera y de más largo plazo. Algo que lo beneficia tanto a usted como a su cliente, pero sobre todo, como lo vimos en el capítulo sobre crecer con clientes actuales, a su negocio.

Por ejemplo, una dermatóloga después de realizar su consulta virtual a través del celular empezó a enviar mensajes de seguimiento a sus pacientes para evaluar la calidad de su servicio y la evolución de sus tratamientos. Del mismo modo, la fisioterapeuta Diana Zapata complementa sus terapias con instrucciones *online* para apoyar a sus pacientes en los ejercicios, dependiendo de lo que necesita trabajar: estiramiento, columna, hombro, mano, rodilla o pie.

BIG, la distribuidora de productos para peluquerías, durante la pandemia desarrolló un club de lectura para apoyar a sus estilistas en capacitación y manejo de diversas herramientas para recuperar sus negocios. Por otro lado, una empresa de tecnología para eventos especializada en fiestas de quince años, lanzaron su blog *los15demihija*.com para orientar a los padres de familia y cumpleañeras con recomendaciones de qué tener en cuenta durante la crisis para planear adecuadamente la celebración. Adicionalmente, a los clientes que habían adquirido sus servicios y tuvieron que dejar su evento en pausa por la pandemia, les ofrecieron una versión digital gratuita.

Las plataformas *online*, que han existido desde hace muchos años, nos dan una oportunidad de oro para fortalecer la experiencia y demostrarles a nuestros clientes que ahí estamos para ellos. Aprovechemos todos los puntos de contacto y todas las interacciones para fortalecer la lealtad y estimular el de voz en voz. Es el momento.

Una forma de reducir la ansiedad de los clientes

Como mencionamos, la espera es uno de esos puntos de dolor que puede convertirse en el detonante de una mala experiencia. Aunque todo lo demás esté perfecto, si la gente espera más de lo habitual, calificará la experiencia como regular. Dirá algo como: "En general, bien. ¡Pero la espera fue fatal!". La espera es lo que la gente recordará y lo que mencionará a otros, no el otro 99% de cosas que hicimos bien. Así somos.

Por eso, optimizar los tiempos de espera es literalmente algo de vida o muerte para el negocio cuando se trata de reforzar la experiencia del cliente. O se propaga de voz en voz el buen servicio y la gente vuelve, o ahuyentaremos a los que llegan por no estar dispuestos a esperar más de la cuenta. Es así de crítico y por eso hay que prestarle tanta atención.

Las filas para pagar en el supermercado

Los supermercados están continuamente buscando alternativas para reducir los tiempos de espera en las cajas de pago, pues tienen muy claro lo que esto implica en la experiencia de sus clientes y, por ende, en la decisión de ir o no a determinado punto de venta. Si la larga espera es reiterativa, los clientes pueden simplemente optar por ir a otro lugar en el futuro.

Iniciativas como abrir más cajas cuando la fila supera tres personas, cajas preferenciales para ciertos servicios (Rappi o pago de servicios públicos), cajas para máximo diez artículos, cajas automáticas donde usted mismo escanea sus artículos y paga, asientos para que espere mientras pasan las compras por usted y habilitación de cajas en otros lugares del supermercado son una constante en este negocio.

Turno en caja desde la aplicación

De paso por el supermercado, me topé con esto en una de las cajas registradoras. Una caja exclusiva para quienes pidan turno a través de la aplicación del Éxito.

Y, por supuesto, tenía que probar el proceso: me atendió Deisy de manera inmediata. Tiempo total de espera: cero minutos. Fin del proceso.

Seguramente no tiene un supermercado, pero sí tiene clientes. Y sus clientes esperan. Esperan de manera presencial si tiene un punto de venta, esperan la entrega de su mercancía en sus bodegas o el envío de una cotización. Todos esperamos algo de alguien.

Por eso podemos aprender de los principios que están implementando los supermercados para mejorar la experiencia de los clientes. De eso se trata la polinización cruzada, de incorporar las mejores prácticas de aquellos que se enfrentan día y noche a nuestros mismos desafíos, sin importar qué tipo de negocio sean.

Con este ejemplo en mente, pregúntese:

- ¿Tener una *app* móvil de su negocio le facilitaría la vida a sus clientes?
- ¿Cómo puede apoyarse en la tecnología para agilizar procesos?
- ¿Puede precargar información para evitarle a sus clientes el digitarla de nuevo?
- ¿Qué información puede automatizar?
- ¿Qué respuestas a preguntas frecuentes podría proveer?
- ¿Puede su cliente autogestionar información para no depender de usted?

Las *apps*, y en general las plataformas digitales, son una poderosa herramienta de servicio que cada vez está más al alcance de todos. El primer paso es querer hacer algo al respecto. La tecnología está lista, ¿está usted listo?

Diseñar experiencias es la parte fácil

Es claro que crear experiencias memorables es una poderosa forma de diferenciación. Es claro también que facilitarles la vida a los clientes, brindarles una cálida bienvenida y tener buena actitud es algo que la gran mayoría de las empresas no hace.

Por eso buscamos mejorar la experiencia

Dado que pocos lo hacen, vemos el diseñar experiencias como una oportunidad para alejarnos de la manada. Definimos lo que queremos que la gente sienta y viva con nuestro negocio; lo que queremos que pase en cada uno de los puntos de contacto y en cada interacción con nuestros clientes. Sin embargo, por alguna razón, terminamos frustrados al ver que todo lo que soñamos dista años luz de la realidad. Y usualmente culpamos a nuestra gente.

Incluso en casos donde la experiencia del cliente no depende de nosotros, sino de terceros (contratistas, distribuidores, franquiciados, proveedores, aliados, etc.), tratamos de que sea lo más memorable posible (que usualmente es hasta donde el tercero tenga la voluntad de hacerlo). Más frustración.

Si bien diseñar la experiencia es un reto (pues implica la tarea de conocer las expectativas para que esa experiencia las supere), lo más difícil es que lo que soñamos suceda en la práctica. Que efectivamente los clientes vivan y experimenten el servicio en cada interacción con la marca tal y como lo hemos diseñado. Una tarea para nada fácil.

El papel puede con todo

Usted diseña un protocolo y define un proceso perfectamente diagramado. Decreta por mandato divino que cada vez que un cliente entre a su negocio debe ser saludado con entusiasmo, debe darle la bienvenida con una frase prediseñada y, por supuesto, siempre con una sonrisa. La pregunta es: ¿está seguro de que eso está pasando con cada cliente?, ¿está seguro de que se está implementando en *todos* los puntos de venta, locales, oficinas, representantes, etc.?, ¿está seguro de que pasa en cada interacción con diferentes personas de su organización? He ahí el problema.

Por eso, el gran reto no es diseñar una experiencia. Esa es la parte fácil, la fase creativa donde uno se inspira; tiene mil ideas y define que va a hacer cosas fantásticas. En la reunión con su equipo, animadamente proclama: "Mandemos una tarjeta a mano cuando el cliente cumpla un año con nosotros, démosle un kit de bienvenida a cada nuevo cliente, mandémosle un correo electrónico de agradecimiento después de cerrar cada negocio", y cosas por el estilo. Esta es la fase en la que la creatividad es infinita. Todos aplauden. Todo es felicidad.

Tristemente, la realidad es bastante diferente.

Diseño de experiencias: ¡diez puntos! Implementación de esas experiencias: dos puntos. Perdimos el año. Si aunque sea *una* de esas ideas se implementa de manera consistente, habremos logrado mucho más que una lista de deseos de diez o veinte cosas.

¿Cómo hacer que la experiencia se cumpla?

Entrene continuamente al equipo
No crea que porque dio una instrucción la gente la va a cumplir. No por negligencia o porque no le importe (aunque también hay de esos personajes), sino por entendimiento y dimensionamiento de su relevancia. Suponemos que con sólo escribir un procedimiento o decirle a la gente "conteste con esta frase cuando levante el teléfono", ya se va a cumplir. Así no funciona el comportamiento humano.

Explique cuál es el comportamiento deseado, la conducta o acción que estamos esperando realizar; en qué momento, con qué frecuencia y bajo qué circunstancias se debe ejecutar. Sea ridículamente específico. Refuerce la importancia y el porqué de esa experiencia.

Refuerce continuamente: "Recuerden cómo tiene que ser este proceso, recuerden que tenemos que enviar esto en este momento, recuerden que tenemos que sonreír, recuerden que tenemos que dar la bienvenida, recuerden que debemos preguntar si es la primera vez que un cliente nos visita o nos compra". Recuerde. Recuerde. Recuerde.

Haga seguimiento
Esté atento. Pregunte. Vaya y verifique. Si usted pide un comportamiento pero nunca verifica si se está haciendo, a la gente se

le olvida. Si no demuestra interés en que esto es relevante para la compañía, si no está validando si lo están haciendo o no, la gente simplemente deduce que no es importante, pues nadie le presta atención. Se presume que es un esfuerzo que nadie nota y, por ende, se deja de hacer.

Implemente un comprador incógnito

En mi experiencia, menos de la mitad de las veces se cumplen los protocolos de servicio que usted espera. De ahí la importancia de estarle tomando el pulso a la experiencia del cliente, y una buena opción es a través de un cliente incógnito. Puede ser un amigo, un colega, o alguien que la gente no conozca (obviamente). Pruebe diferentes partes del proceso: pida una cotización, vaya a un punto de venta, solicite una devolución, pida una cita, identifique si le ofrecen alternativas, evalúe la prontitud de respuesta. En otras palabras, tómele el pulso a cada punto de contacto a ver si toda esa maravilla que estamos promulgando realmente es cierta.

Premie el buen servicio

Premie a la gente por el cumplimiento de los protocolos, por la consistencia en su disposición frente al cliente y por la coherencia de sus acciones en el tiempo. En vez de estar castigando y renegando porque la gente no hace lo que se le dice, premie al que sí lo hace y hágalo tan atractivo que los demás también quieran hacerlo. Explique por qué es importante seguir un proceso.

Explique cómo servir mejor a los clientes y crear gratas experiencias garantiza no sólo la sostenibilidad del negocio, sino muy probablemente una posición de liderazgo en el sector. El mensaje que su equipo debería respirar es: si es bueno para el cliente, es bueno para todos.

Una acción bien ejecutada vale más que mil ideas en el tablero

Las compañías que la sacan del estadio en creación de experiencia no son aquellas que tienen grandes ideas, son aquellas que llevan esas ideas a la práctica de manera consistente, aquellas que garantizan que los clientes, todos los días del año, reciban la misma experiencia, independientemente del punto de venta, del asesor, de la ciudad o del punto de contacto que esté experimentando.

Asigne un responsable para monitorear el cumplimiento. No tiene que ser una gran empresa para asignar a alguien la noble tarea de monitorear el cumplimiento de los protocolos. Si en su empresa son una o dos personas, será usted auditándose a sí mismo, a su socio o a sus proveedores y aliados. El punto es que tiene que haber un doliente.

En conclusión, implemente *una cosa*, sólo una. No dos ni tres, una. Con esto logrará mucho más que llenarse de mil intenciones (¿los deseos de fin de año le recuerdan algo?).

Incremente la percepción de valor

Como hemos enfatizado, no hay productos caros o baratos, sólo desbalanceados en la relación de lo que cuestan *versus* lo que los clientes *perciben* como beneficios. Hay productos y servicios por los que estamos dispuestos a invertir más que en otros, dado que les asignamos más valor, resuelven cosas que para nosotros son críticas o satisfacen algo que anhelamos.

Mientras menor es el valor percibido de algo, menor el dinero que estamos dispuestos a pagar. Y no es que muchos productos o servicios no generen valor, el problema es que no lo reflejan y, por ende, el cliente no lo percibe, generando como resultado la evidente indiferencia frente a la marca.

¿Por qué debe incrementar la percepción de valor?

Cuando la percepción de valor de lo que vende es baja, asimismo es la disposición del cliente a invertir en su producto o servicio. Zig Ziglar decía: "Cada venta tiene sólo cinco obstáculos: no hay necesidad, no hay dinero, no hay urgencia, no hay deseo y no hay confianza". Frente a un producto de bajo valor percibido, el cliente no tiene prisa y no lo aprecia (lo suficiente).

Incrementar la percepción de valor no significa querer cobrar más de la cuenta. No significa especular por el simple hecho de representar mayor valor. Tampoco significa inflar ficticiamente los beneficios ni las promesas de desempeño. Incrementar la percepción de valor significa que el cliente pueda percibir lo que el producto o servicio *realmente* representa, dándole la relevancia que tiene para el cliente que aprecia, reconoce y *necesita* ese valor que usted genera. Incrementar la percepción de valor aumenta la deseabilidad y, por ende, lo que el cliente está dispuesto a pagar.

La forma más simple de incrementar la percepción de valor

No hable de lo que vende, sino del valor que genera. No hable de los productos o servicios que vende, hable de los problemas que resuelve, los beneficios que brinda o las necesidades que satisface. No se trata de lo que es importante para usted, se trata de lo que es importante para su cliente. Si no tiene absolutamente claro qué es lo que *realmente* resuelve, se quedará compitiendo con los que venden lo mismo que usted.

Por eso asegúrese de comunicar lo que su cliente obtiene, no lo que usted hace. Probablemente la forma más fácil de explicar este concepto es a través de la muy conocida historia de los obreros en una edificación. En caso de que no la haya escuchado, aquí va resumida: estaban tres obreros arduamente trabajando, cuando un transeúnte les pregunta ¿qué están haciendo? El primero contesta malhumorado que está picando piedra, el segundo contesta agotado que está levantando un muro, y el tercero contesta animadamente que está construyendo una catedral. Ésa es la perspectiva del valor de lo que se hace.

Un cirujano plástico no sólo vende una cirugía, vende autoestima y la tranquilidad que genera una serie de procedimientos profesionales con los más estrictos protocolos de seguridad. Un vendedor de piscinas no vende únicamente recreación, vende un incremento en el valor del inmueble. Un conferencista no sólo vende un conocimiento, vende una experiencia memorable que tiene la capacidad de transformar la vida y las acciones de las personas.

Una ONG no sólo vende el trabajo por una causa, vende la posibilidad para sus donantes de hacer una diferencia en sus propias vidas al sentirse parte de algo más grande y de dejar un legado que va más allá de un aporte económico. No es una contribución, es una indulgencia espiritual. Un hospital no sólo vende una mejoría de salud, sino tratamientos humanos, mínimamente invasivos y que respeten la dignidad del paciente. Un plomero no sólo arregla tuberías, elimina el riesgo de una inundación y ahorra los traumatismos y el dinero que implicaría el cambio de la alfombra.

Un servicio de logística no sólo vende desplazamiento o almacenamiento, vende la tranquilidad de tener el producto correcto, en el momento correcto, en la cantidad correcta, y el evitar sobrecostos por quiebres de inventario. El área de Gestión Humana de una empresa en su proceso de atraer talentos no sólo vende una estabilidad laboral, unos beneficios económicos y un plan de carrera, vende la posibilidad de crecer profesional y personalmente en un entorno afín a los principios y valores del candidato, una empresa de la cual se sienta orgulloso, tenga autonomía y la posibilidad de transformar la vida de otras personas a través de su trabajo. Un vendedor de medicamentos no sólo vende un jarabe pediátrico, vende tranquilidad para sus padres de ver a su hijo activo y de buen ánimo en el menor tiempo posible, sin que deba exponerse a incómodos tratamientos posteriores.

Cuidado con ser demasiado generalista

Cuando hablamos de lo que el cliente realmente compra, corremos el riesgo de ser demasiado etéreos y generalistas. Si un banco dice que no vende créditos sino que vende sueños, todos venden sueños. Si una constructora dice que vende calidad de vida, todas venden calidad de vida. No hay diferenciación.

Por supuesto, en cada caso, todos los competidores podrían argumentar el mismo valor percibido.

La diferencia está en los detalles, en los procesos, los diseños, la especialización, los casos de éxito y en la forma como se entrega el servicio o en lo que representa el producto. La diferencia no está en el *qué*, sino en el *cómo*. El *qué* lo venden todos, el *cómo* es lo que lo diferencia.

Incremento de la percepción de valor a través del empaque

Un empaque es mucho más que un contenedor físico, es un mensajero que expande la percepción del producto. Es un complemento de la experiencia y una herramienta para generar emociones. Desde los juegos en el reverso de las cajas de los cereales hasta las latas decorativas de té o pasteles, la creatividad en el empaque es un componente fundamental de la propuesta de valor. La gente no compra un producto sino lo que éste representa. Lo que rodea lo que vendemos agrega valor, especialmente si tiene un significado.

Hamburguesa con juego familiar incluido

Durante la cuarentena, el restaurante de comida rápida La Provincia en la ciudad de Ocaña, Colombia, rediseñó el empaque secundario de sus hamburguesas, imprimiendo en él un juego para compartir en familia: parqués (parchís) o serpientes y escaleras. Ambos incluían las fichas y los dados para disfrutar de inmediato.

La idea, según me compartió Ángela Rodríguez fue:

> Queremos que volvamos a los viejos tiempos en donde las familias se reunían en el comedor no sólo a comer sino a jugar. Y es que la emoción de sacar pares en los dados, de correr y estacionarse en Salida o Seguro, o de matar una ficha del contrincante no se puede transmitir a través de la virtualidad. Es hora de apostar por la unión familiar y en @laprovincia_ocana quisimos sumar nuestro granito de arena con nuestros nuevos empaques que, además de amigables con el medio ambiente, regalarán un rato agradable con los que amas.

¿Puede sorprender con sus empaques?

Independientemente de que se encuentre en el negocio de comidas rápidas, repuestos automotrices, seguros o educación, ¿cómo puede sorprender con sus "empaques"? Si vende un intangible, ¿cómo está "empacando" sus servicios?, y si vende productos físicos, ¿cómo puede amplificar la experiencia?

El principio es el mismo. La gente compra mucho más que un producto o servicio, compra una experiencia con todo lo que esto conlleva. Siempre hay formas de hacer las cosas más atractivas, más amables, más sencillas, más divertidas y relevantes para nuestros clientes. ¿Qué más puede hacer para sorprender?

Es conectar los corazones

Para enfrentar las crisis hay que adaptar su propuesta de valor. Busque la intersección entre lo que los clientes necesitan y lo que su negocio puede ofrecerles. Es identificar nuevas formas de presentar lo mismo. Partiendo de lo que mejor sabe hacer, adapte su producto o servicio a aquello que es más significativo para los clientes. O dicho de otra manera, no es pensar en lo que queremos vender, sino en lo que los clientes quieren comprar.

Un buen ejemplo es cómo One Way Pizzería entendió esa realidad y encontró la intersección entre lo que la gente quiere y lo que ellos brindan. ¿Qué buscan las personas durante el aislamiento? Estar más cerca de sus seres queridos. ¿Qué podía ofrecer la pizzería? Convertirse en el puente para mandar un mensaje inspirador a un amigo o familiar.

Los clientes compran más que una pizza

Además de hacer las pizzas en forma de corazón, escriben en la parte interna de la caja los mensajes que los clientes quieren enviar a su ser querido, por ejemplo: "Te pienso todo el día y lo único que quisiera es poderte abrazar. Te amo, mamá", "Ni la distancia ni los acontecimientos van a impedir que te demuestre cuánto me importas", "Una excusa para recordarte que te amo de aquí a Orión", "Los amo y sabemos que pronto nos volveremos a ver", "Gracias por tu amor y tu apoyo. Te amo", "Para los mejores abue del mundo, los extrañamos mucho", "Feliz vuelta al sol, mamá. Te amo hasta que el azul del cielo se escape", "Abuela, te extrañamos mucho y esperamos verte pronto", "Feliz día del maestro, amor", entre muchos otros.

Esta pizzería transformó la razón de compra. Ya no se trata únicamente de la calidad del producto, de los ingredientes, del proceso de horneado o de la variedad. Se trata del mensaje. Su demanda creció, además del producto, por lo que representa simbólicamente. Es usar la pizza como un vehículo para enviar un mensaje a alguien que extrañamos.

Entendieron que lo que la gente compra realmente es un detalle personalizado. Una conexión emocional. Aunque puede ser un beneficio temporal para la marca durante la cuarentena, les ha generado visibilidad y reconocimiento en muchos que no los conocían.

Mismo producto, diferente razón de compra

Eso es reinventarse a las oportunidades. Algo tan aparentemente sencillo como una pizza, se convierte en algo con un gran significado. Adaptarse es pensar cómo podemos servirles a los demás. El valor de las cosas no está en lo que cuestan, sino en lo que representan para cada uno de nosotros. ¿Cómo puede su negocio cobrar más relevancia para sus clientes, conectándose a otro nivel?

Vea las imágenes en *NegociosInmortales.com/bonus*.

Todo es un juego de expectativas

Con frecuencia hablamos de "superar las expectativas" como estrategia de diferenciación, de ir más allá de lo habitual y sorprender a los clientes brindándoles experiencias que usualmente no reciben de otras empresas.

Sin embargo, por simple que parezca, no siempre tenemos tan claro cuál es el punto de partida para saber si realmente estamos excediendo expectativas o sólo cumpliéndolas. ¿Por qué es importante? Porque cumplir expectativas no es garantía de lealtad, mientras que superarlas estimula la recomendación de boca en boca.

Entonces, ¿cuál es el parámetro para saber si lo que hacemos es relevante para los clientes?

Tres tipos de experiencias según las expectativas

El tipo de experiencia que brindemos será relevante en función de lo que los clientes usualmente esperan de negocios como el nuestro, de las experiencias pasadas que han tenido con alguno de los competidores o con referentes de servicios afines con los cuales nos comparan.

Desde ese punto de vista, los clientes calificarán la experiencia con su empresa en una de tres categorías, dependiendo de cómo consideran que es su servicio *versus* sus expectativas:

Buena

Cumple con las expectativas. Continuará trabajando con la empresa si no encuentra nada mejor. Mínima lealtad, fácil sustitución. Por eso, busque la lealtad, no la simple satisfacción.

Decepcionante

Experiencia por debajo de las expectativas. El cliente no solamente no regresa, sino que se vuelve un detractor de la marca.

Wow

Supera las expectativas y sorprende. El cliente, además de mantener su lealtad, recomienda la marca, empresa o profesional, convirtiéndose en fan y promotor.

Por eso, para superar las expectativas primero debe conocerlas y saber dónde está parado.

Conozca las expectativas de su cliente

Este es el punto de partida para pasar de brindar una buena experiencia a una experiencia sorprendente que genere referidos.

Para determinar cuál es la expectativa de sus clientes, mire a su alrededor. Evalúe el servicio de sus competidores, recorra el proceso y tome atenta nota de qué hacen, pero sobre todo, de lo que no hacen.

Pregunte a sus clientes qué les parece la experiencia con otras compañías, cuál sería su servicio soñado y cómo puede ir más allá de lo obvio. Pregúnteles por compañías que admiren por su nivel de servicio y con quienes hayan vivido grandes experiencias, especialmente de otras industrias.

Cada tipo de negocio en cada sector tiene su propia dinámica y los clientes han establecido sus propias expectativas. Para ejemplificar lo que significa "exceder las expectativas", tomemos como base algunos negocios. En cada uno definiremos lo que significa cumplir con las expectativas, lo que sería una mala experiencia y lo que sería una por encima de lo esperado.

Una tienda de ropa
Cumple con las expectativas: lo saludan al ingresar al almacén, le preguntan "en qué le pueden ayudar", si necesita asesoría le brindan opciones y traen de la bodega del almacén otros modelos y tallas.

Por debajo de las expectativas: ingresa y quien atiende ni se percata de su presencia por estar en el celular. Si le brindan ayuda, no es de muy buena gana. Si requiere otros colores, modelos u opciones, le dicen que "lo que ve es lo que hay".

Supera las expectativas: se acercan para recibirlo. La persona tiene disposición para mostrarle alternativas, le brinda información adicional y si necesita algo de otra tienda, averigua y le da la información. Incluso si no vende lo que necesita, le recomienda otras marcas o negocios que pueden tener lo que busca. Le trae el producto de otro lugar para que lo recoja en ésta, se lo envía a su casa o habla con el diseñador o su equipo, para ver si pueden confeccionarle ese producto que le gustó pero no está en su talla o color de preferencia. Puede costar más, tardar unos días adicionales, pero es el que usted quiere y por el cual está dispuesto a pagar.

Cita con un médico especialista
Cumple con las expectativas: la asistente que lo recibe es amable pero con poca interacción. El médico está unos minutos retrasado. Las revistas no son precisamente las más recientes. El médico le hace las preguntas de rigor, lo examina y le receta algo.

Por debajo de las expectativas: quien lo recibe no está de muy buen humor. El retraso del médico no es de minutos sino de horas. No recibe información del estatus de su cita durante el tiempo de espera. Hay poco o ningún entretenimiento en el consultorio. El médico le hace las preguntas de rigor, se dedica a llenar la información en la computadora, le presta poca atención, no muestra interés y lo despide.

Supera las expectativas: la persona que lo recibe es extremadamente amable, le informa el estatus de su cita. Le ofrece algo de tomar y hay variedad de alternativas que hacen de la espera un momento agradable. El médico lo atiende a la hora señalada, le presta atención, se interesa genuinamente y crea conexión. Alguien del equipo le hace seguimiento posterior a la cita, en cuanto a resultados del tratamiento y cómo se ha sentido.

Hotel cinco estrellas

Cumple con las expectativas: el lugar está bien ubicado, todo al ingreso luce limpio, huele bien y lo reciben con una sonrisa. El proceso de *check-in* es rápido porque además tienen la información de la reservación previamente cargada en el sistema. Le ayudan con las maletas y su habitación está bien preparada. El servicio es oportuno y le ayudan con lo que necesite.

Por debajo de las expectativas: el proceso de registro tarda más de lo habitual. Hay inconsistencias en la información. Algo en la habitación está descompuesto. El servicio de mantenimiento no cumple o no responde. Limitación en los servicios complementarios.

Supera las expectativas: cumple con todos los aspectos del primer punto, pero adicionalmente se esmeran por conocerlo y sorprenderlo con detalles fuera de lo normal. Saben sus preferencias y se anticipan a sus necesidades. Le dejan una nota a mano en su habitación con un mensaje personalizado y en ocasiones acompañado de un detalle. Tienen amenidades de acuerdo con su género o composición familiar.

El camino para superar expectativas

Lo importante de conocer las expectativas y ubicarse en el contexto de su industria es que le permite sorprender con algunas cosas que no hacen sus competidores y que son importantes para sus clientes.

Qué tan maravilloso es el servicio que provee no lo califica usted, sino su cliente. Algo que a usted le parezca fantástico puede ser normal para su cliente o, por el contrario, puede hacer toda la diferencia.

Son sus clientes quienes pueden llevarlo al estrellato o al infierno, si no hace su mejor esfuerzo por crear memorables experiencias.

Lo que debe evitar para no matar la experiencia del cliente

Es sorprendente el gran esfuerzo que hacen las compañías para atraer nuevos clientes. Reducen los precios, lanzan promociones "sólo para nuevos clientes", hacen publicidad e intentan la acción reactiva de la semana esperando incrementar ventas.

Pero más sorprendente aún es ver el desdén con que algunas tratan a sus clientes. Aquellos que ya dieron el primer paso de confiar en la empresa, sus productos y servicios, su gente y sus promesas. Extrañamente después de que compran se convierten en pasajeros de segunda clase, aun cuando son la principal fuente de ingresos.

Como lo hemos reiterado, aunque es obvio que es más rentable venderle a clientes actuales que atraer nuevos clientes, muchas compañías hacen todo lo contrario; premian al nuevo y descuidan al de toda la vida. No tiene ninguna explicación lógica. Creen que el incremento en ventas vendrá de atraer más clientes (a cualquier costo). Si destinaran tan sólo la mitad de los recursos que invierten en pretender atraer nuevos clientes, para deleitar y sorprender a los clientes actuales, obtendrían resultados extraordinarios. Pero no, estas compañías siguen empeñadas en derrochar dinero en el lugar equivocado.

Instrucciones para perder un cliente

A continuación veremos cuáles son las cosas que causan la pérdida de clientes. Éstos con comportamientos que destruyen la confianza y harán muy difícil crear experiencias sorprendentes para sus clientes.

Exagere los beneficios de su producto

Ésta es una de las formas más efectivas de perder un cliente y su confianza en la empresa para siempre. Haga esto y seguirá contribuyendo a la mala fama del marketing, creada por quienes creen que un buen mercadeo maquilla un mal producto. Crear expectativas que superan ampliamente el desempeño real de su producto creará desilusión, inconformidad y voz a voz negativo que se propagará rápidamente.

Están las cada vez más abundantes páginas web que prometen cómo ganar millones a través de internet desde la comodidad de su casa e incluso mientras duerme. Si quiere hacer una única venta y asumir las consecuencias de clientes traicionados en su buena fe, ésta es una buena opción.

Escúdese en "las políticas de la empresa"

Una de las frases más efectivas para sacar de quicio a un cliente es: "Lo lamento, pero son las políticas de la empresa". Y para mayor efectividad, imprímala, enmárquela y póngala a la vista de todos (especialmente de los clientes), siempre firmando: "La empresa", "La administración" o "La gerencia". Úsela con frecuencia y rápidamente deberá cambiarla (por falta de clientes).

Cada vez que un cliente lo contacte con una dificultad, no se tome el tiempo de escuchar lo que tiene para decir. Simplemente cite "la política de la empresa" como una razón válida (aunque sea sólo para usted), para no dar solución a cualquiera que sea la necesidad o problema manifiesto. Dado que los clientes no quieren escuchar que no puede, que no lo hará o que no depende de usted, escudarse en las (usualmente miopes) políticas de la empresa es una efectiva forma de perder clientes.

Prometa más de la cuenta

Especialmente si sus resultados dependen del trabajo de terceros, ésta es una útil forma de perder la confianza de un cliente. Comprométase con una fecha de entrega de la que no está seguro o con servicios subcontratados que tiene el riesgo de no cumplir con los cronogramas. Como en muchas empresas, el cumplir con las promesas es el resultado de una perfecta armonía y una efectiva sincronización de varias áreas dentro de la compañía. La falta de comunicación interna y coordinación de tareas carentes de un líder claro ayudarán a perder clientes por no poder ofrecer un resultado predecible.

Especialmente durante el proceso de negociación con un cliente, prometer y ceder cada vez más con el fin de "no perder la venta" logrará destruir la rentabilidad y crear escepticismo en el cliente. Nada genera más sospecha e incredulidad que cuando un vendedor dice sí a todo.

Enfrásquese en discusiones y pierda la paciencia

A nadie le gusta recibir comentarios negativos o tener que lidiar con clientes malhumorados. Es parte de la naturaleza humana. Sin embargo, una respuesta equivocada o un comentario salido de tono, puede ser todo lo que necesita para incrementar el disgusto.

Reprender a un cliente (no importa qué tan irracional esté siendo) es una forma segura de perderlo. Y más aún, si otras personas están viendo, como en el muro de su página de Facebook, los comentarios en su blog o su canal de Twitter. Piense dos veces antes de expresar sus sentimientos frente a los clientes en especial públicamente. Los resultados pueden ser irreversibles.

No capacite a su fuerza de ventas ni al área de servicio al cliente

Tristemente, para muchos empresarios, proveer entrenamiento es una pérdida de tiempo y dinero. Esperan que las personas aprendan sobre la marcha y que a medida que los clientes tengan dudas, las irán resolviendo.

Mantenga esta filosofía y rápidamente logrará agotamiento, frustración y pérdida de clientes. Si los empleados no entienden claramente las funciones, beneficios y diferenciales de sus productos, ¿cómo pretende que los clientes los entiendan? Es sorprendente cómo en muchos casos es el cliente quien conoce mejor el alcance y características de un producto, más que el mismo vendedor.

Incluya garantías para proteger su compañía de los clientes

Para algunas compañías, los clientes son vistos más como un riesgo potencial que como una oportunidad de crear relaciones a largo plazo. Para destruir la confianza de un cliente y perder toda posibilidad de generar recomendaciones, ofrezca garantías para sus productos o servicios que su cliente en ningún caso podrá hacer efectivas. Incluya en la letra pequeña todo tipo de protecciones legales para evitar que un cliente pueda sentirse respaldado por su empresa.

Reconozca el cambio del producto sólo si es por defecto de fabricación y no por uso, pero no lo diga desde el comienzo, sólo cuando sea demasiado tarde para el cliente. Excelente forma de perderlo.

No dé la cara, especialmente en las crisis

Los clientes saben que las cosas pueden fallar, saben que no siempre salen como se espera y que hay eventualidades o factores externos que pueden afectar las expectativas. Lo que les molesta no es que las cosas fallen, es no poder enterarse a tiempo para tomar decisiones, es no saber en qué va la importación que espera ansiosamente para el lanzamiento de un nuevo producto o los elementos promocionales para la actividad de fin de año.

Cuando las cosas van bien, todos son grandes proveedores; pero cuando las cosas fallan o hay crisis sólo las compañías verdaderamente serias y responsables enfrentan los problemas con claridad y a tiempo. Frente a una crisis, no mantenga informados a sus clientes y guarde silencio en todos sus frentes, no conteste el teléfono ni los correos y no dé señales de vida en ninguna de sus redes sociales. La pérdida de clientes y afectación de su reputación comercial estará garantizada.

Venda lo que usted necesita vender, no lo que el cliente necesita comprar

¿Tiene algún producto en inventario de baja rotación? Exagere sus beneficios para convencer al cliente de que lo compre. Frente a todas las inquietudes que pueda tener el cliente sobre la utilidad de lo que va a comprar, asienta con seguridad. Después, cuando el cliente lo pruebe y se dé cuenta de que no era exactamente lo que necesitaba o esperaba, no dé la cara y evite cualquier contacto con esa persona.

Equivalente a vender el producto o servicio que no es lo que el cliente necesita, presionar el exceso de inventario o una venta a toda costa es una fórmula infalible de perder credibilidad y clientes.

No empodere a sus empleados

Además de la frase "son las políticas de la empresa", nada desilusiona más a un cliente que escuchar los problemas que existen entre las diferentes áreas, como si eso ayudara en algo. Rivalidades muy comunes como la de los vendedores *versus* los instaladores en las empresas de televisión por cable, hacen evidente que el cliente es la última prioridad. "El representante no le explicó bien cuando le vendió" o "Puede hacer un reclamo en el área de servicio al cliente" son alternativas que simplemente no son viables.

Hacer que el representante de atención al cliente repita una y otra vez "entiendo, pero es la opción que puedo ofrecerle" no ayuda para nada. Desafortunadamente, clientes malhumorados se desahogan con la única persona que pueden hablar, por la negligencia de sus jefes a permitirles brindar alternativas o a buscar soluciones en beneficio para los clientes.

Estas mismas personas de servicio al cliente terminan siendo víctimas de las políticas anticliente de sus superiores. No hay empoderamiento, no se les permite tomar decisiones. Les entregan un guion donde no hay cabida para al menos un "Permítame averiguar y le regreso la llamada". Nada. Están a su propia suerte. No permita que sus empleados ayuden a sus clientes y pronto tendrá que buscar nuevos clientes (y, obviamente, nuevos empleados).

No haga seguimiento. Venda la primera vez y olvídese

Haga la venta hoy y no piense en el largo plazo. Sólo piense en cumplir la cuota del mes o del trimestre. Especialmente en negocios de reposición, uso de consumibles, mantenimiento y frecuencia de compra, no tener organizada la información de los clientes que permita saber cuándo debe contactarlos otra vez y ofrecer una reposición o renovación es perder negocios que están casi listos.

Es más fácil venderle a un cliente actual que a uno nuevo. Es mucho más fácil lograr una renovación de un seguro que una póliza por primera vez. Sin embargo, sigue pasando que algunas compañías no están atentas a las fechas de renovación y se pierden negocios, sin contar el perjuicio que se le puede causar a un cliente al dejarlo desprotegido porque nadie se acordó de la renovación.

Despreocúpese de los detalles

Y, finalmente, no se preocupe por aquellos pequeños detalles que envían grandes mensajes a sus clientes. Siga creyendo que lo único importante es vender y que lo demás no se nota.

El desorden en sus oficinas a la vista de los clientes, la caja que lleva en la recepción una semana sin que nadie se percate, el cable que está despegado y colgando de la pared, la página web desactualizada, los correos electrónicos sin respuesta y los emoticones en la firma de los correos corporativos no son el tipo de cosas que construyen un buen posicionamiento.

Culpe a otra área por su desgracia

Es claro que las compañías tenemos dificultades. Eventualmente, tenemos fallas en logística, facturación y diferentes áreas. Pero no habla muy bien de usted cuando, frente a un cliente, culpa a alguna otra área de la compañía. No la ponga en evidencia. Los errores internos se resuelven internamente. No crea que por decir que es culpa de la empresa, esto lo exime del problema o que el cliente va a pensar que usted es la víctima.

Usted es parte de la propuesta de valor y de servicio. Si la falla es de la compañía, por supuesto hay que resolverla, y esto no quiere decir que debamos aceptarla. Pero frente a un cliente tenemos que darle la tranquilidad y la seguridad de que estamos trabajando en la solución.

Quejarse frente al cliente diciéndole que "en la empresa no cumplen", "no colaboran", "yo soy un contratista que nada tiene que ver", "es que los de ventas siempre sobreprometen", entre otras bellezas, queda muy regular. Porque, mi estimado amigo, así usted sea nómina directa de la compañía, empleado temporal o un tercero que presta un servicio ajeno al día a día del negocio, en ese momento usted *es* la empresa.

Defienda la compañía, crea en ella, crea en su equipo, crea en los procesos. Si no cree en nada de eso, entonces cambie de empresa o no le preste sus servicios, pero frente al cliente debemos ser uno solo. Independientemente de los problemas, el espectáculo siempre debe continuar.

Ganar la confianza de un cliente toma años, perderla, segundos

Sólo basta con no prestar atención, dejar pasar las cosas, pensar que los pequeños detalles no son importantes y que los clientes aceptarán las ineficiencias, incumplimientos y falta de compromiso como algo habitual. Ya no.

Cada día hay más compañías dispuestas a capitalizar lo que estas están dejando de hacer. Así que de usted depende seguir perdiendo clientes o tener una empresa seria. Es entender lo que los clientes quieren y proveérselo.

Lo que todo cliente quiere

Tener claras las expectativas de los clientes y trabajar en pro de cumplirlas es lo que hace la diferencia.

Cosas que todo cliente sueña

Claridad en las expectativas

Sea muy específico en lo que el cliente puede esperar. Claridad significa no dar espacio para ambigüedades o malas interpretaciones. Hay una gran diferencia entre decir: "No se preocupe, tiene garantía", y decir: "La garantía de seis meses cubre desperfectos de fábrica. Existe la opción de hacer reparaciones por otras causas por un pequeño valor". La insatisfacción de los clientes surge cuando dice: "Podemos procesar su orden en un día", cuando lo que realmente quiere decir es: "Podemos procesar su orden en un día, una vez recibamos su solicitud diligenciada con todos los documentos necesarios adjuntos". Es simple claridad.

Cumpla sus promesas

Significa exactamente eso: cumplir las promesas. Desde cumplir con la calidad del producto hasta los tiempos de entrega, el cumplimiento de promesas establecen el tono de la relación. Es parte de la coherencia, principios y valores de las marcas. En ocasiones, durante el proceso de venta, el asesor asiente a la mayoría de las preguntas de los clientes, diciéndoles que el producto/servicio sí cumple, probablemente por temor a perder la venta. La información se plantea de forma poco precisa, de manera que la promesa quede en el aire. Lo quiera o no, esto crea una clara expectativa y un compromiso que el cliente asume que usted cumplirá. No lo defraude.

Simplicidad

Simplifique los procesos, reduzca los trámites, evite pasos innecesarios y piense siempre en cómo puede hacerle la vida más fácil a los clientes. En ocasiones, bajo la premisa de "cumplir con las políticas y estándares de la empresa", hacemos el proceso excesivamente complejo. ¿Hay algo que enamore más a un cliente que hacerle las cosas absolutamente sencillas? Elimine toda la burocracia, procesos y operatividad posible, para que el cliente realmente disfrute su experiencia y no sea un tormento hacer negocios con su empresa. Piense en los engorrosos formularios que debe diligenciar en múltiples empresas de servicios, en las estériles llamadas a las líneas de servicio a cliente o en los interminables procesos, ¡incluso para pagar!

Información fluida

Sea fácil de contactar. Evite que el cliente tenga que llamar varias veces para poder hablar con un ser humano. Abra diferentes canales de comunicación. Mantenga a los clientes informados. Si surge algún inconveniente, comuníquele cuanto antes. El problema no es que se tarde un poco más, el problema es que el cliente no haya sido enterado para que pueda tomar decisiones. Suponga que se comprometió a hacer una entrega el siguiente viernes de 500 unidades, pero cuatro días antes se entera de que le faltan 110. Revisa y la planta le dice que tal vez le puede entregar las 110 unidades faltantes dos días antes de la fecha prometida al cliente, pero no es seguro. ¿Debería avisarle al cliente, incluso si sabe que podría llegar a cumplirle? La respuesta es un rotundo sí. Con cuatro días de antelación su cliente tiene tiempo de reaccionar o definir un plan de contingencia.

Busque una solución

El cliente espera que las personas con las que interactúa traten de encontrar una solución. Que sepan de qué están hablando, que conozcan los procesos internos, qué se puede y qué no se puede hacer. Que conozcan del producto, el servicio y la forma como funciona. Busque soluciones. Aunque no siempre se podrán cumplir las expectativas, intentarlo y tratar de hacer algo al respecto cambia radicalmente la experiencia del cliente.

En busca de la coherencia

Entender lo que un cliente quiere no es tan complejo, simplemente piense en lo que *usted* como cliente espera cada vez que interactúa con una marca, un profesional o una empresa. El punto es que cuando actuamos como clientes somos bastante exigentes, pero cuando estamos del otro lado del mostrador el comportamiento es diferente. Si exigimos buen servicio es porque es lo mínimo que esperamos de un proveedor, pero cuando un cliente nos exige buen servicio es que el cliente está exagerando en sus demandas. El cliente somos nosotros mismos en condición de compradores. Sólo hay que ser coherentes.

Diga la verdad, el cliente entenderá (casi siempre)

No hay nada que un cliente resienta más que una promesa no cumplida. Rompe la confianza y se siente engañado. Muchos vendedores no alcanzan a medir el alcance que puede tener en su carrera profesional prometer a la ligera.

En ocasiones, los asesores por la prisa de cerrar una venta tienden a prometer más de la cuenta y a decir que sí a demasiadas cosas. Y no sólo en el precio y las concesiones (lo que se intensifica al cierre de mes), sino especialmente en fechas y otros detalles de la negociación. Es un tiro en un pie. Antes de comprometerse con el cliente, verifique. Hable en su empresa o con quien tenga que hablar para saber hasta dónde puede llegar para no comprometer su credibilidad. Los clientes resienten incumplimientos en fechas de entrega, en el envío de una cotización, un reporte, una visita o cualquier otra cosa *que cree una expectativa.*

Si no está seguro de cumplir, no genere falsas expectativas. Sólo empeorará las cosas. Cada vez que deba comprometerse, verifique la disponibilidad, explique el detalle de lo que incluye el producto o la solución que está ofreciendo, cuál es el alcance de la garantía, las coberturas, muchas cosas quedan ambiguas, y esto, cuando llegue el momento, no se lo perdonarán.

No le deje la letra pequeña al cliente; esa es *su* responsabilidad. Ese cuento de que "en la propuesta estaba pero no le prestó atención", no va más. Recuerde, su misión es ayudar, orientar, prender alertas, ayudarle al cliente a salir adelante. La venta es sólo la consecuencia.

Hable con franqueza

A veces será doloroso, el cliente se puede disgustar, la situación será difícil, incluso perderá algunos negocios; pero es lo correcto. El cliente (como el resto de nosotros) aprecia la verdad, sobre todo cuando es a tiempo, cuando aún puede reaccionar. Esto hará que confíe en usted.

Los clientes no se pierden porque el producto o servicio no funcione (la mayoría funciona bastante bien); los clientes se pierden porque no se sienten bien tratados, porque no les cumplen las promesas y porque no hay un buen servicio detrás de la venta. No es tan difícil.

Cumpla sus promesas

Diga la verdad. Aunque a veces el cliente no lo entienda, se lo agradecerá. Estará creando una reputación a prueba de balas y una lealtad incondicional. Aunque en el momento no parezca, lo posicionará como un verdadero profesional y lo alejará del resto.

Haga quedar bien a su cliente

Hay algo inherente al ser humano y es la necesidad de aceptación y logro. Nadie quiere cometer errores y mucho menos quedar mal frente a alguien. Ayude a su cliente a quedar bien frente a sus jefes, sus clientes, colegas, empleados, pareja, familia y toda persona para la cual sea importante.

Las marcas deben ser más genuinas

Atrás quedaron las épocas donde las marcas eran lejanas y omnipotentes. Donde tenían la capacidad de influenciar en lo que la gente consumía, cómo lo consumía y cuándo lo consumía. Desde hace bastantes años, son los clientes quienes controlan el tema. Es la cercanía con la realidad que nos rodea lo que determina la empatía e impacta cada vez más la decisión de compra.

ACTITUD: CON LOS PIES EN LA TIERRA EN TIEMPOS DIFÍCILES

No podemos controlar lo que nos pasa, pero sí la forma como reaccionamos y la actitud que tomamos frente a las adversidades. Es el optimismo y la esperanza de que siempre hay un futuro mejor, el aliciente para seguir adelante.

Tenemos todo lo necesario para seguir adelante, para cambiar la historia, para cambiar la vida de los que nos rodean. Somos los artífices de nuestro promisorio y espectacular destino. Las dificultades son sólo una piedra en el camino.

Mantenga la mentalidad correcta

Wayne Dyer decía: "En lo que pienses te convertirás". Los pensamientos determinan las acciones y las acciones determinan nuestro destino. La venta comienza con la actitud correcta y con el orgullo de saber que lo que sea que venda genera mucho valor. No todos los clientes esperan ni valoran lo mismo, por lo que sus preconcepciones pueden simplemente no tener fundamento.

El principal enemigo del vendedor no es la competencia, ni la economía, ni la indiferencia de los clientes, y mucho menos el precio. El principal enemigo es uno mismo. Los demonios internos. Esas vocecillas internas que nos dicen: "Estoy muy caro", "El cliente no me va a comprar", "Mi solución no es tan robusta", "No soy tan bueno", o "Lo que ofrece la competencia es muy parecido a lo mío, y más barato", entre otros mensajes de autosabotaje.

Es normal escuchar a estos pequeños demonios. La buena noticia es que podemos enfrentarlos y controlarlos. Podemos fortalecer la confianza en el valor que generamos. Aunque provee mucho valor a sus clientes con lo que vende, no siempre es evidente para usted mismo.

La función de un vendedor es ayudarle al cliente a tomar la mejor decisión. Orientar con la información necesaria para que pueda resolver lo que sea que necesite o para que obtenga lo que sea que desee. Se basa en el intercambio de información oportuna y objetiva para ayudar en el proceso. La venta es la consecuencia de ayudar a la persona correcta, de la manera correcta, en el momento correcto. Y no importa a qué se dedique en la vida, todos somos vendedores.

La venta comienza con el profundo convencimiento del vendedor. Cree en las virtudes, beneficios y diferenciales de su propuesta de valor. La venta comienza con la mentalidad correcta y con la conciencia del valor que genera. Cuando no está convencido de lo que vende, el cliente lo nota fácilmente, en el tono bajo de su voz, en su mirada errante y en sus palabras imprecisas. La inseguridad del vendedor empieza mucho antes de ponerse siquiera frente al cliente. Múltiples prevenciones hacen que, sin haber cruzado palabra, *el vendedor* considere que está muy caro y que el cliente le va a objetar cualquier argumento. El vendedor es el que primero plantea la objeción en su cabeza y luego la materializa en el cliente. No es el cliente el que objeta, es el vendedor el que induce la objeción al no generar la confianza suficiente. No es lo que hace, sino lo que deja de hacer.

Preconcepciones del vendedor

Por años hemos visto la relación vendedor-comprador como una relación difícil, álgida y llena de "técnicas" que buscan que uno de los dos dé el brazo a torcer. Es como si se tratara de un "nosotros" *versus* "ellos". Por eso, no sorprende la indiferencia y la displicencia que muchos empleados despliegan con sus clientes, viéndolos más como una interrupción que como una oportunidad de conectar. Es como si la gestión comercial fuera un juego de suma cero, donde si uno pierde el otro gana. Y, por supuesto, no hay tal. Pese a que por años la filosofía de negociación gana-gana se abrió camino, en la práctica nos cuesta mucho verlo así. Desde el punto de vista del cliente, el objetivo es "tomar con pinzas" toda recomendación "sesgada" de un vendedor que lo único que quiere es su propio beneficio. Y, desde el punto de vista del vendedor, el cliente es aquella persona "en extremo exigente" a quien lo único que le importa es comprar barato. Con estas posiciones, es claro por qué es tan difícil llegar a un acuerdo y establecer un punto de encuentro.

Son las preconcepciones del vendedor las que establecen el punto de partida incorrecto para lograr una venta. Es como empezar en negativo. Es hora de desmitificar tantas creencias y quitar las telarañas que impiden avanzar hacia una venta saludable.

Entre las preconcepciones o mitos más comunes se encuentran las siguientes:

El cliente quiere comprar barato

Esta actitud sólo refleja la inseguridad de su propuesta de valor, y que usted mismo no pagaría lo que cuesta su producto o servicio. No todos quieren comprar barato, o, puesto de otra manera, hay quienes están dispuestos a pagar por mejores productos y por mejores experiencias. Como vendedor, no puede ser el primero en traer la objeción del precio a colación. Permítale a su cliente acceder a mejores soluciones, no lo limite. Orientar no significa sesgar hacia lo más barato. Deje que el cliente decida, pero muéstrele las opciones.

Mi producto no es tan bueno

Si piensa esto, una de dos, o le falta entrenamiento para entender *a fondo* cuáles son sus diferenciales *versus* la competencia, o efectivamente su producto en realidad no es tan bueno.

Para el primer caso, por amor a Dios, haga la tarea. El que la compañía no le dé una capacitación formal donde le explique por qué un cliente debería preferirlo a usted en lugar de a la competencia, no es excusa para no identificarlo. Estudie a sus competidores, sígalos en redes sociales, visite sus salas de ventas, lea su página web, búsquelos en Google, consuma sus productos y pruebe sus servicios.

Para el segundo caso, si efectivamente su producto no es tan bueno, tiene varias opciones. Lo primero que debe recordar es que los diferenciales no están necesariamente en el producto. En otras palabras, el desempeño de su producto puede ser inferior pero aun así cumplir con la expectativa de sus clientes y, de hecho, tener otros elementos de diferenciación. Cuando se lanzó el iPod (para los que todavía sabemos qué es eso), no era el mejor producto, pero era el de mejor diseño. El resto es historia.

Otra opción es hacer algunos ajustes para incrementar la percepción de valor o, en efecto, mejorar el desempeño. Especialmente en industrias donde continuamente los competidores van perfeccionando su propuesta, no puede quedarse rezagado.

Lo que ofrece la competencia es mejor

Aquí sí, como diríamos coloquialmente, "apague y vámonos". Vaya a buscar trabajo en la competencia. Tenemos esa manía de ver lo de la competencia mejor a lo nuestro, desconociendo que ellos también se enfrentan a las mismas realidades. He presenciado con espanto situaciones donde el vendedor le reconoce expresamente al cliente las bondades de la competencia y desconoce las propias. El hecho de que la competencia tenga *algunas cosas* mejor que usted no significa que sea mejor que usted. Además, depende de lo que esté buscando el cliente, lo que ofrece la competencia puede ser más o menos relevante.

El cliente no tiene dinero

Nunca se le olvide: el cliente *siempre* tiene dinero. El cliente. Siempre. Tiene. Dinero. Y si no lo tiene lo pide prestado, hace una colecta, roba un banco u organiza una rifa, pero *siempre* tiene dinero. Lo que no tiene claro es por qué debería dárselo a usted, que es otro problema. No es un tema de dinero, es un tema de diferenciación. Así como no podemos juzgar a los clientes por nuestra propia realidad, no demos por hecho que no tienen dinero.

¿Cómo cambiar la mentalidad y empezar con pie derecho?

Para dejar de ser el principal obstáculo para la venta y transmitir su grandeza y la de aquello que vende, hay algunas cosas que debe trabajar. Manejar bien estos elementos le dará la seguridad necesaria para convencerse de que en realidad ayuda a la gente y genera mucho valor. Hay que creérselo, pero también hay que hacer la tarea.

Enfóquese en su propósito superior

Lo que sea que venda cumple un propósito superior, no sólo resuelve algo de manera funcional. Por ejemplo, el vendedor de seguros les está ayudando a sus clientes a vivir tranquilos y cuidar su patrimonio al protegerlos de eventualidades que, de no estar cubiertos, tendrían que asumir financieramente. Cuando ve lo que vende como un servicio que ayuda a sus clientes, cambia la perspectiva de la venta. La venta es la consecuencia de ayudar.

Piense en los clientes que lo aprecian

Recuerde a los clientes que le han agradecido. Aquellos que le han manifestado su aprecio por haberles ayudado, por haberles vendido algo con la mejor asesoría, por haberles dado tranquilidad, mejorado su calidad de vida o por haberlos hecho sentir muy bien. Documente y repase periódicamente testimoniales y expresiones de apoyo y gratitud de los clientes que lo aprecian.

Luche por aquellos que inspiran su trabajo

Aquellos que son la razón por la que se levanta y sale a trabajar todos los días. Piense en sus hijos, su pareja, su familia y en todos los que inspiran cada esfuerzo.

Sea *el más experto* en lo que vende

Suena obvio, pero no es tan obvio. No es conocer bien lo que vende, es conocer *increíblemente bien* lo que vende. Propóngase ser el más experto. Profundice en características, beneficios y aspectos relevantes para sus clientes. Como no todos los clientes aprecian lo mismo, identifique qué resaltar a quién.

Conozca a quién le vende

Independientemente de si le vende a adolescentes que se encuentra casualmente en un supermercado o le vende a jefes de compra de hospitales, tiene que conocer muy bien quiénes son y qué es importante para ellos, de manera que dé respuesta con sus argumentos a sus expectativas.

Entienda la propuesta de valor de la competencia

Si no tiene claro qué ofrecen y hasta dónde llegan los demás, ¿cómo sabe si lo suyo es mejor? Sólo si conoce *a fondo y en detalle* lo que incluye y no incluye su competencia, podrá contextualizar su propuesta. Si alguien tiene el panorama completo de las ofertas del mercado es su cliente, así que es simplemente inaceptable que las conozca mejor que usted.

La actitud de "no tengo que hablar de la competencia para sustentar mi valor" es incorrecta. Por supuesto, no tiene que mencionar el nombre de su competencia o hacer alusión a alguien en particular, pero si no contextualiza su valor el cliente se irá por el más barato. Sus beneficios pueden ser maravillosos, pero si su competencia también los ofrece (e incluso los supera), y cuesta menos que usted, despídase.

Deje de justificarse y haga la tarea de "auscultar" a la competencia. Hablar bien de sí mismo puede verlo como una gran virtud, pero no le ayudará a un cliente a entender por qué debería trabajar con usted, sabiendo que hay tantas opciones.

No se angustie tanto por el precio

No es que no sea importante, pero le puedo asegurar que *no es* lo más importante. El que el precio sea lo que más lo mortifique a usted no significa que sea lo que más mortifique a su cliente. Una vez más, no dé por hecho. Por salud mental, piense en otras cosas. Enfóquese en los beneficios y diferenciales y en cómo lo que vende mejora la vida de su cliente.

Cambie la actitud hacia su cliente y su cliente cambiará la actitud hacia usted. La relación vendedor-comprador es un mutualismo, una simbiosis, una maravillosa interdependencia darwiniana. No está vendiendo, está ayudando.

Es distinto. No es una simple transacción comercial de compra-venta, es construir relaciones de largo plazo. Piense siempre en nuevas formas de mejorar la experiencia del cliente, de hacer mejor su trabajo. Continúe cambiando el mundo, un cliente a la vez.

Las dificultades son necesarias

Las dificultades son parte de nuestra vida y traen grandes lecciones. Son dolorosas y nos cambian las reglas de juego, pero aportan algo que necesitábamos aprender. Algo necesario para dar el siguiente paso. Adquirir una competencia que nos permitirá enfrentar el mañana desde una mejor posición.

Las dificultades nos obligan a ver otros caminos

Perdí mi empleo durante la crisis económica de 2008-2009. Después de quince años de haber sido empleado, ahí estaba frente a una realidad incierta y aterradora. Como muchos nos podemos estar sintiendo ahora. Pérdida del empleo, cierre del negocio o tener que tomar decisiones drásticas para sobrevivir.

Empecé a buscar trabajo en un momento en que nadie estaba contratando, lo que me obligó a hacer otras cosas mientras alguna oportunidad aparecía. Hice algunas asesorías y esto me permitió descubrir lo maravilloso que era trabajar con empresarios para diseñar conjuntamente sus estrategias comerciales. Me inspiraba profundamente. Había descubierto mi nueva misión. Nunca más volví a buscar empleo.

Esto no quiere decir que mi nuevo emprendimiento me diera para vivir. Faltarían años para eso. Pero el haber sido despedido de mi trabajo y verme obligado a buscar opciones me permitió ver otros caminos. Descubrir nuevas y maravillosas realidades que de otra manera hubieran pasado desapercibidas.

Aprendemos a hacer "quiebres de cintura"

Las dificultades nos obligan a hacer, como se dice en el futbol, quiebres de cintura, cambios repentinos de dirección. Me tocó aprender a desarrollar nuevas habilidades. También cometí muchos errores. Escribí mi primer libro, al cual no le fue muy bien, pero me enseñó valiosas lecciones para los libros que estarían por venir. Debido al traslado de Colombia a Argentina, aprendí a manejar herramientas digitales para hacer *coaching* virtual.

Aprendí a vivir en un contexto diferente, nuevos amigos, otra dinámica y todo lo que conlleva llegar a vivir a un nuevo país de un momento a otro. Mi cotidianidad cambió. Tenía que buscar nuevas formas de ganarme la vida, sabiendo que el pasado era historia.

Estas dificultades me enseñaron humildad. El no dar nada por sentado ni presumir que las cosas no van a cambiar. Me enseñó a desprenderme del ego y a adaptarme como mecanismo darwiniano de supervivencia. Me permitió compartir más tiempo con mis hijos y acompañarlos en su propio proceso de adaptación.

Siempre salimos adelante

No importa qué tan insuperable parezca la situación, siempre salimos adelante. Tenemos el apoyo de quienes nos rodean y, más importante, una determinación inquebrantable para crear y rediseñar nuestras vidas y modelos de negocio.

Las dificultades nos forjan las competencias que necesitamos aprender para enfrentar el mañana. No hay tal cosa como un éxito inmediato. Cada persona que logra sus metas tiene años de esfuerzo y trabajo duro detrás; de aprender de cada situación una lección fundamental.

Las crisis nos dejan cicatrices que luego luciremos con orgullo, porque sólo son la muestra de que enfrentamos el destino con valentía y coraje. Con rasguños y una que otra abolladura, pero fortalecidos. Como guerreros inmortales enfrentando una realidad atemorizante. Como héroes de mil batallas que luchan por mantener intacta su misión en este mundo.

Prepárese para un nuevo día

Lo que nos está sucediendo es una gran oportunidad para fortalecer algunas cosas que necesitábamos aprender. Pero si simplemente "pasamos el momento", esperando que cese el chaparrón para después volver a lo mismo, no hicimos nada.

Hoy nos lamentamos de no haber estado mejor preparados para esta situación. Que no nos pase lo mismo en seis meses, cuando las condiciones del mercado hayan cambiado. ¿Está preparado para enfrentar a competidores que van a salir a bajar sus precios?, ¿tiene clara su propuesta de valor?, ¿cuál va a ser el argumento que le va a dar a sus clientes de por qué deberían preferirlo sabiendo que habrá sobreoferta y escasa demanda?

Ésas son las cosas en las que hay que empezar a pensar. En el mañana. En prepararse para el día después. Es importante que esté listo en la línea de salida, para cuando suene el disparo y comience la carrera. Dedique estas semanas a prepararse en cada detalle, para que cuando sea el momento, esas fortalezas salgan a relucir.

Haga que las cosas pasen

Si queremos realmente conseguir resultados sorprendentes, hay que dejar la actitud de víctima y convertirse en protagonista. Con frecuencia, escucho vendedores que me dicen: es que mi jefe no aprueba, es que el cliente sólo compra por precio, es que las políticas de la compañía, es que el sistema de información, es que los de finanzas no ayudan, es que los de mercadeo no nos dan promociones, es que los de despacho, es que los de producción, es que, es que, es que... que la inflación, que la devaluación, la revaluación, que el invierno, que el verano, que la tasa de cambio, que los competidores...

¿En serio?, ¿todavía estamos con eso?, ¿todavía estamos pretendiendo que son los demás, los que tienen el poder de que no cumplamos las metas en ventas?, ¿todavía estamos creyendo que es la competencia la que hace que no cumplamos nuestras ventas?, ¿todavía creemos que es el precio o el producto de la competencia?

No, es la actitud que tomamos frente a las cartas que tenemos. Es en gran medida parte de lo que hace que en muchos casos el vendedor simplemente se justifique por condiciones externas, que son absolutamente incontrolables, que por supuesto es parte de la dinámica de los mercados, pero son las reglas del juego a las que todos nos enfrentamos.

Somos dueños de nuestro destino

No podemos seguir echándole la culpa a los demás, a otras áreas, a los clientes, al clima, a las condiciones económicas o a una nueva ley. Los demás no son los responsables de nuestro destino, uno es responsable de su propio destino. Uno no puede esperar a que le pasen las cosas, uno tiene que hacer que las cosas pasen; y esa es la diferencia entre un vendedor exitoso, una persona segura de lo que vende, segura de sí misma y una persona que simplemente es víctima, o se hace la víctima, de todo lo que sucede.

Usted decide cuál es la posición que va a tomar y qué actitud va a tener. Lo que no podemos cambiar ahí estará, pero enfoquémonos y gastémonos la energía en aquello que sí podemos cambiar, en aquello que sí podemos trabajar, en aquello que sí podemos mejorar. Está en nosotros, no en el jefe, ni en la compañía, ni en los presupuestos, ni en los recursos, ni en los clientes, ni en la competencia. Está en usted y en cada uno de nosotros el que logremos hacer la diferencia.

Un profesor alguna vez me preguntó junto a sus alumnos, cuando daba una charla en una prestigiosa universidad: "David, ¿cómo hago para que estos muchachos sean más conscientes de lo que estamos trabajando y le tomen amor a los temas que estamos viendo?". Mi respuesta fue: "Profesor, ese no es un problema suyo; por supuesto, usted pone las herramientas y la plataforma, pero la actitud está en cada uno de ellos. Si los alumnos quieren ir a la universidad a chatear, arreglarse el fleco del pelo y a tener otras conversaciones, es problema de ellos y se verá en las calificaciones. Pero la responsabilidad es de ellos, no suya".

Uno a veces cree que es responsable por el comportamiento de los demás. No hay una expectativa más utópica que pretender cambiar a los demás. Pasa en todo, pasa a veces en la pareja, que uno cree que puede cambiar a la esposa o que ella lo va a cambiar a uno, y no es eso. Cada uno tiene su realidad y cada uno puede hacer una realidad diferente. Pero es entender que cada uno asume su propia responsabilidad.

El sacerdote jesuita Anthony de Mello tenía una frase que suena un poco dura, pero captura la esencia del mensaje y es: "No intentes enseñar a cantar a un cerdo, porque pierdes tu tiempo y el cerdo se enoja". Si no hay voluntad, no hay absolutamente nada. Si no hay responsabilidad, es muy difícil.

No podemos seguir esperando a que las cosas pasen, hay que hacer que las cosas pasen, hay que hacer que llueva, hay que hacer que las cosas sucedan y no quedarnos simplemente siendo víctimas de lo que nos pasa.

Si esta es la posición, mejor ni esté en ventas, dedíquese a otra cosa, al mundo contemplativo; porque la vida es esa, llena de eventualidades, de circunstancias que nos dificultan las cosas. Si fuera fácil, cualquiera lo haría. Para eso no necesitamos personas que saquen adelante las cosas, pero es irracional pensar en crear una realidad diferente si no hace nada diferente, si no se esfuerza por eso. "Que no tengo dinero, que no tengo capacitación, que no esto y lo otro". No puede ser.

Seamos responsables de nuestra propia vida, de nuestro propio destino y de nuestra propia carrera comercial. Así que la invitación de hoy es a salir y hacer la diferencia, no quedarnos quietos esperando a que las cosas lleguen. Es salir y hacer que las cosas lleguen, hacer que los clientes sigan con nosotros, no aceptar un no como respuesta y continuar cada día buscando mejores maneras de diferenciarnos. Es dejar el mundo un poco mejor. El resto se quedará esperando que las cosas pasen, pero usted salga y haga la diferencia. El mundo lo necesita.

Crea en usted y en lo que vende

Que nunca desfallezca su actitud, su energía y su entusiasmo. Sea consciente de los beneficios que le genera a los que le rodean. Usted no espera que las cosas pasen, usted *hace* que las cosas pasen. Crea en usted, en su producto, en su empresa y en sus colegas.

En mis años de experiencia y habiendo compartido con cientos de vendedores, he llegado a una gran conclusión: los mayores obstáculos en una venta se los impone el mismo vendedor, al no creer en lo que vende.

Todos resolvemos algo mejor que los demás

Toda propuesta de valor tiene grandes diferenciales, cosas que son relevantes para un segmento de clientes que aprecian exactamente eso. Recuerde que el cliente no sólo compra un producto o servicio; compra todo lo que viene alrededor, incluido usted y su impresionante servicio.

Tenga claro que no está vendiendo, sino ayudando

De eso se tratan las ventas, de ayudar a alguien a estar mejor. Si está viendo una venta como una simple transacción económica, tendrá un alcance limitado. Si ve la venta como un apoyo que le está prestando a un cliente para que mejore en algo, está validando su propósito. La venta es una consecuencia de servir.

La venta es la consecuencia de servir

La gestión comercial se ha transformado dramáticamente. Los clientes tienen más desafíos que nunca y esperan encontrar en sus proveedores los aliados que le ayuden a construir ventajas competitivas y a superar la crisis. Esto es una gran evolución, pues es pasar de ver la venta como una transacción a un modelo de colaboración y casi de supervivencia mutua; plantea otro panorama.

Las compañías exitosas han pasado de facturar productos y servicios a resolver problemas más profundos de sus clientes, incluso en frentes no relacionados con lo que venden, buscando apoyar durante la recesión.

Cuando se enfoca en generar el máximo valor, logrará más ventas. Los clientes no quieren ser vistos como billetes andantes o como un "mercado objetivo". Los clientes premian con su lealtad a aquellos que saben que la venta es la consecuencia de servir y ayudar a las personas a lograr lo que desean lograr, es poner el hombro cuando más se necesita.

Deje de vender y empiece a ayudar

Ayude cada día a más personas, y más personas le ayudarán a usted. La gestión comercial es un mutualismo. Se trata de ayudarnos los unos a los otros a lograr cosas que, de hacerlo solos, probablemente no lograríamos. Compradores y vendedores nos necesitamos para avanzar y evolucionar como sociedad.

No le quite la posibilidad a sus clientes de disfrutar de su gran producto y su maravillosa atención. Cada vez que un cliente no le compra, lo está privando de una gran experiencia. Tendrá que conformarse con otras opciones menos amables o con cosas que no eran su expectativa.

"No vende sino que le compran"

En el mundo de las ventas, hay una expresión para designar una pobre gestión de un asesor comercial: "No vende sino que le compran". Esto visto como que hace poco o ningún esfuerzo por promover el producto o servicio, sino que es la propia reputación de la marca o la empresa la que atrae a los clientes. Es como quien dice: "El producto se vende solo".

En mi experiencia, esto es cada vez más escaso (la competencia abunda y los clientes son más exigentes) y, lejos de ser una consecuencia de no hacer nada, es la consecuencia real de servir. Contrario a la creencia popular, *ojalá no venda sino que le compren*. Que como decía C. Britt Beemer: "Entrégueles a sus clientes tal nivel de servicio, que se sientan culpables con el solo hecho de pensar en hacer negocios con alguien más". Que cuando le digan: "No vende sino que le compran", sea un honroso cumplido, fruto de todo el valor que ha generado.

La acción es el antídoto contra el temor

Cuando las cosas se ponen difíciles y las circunstancias están en nuestra contra, ponernos en marcha nos da la fortaleza, la estabilidad y la confianza para seguir adelante.

Es avanzar un paso cada día lo que nos da la motivación para luchar y enfrentar de la mejor manera posible la realidad. La próxima vez que esté frente a un cliente no lo vea como cliente. Véalo como una persona a la cual puede ayudar en algo, a lograr algo, o simplemente alguien a quien le puede mejorar el día. Levántese cada mañana y pregúntese: "¿A quién voy a ayudar hoy?". De eso se trata.

No es vender, es construir relaciones. No es vender, es apoyar a una persona o compañía a que sea mejor y se recupere rápidamente de la crisis. No es vender, es servir. Ayude genuinamente y la venta será la consecuencia lógica e inevitable.

No hay mejor forma de ganarse la vida

No hay mejor forma de ganarse la vida
que ver el impacto de nuestro esfuerzo reflejado en una sonrisa.

No hay mejor forma de ganarse la vida
que inspirar con nuestro ejemplo a quienes nos rodean.
No hay mejor forma de ganarse la vida,
que perder la noción del tiempo cuando hacemos lo que amamos.

No hay mejor forma de ganarse la vida
que luchar estoicamente por un sueño que parecía imposible.
No hay mejor forma de ganarse la vida
que ver nuestro trabajo como un medio para un fin superior.

No hay mejor forma de ganarse la vida
que sentir el cálido afecto de aquellos a quienes servimos.
No hay mejor forma de ganarse la vida
que recorrer solitarios caminos y descubrir nuevas realidades.

No hay mejor forma de ganarse la vida
que vencer la desesperanza y lograr lo que te dijeron que no podías.
No hay mejor forma de ganarse la vida
que desplegar nuestras alas y mostrarle al mundo
un nuevo amanecer.

No hay mejor forma de ganarse la vida
que tocar la de los demás.

Acerca del autor

David es director de Bien Pensado y un obsesionado por la diferenciación. También es autor de los libros *Yellow* (2018), *Detalles que Enamoran* (2017), *Bueno, bonito y carito* (2016), *El día que David venció a Goliat* (2014) y *Facebook Toolbox* (2011).

Es entrenador de marketing y ventas con la ONG norteamericana Vital Voices desde el 2015, con la cual ha acompañado a mujeres empresarias a construir sus estrategias de diferenciación en 55 países, en los cinco continentes. Su popular boletín electrónico llega semanalmente a más de cien mil personas en toda Hispanoamérica (suscríbase en bienpensado.com/boletín).

Antes de fundar Bien Pensado en 2009, trabajó por quince años para compañías como Coca-Cola, DuPont, Varta Rayovac, Avery Dennison y Grupo Latino de Publicidad. Es administrador de empresas de la Universidad Javeriana, especialista en psicología del consumidor de la Konrad Lorenz y *master in business administration* de Icesi-Tulane University.

Con más de 500 presentaciones, David Gómez es uno de los más reconocidos *speakers* sobre temas comerciales. Su enfoque ridículamente práctico conecta profundamente con sus audiencias a quienes sorprende con poderosos y divertidos mensajes. Tiene claro que el conocimiento no tiene que reñir con el entretenimiento.

Nació en Cali, Colombia, en 1970. Radicado actualmente en Bogotá.

DavidGomezGomez.com

BienPensado.com

Recursos adicionales

NegociosInmortales.com: en *NegociosInmortales.com/bonus* encontrará material complementario al libro, imágenes, videos y múltiples herramientas para sacar el máximo provecho a estas ideas.

Boletín con tips comerciales: cada semana compartimos de manera gratuita ideas comerciales ridículamente prácticas, para implementar de inmediato en su negocio. Únase a los más de cien mil suscriptores en *BienPensado.com/boletin*.

Recursos gratuitos: en *BienPensado.com/recursos* podrá disfrutar, entre otras cosas, de libros electrónicos y audios de ventas y marketing. En *BienPensado.com/blog* encontrará más de dos mil artículos en temas como estrategia, comunicación, marketing online, emprendimiento, servicio al cliente y, por supuesto, ventas.